"十四五"职业教育国家规划教材

新编旅游中等职业教育系列教材

# 旅游景区服务

（第3版）

黎 瑛 主编

LÜYOU
JINGQU
FUWU

旅游教育出版社
·北京·

图书在版编目（CIP）数据

旅游景区服务 / 黎瑛主编. -- 3版. -- 北京：旅游教育出版社，2024.1（2025.7重印）
新编旅游中等职业教育系列教材
ISBN 978-7-5637-4612-5

Ⅰ.①旅… Ⅱ.①黎… Ⅲ.①旅游区－商业服务－中等专业学校－教材 Ⅳ.①F590

中国国家版本馆CIP数据核字(2023)第223451号

新编旅游中等职业教育系列教材
旅游景区服务（第3版）
黎瑛 主编

| 责任编辑 | 贾东丽 |
| --- | --- |
| 出版单位 | 旅游教育出版社 |
| 地 址 | 北京市朝阳区定福庄南里1号 |
| 邮 编 | 100024 |
| 发行电话 | （010）65778403  65728372  65767462（传真） |
| 本社网址 | www.tepcb.com |
| E - mail | tepfx@163.com |
| 排版单位 | 北京旅教文化传播有限公司 |
| 印刷单位 | 北京泰锐印刷有限公司 |
| 经销单位 | 新华书店 |
| 开 本 | 787毫米×1092毫米  1/16 |
| 印 张 | 13.5 |
| 字 数 | 243 千字 |
| 版 次 | 2024年1月第3版 |
| 印 次 | 2025年7月第3次印刷 |
| 定 价 | 38.00元 |

（图书如有装订差错请与发行部联系）

# 出版说明

2019年国务院颁布的《国家职业教育改革实施方案》明确了办好新时代职业教育的施工图，宣告职业教育大改革大发展的格局基本形成。2020年，由教育部等九部门印发的《职业教育提质培优行动计划（2020—2023年）》正式发布，这标志着我国职业教育正在从"怎么看"转向"怎么干"的提质培优、增值赋能新时代。

为了更好适应时代发展，贯彻党的方针政策，落实立德树人的根本任务，我社组织旅游职业院校的专家和老师编写了这套教材。

该系列教材具有如下特点：

（1）编写宗旨上：构建了以项目为导向、以工作任务为载体、以职业生涯发展路线为整体脉络的课程体系，重点培养学生的职业能力，使学生获得继续学习的能力，能够考取相关技术等级证书或职业资格证书，为旅游业的繁荣和发展输送学以致用、爱岗敬业、脚踏实地的高素质从业者。

（2）体例安排上：严格按教育部公布的《中等职业学校专业教学标准（试行）》中相关专业教学要求，结合中等职业教育规范以及中职学生的认知能力设计体例与结构框架，组织具有丰富教学经验和实际工作经验的专家，按项目教学、任务教学、案例教学等方式设计框架、编写教材。

（3）内容组织上：根据各门课程的特点和需要，除了有正文的系统讲解，还设有案例分析、知识拓展、课后练习等延伸内容，便于学生开阔视野，提升实践能力。

旅游教育出版社一直以"服务旅游业，推动旅游教育事业的发展"为宗旨，与全国旅游教育专家共同开发了各层次旅游及相关专业教材，得到广大旅游院校的好评。在将这套精心打造的教材奉献给广大读者之际，深切地希望广大教师学生能一如既往地支持我们，及时反馈宝贵意见和建议。

旅游教育出版社

# 前言（第3版）

立体化教学资源

党的二十大报告明确提出："坚持以文塑旅、以旅彰文，推进文化和旅游深度融合发展。"这为文旅融合发展指明了方向。旅游景区在服务与管理方面也应紧跟时代，进行变化和创新。为了更好地满足中等职业教育教学改革的需要，我们针对中职生的学习特点，结合当今社会"微时代"的背景以及信息更新、传播的特征，对本书进行了修订。此次修订主要涉及3个方面：

（1）贯彻落实党的二十大精神，进一步修改和完善了教材中的相关内容，加快推进党的二十大精神进教材、进课堂、进头脑。

（2）针对时代变化和地区差异，增加了新时期有关国家政策的介绍，以及各地旅游景区的创新性实践发展情况等内容。

（3）增加了数字化教学内容，方便学生自学，也可以作为教师上课的参考资料。

本教材的修订工作由中、高职院校旅游专业教师和景区工作人员承担，其中的教师也都有旅游景区服务的从业经历或长期相关实践经验。本书由黎瑛老师担任主编并负责全书的统稿及审核工作，具体修订分工如下：项目一由黎瑛修订，项目二由黎瑛、孙春华修订，项目三由黎瑛、练蓓蓓、唐柳青修订，项目四由梁斯妮修订，项目五由鲁奇修订，项目六由黎瑛、郑钰仟修订。张宇琨、吴丹丹、梁妍、满超燕老师为本书的数字化视频材料收集及制作提供了帮助，在此一并表示感谢。

由于编写水平有限，本书难免有疏漏及不足之处，恳请各位老师及行业专家提出宝贵意见，以便进行修改和完善。

2023年12月

# 前言（第2版）

本教材自2017年出版以来，获得了院校、业界的广泛好评。近两年来，随着宏观环境的变化，旅游景区也推陈出新，在服务与管理方面都有了变化和创新。有鉴于此，我们对本书进行了修订。此次修订有3个重点：

（1）参照文化和旅游部的最新法规、文件精神，更新数据、完善内容。

（2）党中央对加快乡村休闲旅游业的全面恢复和持续发展非常重视，因此我们增加了乡村休闲旅游的内容。

（3）众所周知，2020年以来，新冠肺炎疫情对全世界旅游业产生了巨大冲击，旅游景区如何应对疫情防控，是目前业内热议的话题，基于此，我们也增加了疫情防控方面的内容。

本教材的修订工作由中、高职旅游专业教师和景区工作人员承担，其中的教师也都有旅游景区服务的从业经历或长期相关实践经验。本书由黎瑛老师担任主编并负责全书的统稿及审核工作，具体修订分工如下：项目一由黎瑛修订，项目二由黎瑛、孙春华修订，项目三由黎瑛、练蓓蓓、唐柳青修订，项目四由梁斯妮修订，项目五由鲁奇修订，项目六由黎瑛、郑钰仟修订。张宇琨完成了教学课件的制作及在线习题的编写、审读等工作。

在修订的过程中，参考了众多国内外专家、学者的有关论著，曾多次听取行业专家、教学专家的意见，并得到了诸多景区及导游的大力支持与帮助，在此表示由衷的感谢。尤其是感谢广西著名导游、桂林旅院文化与传播学院总顾问、旅院名导工作室首席专家周刚刚副教授，广西壮族自治区博物馆宣教部副主任唐柳青，广西灵渠旅游集团副总经理于科的审议和指正。

由于编写水平有限，本书难免有疏漏及不足之处，恳请各位老师及行业专家提出宝贵意见，以便进行修改和完善。

2022年12月

# 前 言

旅游景区是旅游供给六要素的核心，也是游客旅游活动最为关注的主体。旅游景区是旅游业的基本元素和重要业态，是旅游业发展的基础，是旅游创汇创收的重要平台。旅游景区服务是旅游服务的重要内容和载体。本教材以旅游景区服务岗位为引领，以任务为驱动，结合旅游景区和游客的需求，联系旅游景区发展和旅游业趋势，对旅游景区、旅游景区服务、服务质量基础理论知识做了适度介绍，重点梳理了旅游景区服务中接待服务（停车、售票、验票、导入、咨询、投诉处理）、讲解服务、商业服务（餐饮、住宿、购物、交通）、休闲游乐服务和处理安全与突发事件等的岗位要求与职责，以及操作流程规范与注意事项、专业技能与职业意识，突出岗位职业能力培养的重要性。

本教材的总体设计思路是以旅游景区服务相关岗位工作任务和职业能力分析为依据，确定教材目标和内容。教材的结构安排如下：

- 项目：以岗位引领，结合素质需求，确定了六个项目；
- 任务：以任务为驱动，结合学科逻辑，每个项目分为若干任务；
- 相关知识：以岗位任务内容为线索，以发展职业能力为核心；
- 案例分析：以典型问题或操作要点为案例；
- 角色练习：围绕任务学习目标，以旅游景区服务岗位工作为情境；
- 视野拓展：与任务有关的知识、信息、文献、法律法规等；
- 任务评价表、项目关键词、课后作业。

本教材是为中等职业技术学校旅游服务与管理专业课程所编写的教材，主要使用对象为中职旅游专业学生与教师。中职生毕业后到旅游景区的就业岗位多是服务性岗位，因此本教材削减了旅游景区管理的内容和相关理论，突出了旅游景区服务的实务性知识，体现职业标准对知识、技能和态度的要求，让学生通过完成具体项目、任务来锻炼职业能力。每个项目的学习都以旅游景区（点）服务的业务流程和职业能力要求为活动的载体，以工作任务为中心整合相关理论和实践，实现做、学一体化。教学过程中，通过探究学习、小组学习、实地考察、情境角色练习、案例分析、模拟实训等多种途径，强化实际操作训练，以满足旅游景区服务岗位职业能力的培养要求，同时又避免与其他课程相关内容产生重复。这是本教材的主要特点。

本教材的编写工作由中职旅游专业教师和旅游景区工作人员承担,其中的教师也都有旅游景区服务的从业经历或长期相关实践经验。本书由黎瑛老师担任主编,具体编写分工如下:项目一由黎瑛编写,项目二由黎瑛、孙春华编写,项目三由黎瑛、练蓓蓓、唐柳青编写,项目四由梁斯妮编写,项目五由鲁奇编写,项目六由郑钰仟编写;全书由黎瑛负责统稿及审核工作。在编写的过程中,参考了众多国内外专家、学者的有关论著,曾多次听取企业行家、教学专家的意见,并得到了诸多景区及导游的大力支持与帮助,在此表示由衷的感谢。

由于编写水平有限,本书难免有疏漏及不足之处,恳请各位老师及行业专家提出宝贵意见,以便修改和完善。

2016 年 10 月

# 目 录

**项目一　旅游景区与景区服务** ············································· 1
　　任务一　旅游景区 ············································· 2
　　任务二　旅游景区服务 ············································· 12
　　任务三　中国式现代化的旅游景区与景区服务 ············································· 24

**项目二　旅游景区接待服务** ············································· 40
　　任务一　旅游景区入门接待服务 ············································· 41
　　任务二　旅游景区咨询服务 ············································· 58
　　任务三　旅游景区投诉处理服务 ············································· 68

**项目三　旅游景区讲解服务** ············································· 79
　　任务一　景区讲解服务流程与规范 ············································· 80
　　任务二　编写识记讲解词 ············································· 88
　　任务三　讲解技能与注意事项 ············································· 96
　　任务四　媒介讲解服务 ············································· 111

**项目四　旅游景区商业服务** ············································· 121
　　任务一　旅游景区餐饮服务 ············································· 122
　　任务二　旅游景区住宿服务 ············································· 127
　　任务三　旅游景区购物服务 ············································· 134
　　任务四　旅游景区交通服务 ············································· 140

**项目五　旅游景区休闲游乐服务** ············································· 147
　　任务一　旅游景区休闲游乐的设施与项目 ············································· 148
　　任务二　指导游客正确使用景区游乐设施 ············································· 156
　　任务三　乡村休闲旅游景区 ············································· 164

**项目六　旅游景区安全管理与文明引导** ……………………………………………175
　　任务一　旅游景区安全管理 ………………………………………………176
　　任务二　旅游景区应急处置 ………………………………………………188
　　任务三　旅游景区文明引导 ………………………………………………196

**参考文献** …………………………………………………………………………204

# 项目一　旅游景区与景区服务

## 项目概览

旅游景区的各种服务岗位是中职旅游专业毕业生的主要就业岗位。本项目通过认识旅游景区、旅游景区服务、中国式现代化的旅游景区与景区服务三个任务，引导学生了解我国在文旅业、旅游景区及景区服务方面的创新性发展，学习旅游景区及景区服务的基础知识和理论，了解景区服务工作的职业环境与特点，掌握景区服务工作的基本要求，树立景区服务工作的职业意识。

## 任务导读

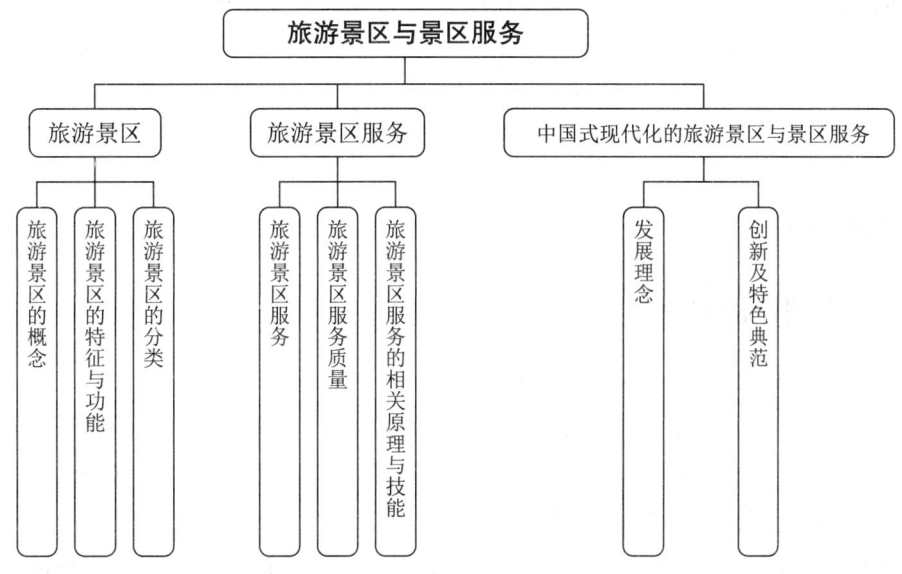

## 学习目标

1. 认识旅游景区，了解旅游景区的特征、功能与分类。
2. 认识旅游景区服务，了解旅游景区服务的主要内容、特点与价值。

3. 了解旅游景区服务的质量要求和相关原理，掌握提供优质服务的基本知识与技能，树立良好的服务意识和职业意识。

4. 了解我国在文旅业、旅游景区与景区服务方面的创新性发展，为后续进一步学习旅游景区服务职业技能，奠定坚实的思想、理论基础和实践视野基础。

# 任务一　旅游景区

### 任务描述

本任务要求学生了解旅游景区的概念及其主要特征、功能与分类，主要通过完成任务作业、实地考察、小组学习等方法，引导学生认识国内和当地的著名旅游景区，并能说出其主要特色及所属类型。

### 情境导入

暑假快到了，旅游专业二年级的学生小明在班级群中感慨：祖国那么大那么美，我想去看看！他提出与同学结伴到一些风景名胜区、5A级风景区游览，同时进行专业的实地考察。小明的提议得到了同学们的积极响应，大家围绕游览名单展开了热烈的讨论。有的同学提出的景区名单遭到了质疑，一些同学指出其中有些景区不是风景名胜区、5A级风景区，甚至不是旅游风景区。那么，究竟什么是旅游景区？什么是风景名胜区和5A级风景区？它们之间有什么联系？我国及你的家乡有哪些著名的旅游风景区？它们有什么特点？属于什么类型？

### 相关知识

## 一、旅游景区的概念

### （一）旅游景区（Tourist attraction）

旅游景区是以满足旅游者出游目的（包括参观游览、审美体验、休闲度假、康乐健身等）为主要功能，并具备相应旅游服务设施，提供相应旅游服务的独立管理区。该管理区应有统一的经营管理机构和明确的地域范围。

旅游景区一般包括风景区、文博院馆、寺庙观堂、旅游度假区、自然保护区、主题公园、森林公园、地质公园、游乐园、动物园、植物园及工业、农业、经贸、科教、军事、体育、文化艺术等各类景区。

## （二）旅游资源与旅游景区

凡能对旅游者产生吸引力，并具备一定旅游功能和价值的自然和人文因素的原材料，统称为旅游资源。它是发展旅游事业的基本物质条件，在范畴上属于社会资源之列。

旅游资源是旅游业发展的前提条件，是旅游业的基础。旅游资源主要包括自然风景旅游资源和人文景观旅游资源。自然风景旅游资源包括高山、峡谷、森林、火山、江河、湖泊、海滩、温泉、野生动植物、气候等，可归纳为地貌、水文、气候、生物四大类。人文景观旅游资源包括历史文化古迹、古建筑、民族风情、现代化建设新成就、饮食、购物、文化艺术和体育娱乐等，可归纳为人文景物、文化传统、民情风俗、体育娱乐四大类。

旅游资源是旅游景区存在的物质基础与前提条件。没有旅游资源，也就没有旅游景区。但是，仅仅有旅游资源，也不一定能成为旅游景区。西方国家将旅游景区称作旅游吸引物，它不仅包括旅游地的旅游资源，而且还包括接待设施和优良的服务因素，甚至还包括舒适快捷的交通条件。

简单地说，旅游资源＋配套设施＋旅游服务＝旅游景区。

## （三）旅游景点与旅游景区

旅游景点一般是指单一的特定景观或人文活动场所，旅游景区则是一种组合性旅游景点。旅游景点是构成旅游景区的单位，旅游景区是由单个旅游景点或多个旅游景点构成的地域，例如，杭州西湖旅游景区，就由三潭印月、苏堤春晓、花港观鱼等名胜景点构成。

在实践中，有时候旅游景点和旅游景区会被等同使用而不做区别，国内不少的文件中也采用的是旅游景点（区）的表现形式。

## （四）旅游目的地与旅游景区

旅游目的地，与旅游客源地相对应，是吸引旅游者在此做短暂停留、参观游览的地方。

旅游目的地的地域空间比旅游景区要大得多，往往是指一个较大的地理区域，可以是一个国家、一个海岛、一个省份和一座城市，如中国、海南岛、云南省和桂林市。

旅游目的地的功能也比旅游景区要完善得多，除了游览功能，还有营销、交通、住宿、餐饮、通信、医疗、治安、教育培训等完备的社区甚至城市功能。

旅游景区的地理区位应在旅游目的地的范围内，旅游景区是旅游目的地的核心吸引物，是旅游目的地得以形成的条件和基础。如桂林是著名的旅游目的地，而漓江风景区是桂林最吸引人的旅游景区，没有漓江风景区，桂林就难以成为著名的旅游目的地。

## （五）风景名胜区与旅游景区

**1. 风景名胜区的概念**

2006年12月1日起施行的《风景名胜区条例》（2016年修订）将风景名胜区概括为"具有观赏、文化或者科学价值，自然景观、人文景观比较集中，环境优美，可供人们游览或者进行科学、文化活动的区域"。风景名胜区的概念多见于环境资源、城市规划、园林建设、旅游地理等书籍中。综观众家观点，风景名胜区就是那些资源价值重大，环境优美，能够供人游览、观赏、休息和进行科学文化活动的区域。由此可见，那些资源价值重大的旅游景区就堪称风景名胜区，例如，安徽黄山是一个 5A 级的旅游景区，也是一个国家级重点风景名胜区（1982年评定）。

**2. 风景名胜区的分类**

风景名胜区划分为国家级风景名胜区和省级风景名胜区。

按照风景名胜区的主要旅游资源的类型，又可以分为以下几类。

（1）山地型风景名胜区：如山东泰山风景名胜区、安徽黄山风景名胜区。

（2）特殊地质地貌型风景名胜区：如黑龙江五大连池风景名胜区（火山遗址）、贵州织金洞风景名胜区（洞穴型）、云南腾冲地热火山风景名胜区。

（3）陆地水体型风景名胜区：如四川九寨沟风景名胜区、四川黄龙风景名胜区、浙江杭州西湖风景名胜区。

（4）陆地生态型风景名胜区：如云南西双版纳风景名胜区。

（5）海滨海岛型风景名胜区：如秦皇岛北戴河风景名胜区、海南三亚热带海滨风景名胜区。

（6）以名胜古迹为主的风景名胜区：如河北承德避暑山庄外八庙风景名胜区（古建筑）、河南洛阳龙门风景名胜区（摩崖造像）。

（7）自然风光和名胜古迹兼备的风景名胜区（复合型）：如湖南岳阳楼洞庭湖风景名胜区、江苏扬州蜀岗瘦西湖风景名胜区。

**3. 风景名胜区与旅游景区的共同之处与不同之处**

风景名胜区与旅游景区的共同之处：首先，两者都具有游览、观赏的作用；其次，都强调应由自然景物或人文景物组成。

二者的不同之处：前者是以"风景"和"名胜"为主的自然和人文景物，甚至不包含一些主题公园、博物馆等，也不包括相应的旅游基础设施和服务设施；而后者范围较广，几乎将所有可以为旅游业所利用的资源都作为旅游景区，而且强调了在这些区域里能提供相应的旅游服务设施。风景名胜区应该是旅游景区的组成部分，是从属于旅游景区的一个亚区。

## 二、旅游景区的特征与功能

### （一）旅游景区的特征

**1. 以提供多种旅游功能吸引旅游者为目的**

旅游景区是提供旅游功能，实现旅游者旅游目的的场所，为游客提供一种或多种旅游产品及相应的旅游服务，以旅游及其相关活动为主要功能或主要功能之一，是满足旅游者需求的功能载体。景区内必然建立起辅助游客完成旅游活动的各种硬性的设施设备和软环境，例如交通工具、休息设施、解说系统、优良的卫生和安全环境。设施设备的齐全与否、环境的优劣和服务水平的高低，都会直接影响到旅游者的旅游体验。

**2. 具有统一管理，从事相对固定的旅游经营的服务性场所**

旅游景区有专门的机构实施经营管理，并为游客提供相应的旅游产品和服务。在经营管理上应该是一个独立的单位，既包括空间场所上的独立，也包括经营职能的独立。同时，某个旅游景区的旅游经营范围、方式和产品服务等，应是相对固定的。

**3. 地域固定，界限明确**

旅游景区是一个形态特殊的地域单元，其地域是固定的，空间一般存在着明确的界限范围。这种范围的界限可以是一个自然实体，如山、江河等，也可以是一个人工的隔离物。

### （二）旅游景区的功能

**1. 旅游景区是旅游业的重要组成部分**

旅游景区是旅游供给六要素的核心，也是游客旅游活动最为关注的主体，是旅游业发展的物质基础，也是旅游业发展的主力。

首先，构成景区基础的是当地的旅游资源。在很多情况下，旅游景区往往是展现当地旅游资源精华的场所。因此，旅游景区在旅游业中的地位和旅游资源的地位是相同的。

其次，旅游业由旅游饭店、旅行社、旅游交通、在线旅游平台和旅游景区等构成。旅游者对交通、饭店、旅行社产品及购物产品的需求基本上都属于派生性需求。因此，饭店、交通、旅行社对旅游者的来访起着支持和保障作用。相比之下，景区产品对旅游者的来访起着激发或者吸引的作用。人们对旅游目的地的选择，首先考虑的是旅游景区的特色与景观丰富程度，然后再考虑交通、住宿等其他配套设施的完善情况，并且对旅游景点的需求是人们的根本性需求。

最后，在旅游的食、住、行、游、购、娱六大要素中，"游"是旅游的核心内容，旅游者前往旅游景区旅游，从而产生了对交通、住宿、购物、娱乐、餐饮等方面的需求。同旅游业中其他行业的服务产品相比较，作为旅游资源的代表，旅游景点产品在旅游业整体产品构成中居于最主要的地位，是旅游业的核心组成部分。

**2. 旅游景区是旅游业取得经济效益的基本前提**

旅游景区既是旅游业的基本元素，又是一种重要的旅游业态，是旅游经济发展的基础，也是旅游创汇创收的重要平台。

旅游地经济收入的多少主要取决于该地所能提供的旅游景区、旅游设施、购物场所和各种服务的能力，其中以旅游资源为核心的旅游景区是影响该地经济收入的最重要的因素。从旅游景区在旅游活动中的地位和作用、旅游消费构成及在旅游业总收入中的构成来看，旅游景区是旅游经济的重要支柱之一，是旅游业取得经济效益的前提。

**3. 旅游景区是塑造旅游业形象的窗口**

旅游景区是地方形象的突出代表。在市场经济条件下，各地发展旅游业，都要树立自己的品牌，形成自己的亮点，而比较容易达成目标的途径之一就是发展旅游景区。旅游业是综合性的产业，涉及很多领域，一个地方旅游景区的发展可以展示当地的形象，弘扬地方文化，保护民族文化。通过旅游景区的发展，可以带动地方经济的全面发展，所以人们常常借助打造旅游精品景区来打造地区的品牌。

### 三、旅游景区的分类

#### （一）按照旅游景区质量等级划分

有代表性的旅游景区视频

《旅游景区质量等级的划分与评定》将旅游景区质量等级划分为五级，从高到低依次为 AAAAA、AAAA、AAA、AA、A 级旅游景区。这种划分方式主要依据旅游交通、游览、旅游安全、卫生、邮电服务、旅游购物、经营管理、资源和环境的保护、旅游资源吸引力、市场吸引力、年接待海内外旅游者数量、游客抽样调查满意率等方面对旅游景区进行评定。《中华人民共和国文化和旅游部 2022 年文化和旅游发展统计公报》显示，截至 2022 年年末，全国共有 A 级景区 14 917 家，其中，5A 级景区 318 家。部分 5A 级旅游景区见图 1-1 至图 1-4。

图 1-1 海南蜈支洲岛海滩（摄影：雷砺）

图 1-2 云南普达措国家森林公园（摄影：郭辉）

图1-3 桂林漓江风景名胜区（摄影：孙学愚）

图1-4 武汉黄鹤楼景区（摄影：雷砺）

## （二）按照旅游资源划分（两分法）

旅游资源可划分为自然资源和人文资源两大类，旅游景区可依此划分为不同的类型（详见表1-1）。

表1-1 旅游资源类型表

| 资源类型 | 景区类型 | 主要景观及景区代表 |
|---|---|---|
| 自然资源 | 自然类旅游景区 | 地文景观——黄山风景区<br>水域风光——千岛湖景区<br>生物景观——神农架生态旅游区<br>天象与气候景观——腾冲热海、江城树挂 |
| 人文资源 | 历史文化类旅游景区 | 遗址遗迹——圆明园、西安市秦始皇兵马俑博物馆<br>建筑与设施——东方明珠、苏州园林 |
| | 人工型旅游景区 | 旅游商品——上海城隍庙<br>人文活动——主题公园，如迪士尼乐园、深圳华侨城锦绣中华、世界之窗 |

### (三）按照旅游景区功能特征划分

根据景区的主导功能特征差异，旅游景区可分为观光体验类景区、度假休闲类景区、资源保护类景区和综合类景区四种类型。

（1）观光体验类景区是以观光游览、个人体验为主要内容的旅游景区，具有较高的审美价值。可分为风景名胜观光型（如九寨沟景区）、文化修学型（如故宫博物院）、风情体验型（如丽江古城景区）、科学探险型（如广西乐业大石围天坑景区）四个亚类。

（2）度假休闲类景区是指拥有高等级的环境质量和服务设施，为旅游者提供度假、康体、休闲、娱乐等服务的景区。可分为康体养生型（如北戴河景区）、运动健身型（如黑龙江亚布力滑雪场）、娱乐消遣型（如广州长隆旅游度假区）三个亚类。

（3）资源保护类景区可以划分为物质遗产保护型（如福建土楼〈永定·南靖〉旅游景区）、非物质遗产保护型（如江西景德镇古窑民俗博览区）、自然生态环境保护型（如神农架生态旅游区）三个亚类。

（4）综合类景区一般是具有两个或两个以上功能的景区，多功能有利于吸引旅游者，形成市场竞争力，如梵净山生态文化度假旅游景区。

### （四）按照旅游景区形成原因划分

美国学者C.R.戈尔德耐、J.R.布伦特·里奇、罗伯特·麦金托什在《旅游业教程》一书中，根据形成原因将景区划分为文化、自然、节庆、游憩和娱乐五种类型（见图1-5）。这种分类方法被称为"五分法"。

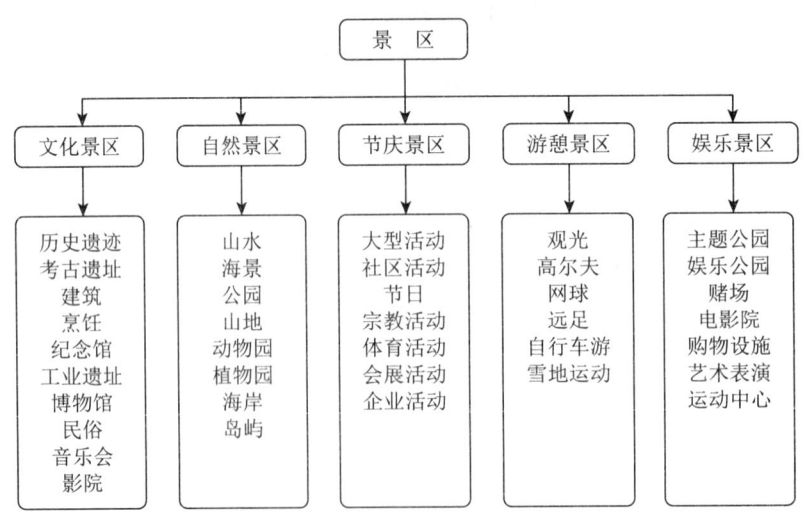

图1-5　旅游景区类型划分

资料来源：C.R.戈尔德耐，J.R.布伦特·里奇，罗伯特·麦金托什.旅游业教程［M］.贾秀梅，译.大连：大连理工大学出版社，2003.

👉 **案例**

## 黄姚古镇景区

黄姚古镇景区位于广西贺州市昭平县东北部，距贺州市区60千米，景区面积3.2平方千米，是一座岭南文化与峰丛山水完美融合的千年古镇。古镇发祥于宋朝开宝年间，经历了明代的兴建和清代的鼎盛，到抗战后期更成为广西革命指挥中心和广西民盟的发源地。

古镇以典型的岩溶山水景观、神秘的龙文化崇拜、精巧的明清建筑、地道的广府民俗风情和光辉灿烂的革命史迹闻名于世。古镇的自然景观有8大景24小景；保存有寺观庙祠20多座，亭台楼阁10多处，多为明清建筑。小桥流水、参天古榕、青石古街和楹联牌匾被称作"黄姚四绝"，堪称人文和山水的融合典范。徜徉在山水间，漫步在古镇的石板街道上，您将沉浸在精美的民居、古老的祠堂和石雕艺术的魅力中；还可以体验当地壮族文化，欣赏壮族传统舞蹈、歌曲，以及精美的手工艺品，感受浓厚的民俗风情。著名的景点有广西省工委黄姚旧址纪念馆、古戏台、安乐寺、宝珠观、兴宁庙、郭家祠、带龙桥、天然亭等。

黄姚古镇景区先后获得"中国最具旅游价值古城镇"、"中国历史文化名镇"、"全国特色景观旅游名镇"和"中国楹联文化古镇"等称号。

2022年7月，黄姚古镇景区被文化和旅游部确定为国家5A级旅游景区。

图1-6 黄姚古镇景区青石古街（摄影：罗佳雯）

资料来源：自编。

👉 **案例分析**

1. 请结合教材相关知识，谈谈黄姚古镇景区的价值与优势。

2. 你的家乡有没有像黄姚古镇景区这样的旅游资源却尚未开发为旅游景区？你认为能不能开发成旅游景区？为什么？请和大家一起分享一下吧！

### 角色练习

1. 在一张中国地图上，标注出自己游览过或知道的旅游景区，并说出景区概况、主要特点（旅游吸引物），以及景区属于何种类型。每人至少标注 5 个旅游景区，其中当地旅游景区两个。在完成个人任务的基础上，分小组进行交流。

2. 在角色练习 1 的基础上，各小组对本小组标注的当地旅游景区进行实地考察，并完成表 1-2。

表 1-2  旅游景区考察记录表

| 实地考察旅游景区名称 | |
|---|---|
| 该旅游景区质量等级 | |
| 该旅游景区资源类型 | |
| 该旅游景区功能类型 | |
| 该旅游景区成因 | |
| 了解到的其他关于该旅游景区的资讯（如票价、优惠政策、人流量等） | |

3. 在角色练习 2 的基础上，结合上网查询、文献查阅和电话咨询等方式，按照所学知识，各小组完成当地景区主要信息和资料的收集整理，并以当地旅游景区推介会的情境设定，组织各小组做 PPT 汇报。

### 视野拓展

## 世界遗产名录与旅游景区

世界遗产是指在全世界范围内具有突出意义和普遍价值的古迹和自然景观。物质性世界遗产包括世界自然遗产、世界文化遗产、世界文化景观、世界自然和文化双遗产四大类。

《世界遗产名录》是 1976 年世界遗产委员会成立时建立的。世界遗产委员会隶属于联合国教科文组织。联合国教科文组织于 1972 年 11 月 16 日在第十七次大会上正式通过了《保护世界文化和自然遗产公约》（以下简称《公约》），其目的是保护世界文化和自然遗产。中国于 1985 年 12 月 12 日加入《公约》，于 1999 年 10 月 29 日当选为世界遗产委员会成员。截至 2021 年 7 月，中国已有 56 项世界文化和自然遗产列入《世界遗产名录》，其中世界文化遗产 33 项、世界文化景观遗产 5 项、世界文化与自然双重遗产 4 项、世界自然遗产 14 项。我国世界遗产总数、自然遗产和双遗产数量均居世界第一，是近年全球世界遗产数量增长最快的国家之一。

被世界遗产委员会列入《世界遗产名录》的地方，将成为世界级的名胜，可接受"世界遗产基金"提供的援助，还可由有关单位组织游客进行游览。由于被列入《世界遗产名录》的地方能够得到世界的关注与保护，能提高知名度并产生可观的经济效益和社会效益，各国都积极申报"世界遗产"。

资料来源：综合整理自中华人民共和国文化和旅游部网站 https://www.mct.gov.cn/。

### 任务评价

根据上述相关知识和资料，请完成以下任务。

1. 请查阅、收集我国最新列入《世界遗产名录》的景区名单。

2. 熟记本省列入《世界遗产名录》的景区名单，收集、查阅这些景区的简介，在小组内交流。

3. 根据本任务的要求，个人和小组共同完成任务评价（见表1-3）。

表1-3　任务评价表

| 评价项目 | 具体要求 | 评价 | | | |
|---|---|---|---|---|---|
| | | 好 | 一般 | 差 | 建议 |
| 旅游景区概念 | 1. 旅游景区概念 | | | | |
| | 2. 旅游资源与旅游景区 | | | | |
| | 3. 旅游景点与旅游景区 | | | | |
| | 4. 旅游目的地与旅游景区 | | | | |
| | 5. 风景名胜区与旅游景区 | | | | |
| 旅游景区特征与功能 | 1. 旅游景区的特征 | | | | |
| | 2. 旅游景区的功能 | | | | |
| 旅游景区的分类 | 1. 按照旅游景区质量等级划分 | | | | |
| | 2. 按照旅游资源划分（两分法） | | | | |
| | 3. 按照旅游景区功能特征划分 | | | | |
| | 4. 按照旅游景区形成原因划分 | | | | |
| 学生自我评价 | 1. 准时并有所准备地参加团队工作 | | | | |
| | 2. 乐于助人，主动帮助其他成员 | | | | |
| | 3. 遵守团队的协议 | | | | |
| | 4. 全力以赴参与团队工作并发挥了积极作用 | | | | |
| 小组活动评价 | 1. 团队合作良好，能礼貌待人 | | | | |
| | 2. 工作中彼此信任、互相帮助 | | | | |
| | 3. 对团队工作都有所贡献 | | | | |
| | 4. 对团队的工作成果满意 | | | | |
| 总计 | | 个 | 个 | 个 | 总评 |
| 在认识旅游景区的学习中，我的收获是： | | | | | |

续表

| 在认识旅游景区的学习中，我的不足是： |
| --- |
| 改进方法及措施： |

# 任务二　旅游景区服务

旅游景区服务
内容视频

### 任务描述

本任务要求学生了解旅游景区服务的主要内容以及景区服务中自己能胜任的岗位，学生可以通过课前预习、查找资料、实地感受、课上学习以及课后复习等方法，对旅游景区的服务方面尤其是景区服务各岗位进行直观的了解。

### 情境导入

暑假终于到了，小明和他的同学们开始了对旅游景区的游览及考察活动。在某景区，他们看到大学生志愿者在各个景点开展旅游志愿者活动。小明灵机一动，对同学们说："我们应该也能胜任这个旅游志愿者工作吧？我们毕竟也是旅游专业的学生呢！"于是，他们来到景区管理办公室。

景区的领导热情地接待了他们。面对他们提出的申请，领导亲切但认真地问他们："你们知道旅游景区服务都有哪些内容吗？怎样才能做好旅游景区服务呢？"

### 相关知识

## 一、旅游景区服务

### （一）定义

**1. 旅游景区服务（Tourist attraction service）**

旅游景区服务是旅游景区的管理者和员工借助一定的旅游资源（环境）、旅游服务设施及通过一定的手段向游客提供的各种直接和间接的服务，是满足游客旅游需要过程中提供的各项服务的总称。

**2. 旅游服务**

旅游服务的概念有泛指和特指两种。

泛指的旅游服务是指旅游服务业，等同于旅游行业或旅游产业。

特指的旅游服务是指旅游行业从业人员从事的服务活动，也就是指旅游业服务人员通过各种设施、设备、方法、手段、途径和"热情好客"的各种表现形式，为游客提供能够满足其生理和心理的物质和精神需要的服务。这种服务活动，创造一种和谐的气氛，产生一种心理效应，从而触动游客情感，唤起游客心理上的共鸣，使游客在接受服务的过程中产生惬意、幸福之感，进而乐于交流、乐于消费。

旅游景区服务指的是后者。

**3. 服务**

服务是指为他人做事，并使他人从中受益的一种有偿或无偿的活动，不以实物形式而以提供劳动的形式满足他人某种特殊需要。服务分为功能性服务和心理服务。功能性服务——为客人提供方便，为客人解决各种各样的实际问题。心理服务——让客人经历愉快的人际交往，让客人得到心理上的满足。

### （二）内容

旅游景区服务是旅游从业人员以景区为媒介为游客提供的具体旅游服务，是旅游服务的重要内容与载体。国家旅游管理部门一向高度重视旅游景区服务，2011年发布的《旅游景区服务指南》（GB/T 26355—2010），从质量、人员、设施、安全、投诉5个方面，规定了旅游景区服务的基本内容、构成要素和质量要求，是我国旅游景区服务内容与质量的权威规范指导文件。

依据《旅游景区服务指南》，旅游景区服务的主要内容包括5个方面。

**1. 人员服务**

包括停车场服务、售检票服务、入口服务、景区工作人员服务、导游讲解服务、交通服务、餐饮服务、购物服务、卫生保洁、咨询服务。

**2. 服务设施和管理**

包括停车场设施和管理、售检票设施和管理、入口区设施和管理、游步道设施和管理、交通通信设施和管理、标志指引设施和管理、游览和活动项目设施设备和管理、餐饮设施和管理、购物服务设施和管理、卫生设施和管理。

**3. 安全设施和管理**

提供安全、治安、医疗和救援等与游客身体和财物安全相关的服务与设施。

**4. 投诉处理和管理**

通过设立旅游景区投诉受理机构，配备专门人员，建立制度，严格投诉处理流程与规范，做好投诉管理等，为游客提供高质量的投诉处理服务。

**5. 质量管理要求**

明确旅游景区服务的总体要求和基本要求，让游客知晓旅游景区服务的规范和质量标准，为游客提供高质量的服务。

### （三）特点

旅游景区服务具有很高的综合性，它由多种服务内容组合而成，具有以下特点。

**1. 多样性**

每天接待不同地域、不同民族、不同职业、不同性格、不同习惯的客人，他们的需求既有相同之处，又有很多差异。

**2. 即时性**

游客到来，服务开始；游客需求得到满足，服务完成；游客离开，服务终止。

**3. 直接性**

正因为旅游景区服务具有多样性、即时性的特点，故需要服务人员面对面地与游客接触，直接为游客提供各种服务。

**4. 有形性**

一般认为服务是"无形"的，因为服务所凝结的最终成果是无法看到的。事实上，服务的行为过程是可以观察和测量的，客人能够看到景区服务人员的服务和明档操作。承认景区服务的有形性，对服务人员"以客为镜"、搞好景区服务是有益的。服务人员要把服务过程看成"舞台表演"，一招一式都是在塑造个人及景区的形象，必须认真做好。

**（四）价值**

**1. 创造与同行的差异**

在激烈的市场竞争当中，同质化竞争是不可避免的。同质化竞争中，服务是创造唯一差别的途径。通过不同特质的旅游景区服务，可以创造出与众不同的旅游体验。同样是海滩游乐园，针对现下不少家庭将宠物视为家庭一员而带着一同出游的情况，甲游乐园适时推出了新的特色服务——代管宠物，让带宠物来游玩的游客可以放心地游泳、潜水，尽情地享受度假时光而免去照顾宠物之忧，从而创造了与同行的差异化服务，得到了养宠物家庭的青睐。

**2. 创造产品附加值**

附加值是附加价值的简称，是在产品的原有价值的基础上，通过生产过程中的有效劳动新创造的价值，即附加在产品原有价值上的新价值。服务是提高产品附加值最重要的组成部分，服务带来的附加值是不可替代的，靠服务来增加附加值是旅游景区的扬长避短之路。

对于旅游景区来说，产品的价值体现在为游客提供的各项服务上，产品附加值越高，游客的满意度就越高。可通过提升产品的服务质量来提升旅游景区服务的附加值。只有牢固树立以游客为中心的服务理念，不断通过实践丰富服务产品的内容和外延，提高服务产品的附加值，游客的满意度才会不断得到提升。

**3. 制造销售机会**

目前全国大多数景区还没有足够的二次消费，有数据显示，国内大部分景区的二次消费仅占景区收入的10%以下。

制造销售机会，除了能招徕新客户，还有一个作用就是争取回头客。曾经有这样的一种说法："再次光临"的客户可以为企业带来25%~85%的利润，而吸引他们"再次光临"

的，是景区的特色服务。

**4. 提升景区效益**

通过有形的景区服务，可以进一步提升景区的效益。应通过提高景区服务人员的素质、提升专业的服务水准、提升游客消费便利化程度、挖掘景区的文化内涵、推出特色景区服务等途径，来提升景区效益。

## 二、旅游景区服务质量

### （一）服务质量

**1. 定义**

服务质量是指服务能够满足规定和顾客潜在需求的特征和特性的总和，即服务工作能够满足被服务者需求的程度；是企业为使目标顾客满意而提供的最低服务水平，也体现企业保持这一预订服务水平的连贯性程度。

服务质量对服务行业之间的竞争具有决定性作用。对于服务行业来说，经营是前提，管理是关键，服务是支柱。服务质量不仅是管理的综合体现，而且直接影响着经营效果。

服务质量的好坏取决于两个方面的因素：一是物的因素；二是人的因素。其中人的因素尤为重要。我们在服务中，必须带有情感，多站在客人的角度考虑问题。

**2. 服务质量的"五感"和"六性"**

（1）五感。

顾客是靠感受、印象来评价服务质量的，因此服务质量的特性就具体表现为五感：给顾客以舒适感、方便感、亲切感、安全感、物有所值感。无论从硬件设施，还是从软件服务，以及从二者的结合上，均应体现这五感，这是衡量服务质量的标准，体现出客人将期望值与实际感受相比较后获得的满足程度。

（2）六性。

服务质量有6个特性。

①功能性。满足客人生活和社交的基本条件，包括设施、环境、服务项目。

②经济性。物有所值，以尽可能低的成本为客人提供最高质量的服务。

③安全性。确保客人生命、财产不受威胁，身体、精神不受伤害，包括设备安全、食品和环境卫生。

④时间性。服务质量包含及时、准时、省时的要求。时间对客人来说是消费成本。

⑤舒适性。适应客人生活要求和习惯，包括适用、舒服、方便、整洁、有序。

⑥文明性。满足客人心理和精神需求，包括自由、亲切、尊重、礼貌、友好、理解的气氛和人际关系。

**3. 优质服务**

优质服务，指在符合行业标准或部门规章等通例的前提下，所提供的服务能够满足服务对象的合理需求，保证一定的满意度。

优质服务的本质就是提高服务质量。

优质服务具体体现为：

（1）良好的礼仪、礼貌。

（2）优良的服务态度。

（3）丰富的服务知识。

（4）娴熟的服务技能。

（5）快捷的服务效率。

（6）建立良好的顾客关系。

**（二）旅游景区服务质量管理要求**

**1. 总体要求**

（1）旅游景区管理层应制定《服务质量手册》，明确服务质量方针、宗旨，表明对服务质量和服务质量管理的基本态度、对游客的服务质量承诺以及实现服务质量承诺和目标的主要方法和措施。

（2）应明确服务质量目标，说明实现这一目标及服务质量改进应遵循的途径。

（3）在服务质量体系目标中应以游客为本，以服务游客为导向。服务质量活动是一个连续不断的工作过程，应始于游客的要求，终于游客的满意。

（4）应注意定期收集游客对旅游景区服务质量的反馈意见和建议，了解游客的需求变化，不断提高游客的满意度。在服务质量管理制度中应制定有效的纠正和预防措施。

（5）应培养员工强烈的服务质量意识，组织有效的服务质量培训，把质量任务明确分配给各个部门和全体员工。

**2. 基本要求**

（1）旅游景区内与游客接触的岗位都应有服务规范和质量要求，有管理制度和奖惩措施。

（2）在与游客接触的岗位上工作的员工都应参加岗位培训，经业务考核合格后方能持证上岗。

（3）与游客接触的员工应着统一的工作制服，佩戴有明显标识的胸卡或胸牌。

（4）与游客接触的员工应使用文明礼貌用语，应主动热情、微笑服务。

（5）设施、器械应保持运转状态安全良好，符合安全质量规范要求。

**（三）国家旅游服务质量提升行动**

**1. 旅游服务质量提升行动的意义**

为贯彻落实党中央、国务院关于高质量发展的决策部署，大力实施质量强国战略，2019年和2021年文化和旅游部先后发布了《文化和旅游部关于实施旅游服务质量提升计划的指导意见》及《文化和旅游部关于加强旅游服务质量监管 提升旅游服务质量的指导意见》；2022年国务院印发的《"十四五"旅游业发展规划》中也提出要深入实施旅游服务质量提升行动。

旅游服务质量是旅游业作为现代服务业的内在属性，是企业的核心竞争力，是衡量行业发展水平的重要指标，是旅游业高质量发展的制约性因素。提升旅游服务质量是推进旅游业供给侧结构性改革的主要载体，是旅游业现代治理体系和治理能力建设的重要内容，是促进旅游消费升级、满足人民群众多层次旅游消费需求的有效举措，是推动旅游业高质量发展的重要抓手，将推动旅游业实现质的有效提升和量的合理增长。

**2. 旅游景区服务质量提升计划**

旅游景区及旅游景区服务的高质量发展，是旅游业高质量发展的重要体现。依据国家关于旅游服务质量提升行动的计划，旅游景区服务要特别重视以下方面内容。

（1）落实旅游景区服务质量的责任主体是旅游景区。

旅游景区要将提升旅游服务质量作为增强市场竞争力的重要手段。对于旅游景区服务从业人员，提升个人素质和服务专业性，是游客感知旅游景区服务质量提升的直接和主要因素，也是增强个人岗位竞争力的重要手段。

（2）培育优质旅游服务品牌。

品牌是旅游服务质量水平的集中体现。应大力推广应用先进质量管理方法，创新旅游服务模式，完善消费后评价体系。应建立"首席质量官""标杆服务员"制度。应公开旅游服务质量信息，发布旅游服务质量承诺，建立优质旅游服务承诺标识和管理制度。

（3）旅游服务质量提升的工作基础。

旅游服务标准、旅游服务质量监测和评价、旅游服务质量认证等对提升旅游服务质量具有基础性作用。旅游景区服务从业人员应予以重视。

根据党的二十大报告"弘扬革命文化""用好红色资源"精神，持续抓好全国红色旅游经典景区建设。应严格实施旅游度假区和生态旅游示范区标准。完善、细化、落实A级旅游景区复核和退出机制，坚决清退不符合标准的A级旅游景区。A级旅游景区要完善旅游引导标识，标识应布局合理、科学设置、制作精良。5A级旅游景区应采用至少有中英文的导览标识，中英文对照说明要准确、科学，不能有错字、错译和语病。A级旅游景区应提升游客消费便利化程度，景区消费不得拒收现金，5A级旅游景区可协调增设外币兑换点。建立完善旅游购物无理由退货制度，切实保障游客旅游购物权益。应针对老年人等特殊群体，有效提升旅游服务便利性。旅游景区开展预约服务的同时，应保留人工窗口和电话专线，为老年人保留一定数量的线下免预约进入或购票名额，并提供必要的信息引导和人工服务。

（4）促进服务创新。

旅游景区服务要加快理念、技术、产品、服务、模式和业态创新，实现数字化转型。应促进线上线下融合，推动旅游景区服务数字化发展，支持大数据、云计算、区块链、人工智能等在旅游服务中的应用，提高个性化、多样化、定制化服务能力，提升旅游服务效能，从而增强旅游服务体验。

（5）加强服务队伍建设和管理。

实施国家旅游服务质量提升行动，就要切实加强导游队伍建设和管理，制定专项行动方案。可采取以下措施：优化导游职业资格准入管理，健全全国导游资格考试管理制度。统筹推进导游等级考评机制改革，探索构建导游服务综合评价体系，开展导游执业改革试点，拓宽导游执业渠道。着力提升导游服务质量，实施导游专业素养研培计划和"金牌导游"培养项目，建设"导游云课堂"线上培训平台，修订《导游服务规范》国家标准。加大导游执业激励力度，举办全国导游大赛，强化宣传引导，增强职业自信，树立行业新风。推进红色旅游人才队伍建设，实施全国红色旅游五好讲解员培养项目，举办全国红色故事讲解员大赛，提升讲解员服务质量。鼓励专业研究人员、退休人员、在校学生等担任志愿讲解员。

## 三、旅游景区服务的相关原理与技能

### （一）SERVICE原则

旅游景区服务质量和水平的高低，取决于员工的服务技能和素质修养。根据服务的英语单词"SERVICE"，我们可以了解到景区服务的7个基本原则（见表1-4）。

景区服务
SERVICE原
则视频

表1-4　景区服务SERVICE原则

| 基本项目 | 基本内容 | 相关含义 |
| --- | --- | --- |
| S | 微笑服务（Smile） | 每一位员工都必须微笑待客，使旅游景区更具亲和力 |
| E | 优质服务（Excellence） | 为游客提供最优质的服务，把每一个服务细节做好 |
| R | 快捷服务（Ready and rapid） | 随时做好服务准备，按游客需求提供快捷服务 |
| V | 宾客至上（Viewing） | 树立宾客至上的观念，将每一位游客视为特殊和重要的人物 |
| I | 热情服务（Inviting） | 热情接待，热心为游客解决问题；每次服务结束，热情邀请游客再次光临 |
| C | 创新服务（Creating） | 精心营造热情服务氛围，提供个性化创新服务 |
| E | 目光服务（Eye contact） | 以热情友好的目光关注游客，准确预测游客需求，及时提供个性化服务 |

### （二）三个统一

**1. 主动性与亲切性统一**

何为服务的主动性？即员工自发地、有意识地、积极地满足企业内部、外部客户需求的能力和意愿，也就是"想客人之所想，急客人之所急"的最根本的体现。抱有愿意与客人交朋友的心态，不待外力推动而行动；在接待过程中，把客人当作自己的亲朋好友，使用和蔼可亲的语言沟通感情、传递信息、密切关系，营造出一种生动活泼、亲切随和的服务气氛，通过语言与行动实现服务与被服务者之间情感上的沟通和交流，实现心与心的交融。在这种气氛里，服务与被服务的双方都可以感受到一种轻松自然、水乳交融的温馨与舒适。

**2. 服务性与诱导性统一**

旅游景区服务的很大一部分属于一种服务性消费，即人们为景区提供的各种文化和生活方面的非商品性服务支付费用。我们在做好服务的过程中，要能够根据客人需求差异、特点推荐相关的服务项目。通过良好的服务，促使原来没有打算再消费的游客进行消费，或者使消费意愿不是很强的游客进行消费，以达到景区促进销售的目的。

**3. 声、情、意、行统一**

声音清晰、甜美、悦耳；语气饱含真情、热情、深情、温情；表意诚恳、完整、清楚；行为文明、得体。

### （三）十八字诀

心要细，语要先，嘴要甜，调要亲，言由衷，话求实。

（1）"心要细"：讲究"看"和"想"，看客人之来意，想客人之所想。只有做好这点，服务上才能做到想客人之所需、做客人之所求。

（2）"语要先"：干服务这行，要眼到、手到、"嘴打前哨"，装哑巴可不行。语言是第一个赢得客人的心的元素，要好好研究说好第一句话。

（3）"嘴要甜"：为客人服务，嘴甜是一宝。

（4）"调要亲"：要求说话的声调要平稳、文雅，不急躁，不刺耳，让客人听了有亲切之感。

（5）"言由衷"：要求服务语言出自肺腑，表达真诚，不欺骗、不勉强。

（6）"话求实"：自己的服务语言，要字字句句实事求是，替客人着想，让客人听了感到可信。

"嘴甜""调亲"都是以"言由衷""话求实"为前提的。

### （四）游客心理需求与旅游景区服务

旅游景区服务要一切从游客的心理需求出发。只注意标准化行为，忽视游客实际需求与心理，尤其是游客个人具体的差异需求与心理，把服务变成例行公事，游客是不会满意的。

旅游的过程就是一个求新、求异、求知、求美、求乐的过程。旅游景区服务人员要做个有心人，学习掌握旅游心理学，并结合实践经验切实了解游客的心理状况，努力使服务更具针对性，以获得更好的效果。

### （五）服务观

旅游景区的服务工作，是在分工与协作的前提下进行的。任何一个人、任何一个部门都无法独立完成服务工作。员工之间和部门之间必须加强协作。无论是一线还是二线，前台还是后台，都是为游客服务的一分子，在服务过程中不允许有丝毫松懈，整条服务链都要运转默契。

一线部门处于对客的前沿，他们视游客的需求为己任，游客的需求就是命令。为了保证对客服务机制的畅通，二线部门要树立大局意识、服务意识，要保障一线部门的工作能够顺利进行。二线为一线服务，协助一线为游客服务，二线也是在为游客服务。员工为游客服务是不争的事实，而领导为员工服务其实也是在协助员工为游客服务。从这个意义上说，领导就是在为游客服务。因此，要树立"一线为游客服务、二线为一线服务、上级为下级服务"的服务观。这种上级为下级服务再为游客服务可以视为全员为游客服务的基础。

总之，旅游景区服务要一切从游客出发，又一切归于游客。

## 案例

### 旅游景区品质提升优秀案例——辽宁省鞍山市千山景区

千山景区位于辽宁省鞍山市中心东南约25千米处，是千山山脉的精华部分。千山景区为国家5A级旅游景区。千山主峰仙人台海拔708.5米（游人可及的最高点）。

景区内既有七寺、十二观、九宫、十庵、唐代古城遗址等约两百多处人文景观和遗迹，又有御笔山、小黄山、仙人台国家森林公园等自然风光。千山诸峰集险、峻、秀、奇、幽等壮美景色于一体。1996年，著名社会学家费孝通先生游览千山后留下了"南有黄山，北有千山"的题词。

近年来，景区以"打造东北重要休闲旅游目的地"为工作目标，精心打造标准化旅游服务管理体系，通过标准制定、培训、实施、评价和改进等过程管理，全力提升景观景点质量和旅游服务水平，持续推动景区高质量发展。

景区根据工作实际科学制订管理服务标准，共制订企业标准127项，直接应用国家及地方标准99项，标准体系覆盖了景区售检票、景区内客运交通服务、讲解服务、环境保洁服务、索道服务，安全应急管理、监察管理、智慧景区建设及景区综合管理，以及景区运营服务等各环节，建立起从人到物，从过程到考评的全流程执行标准。通过标准制定、培训、实施、评价、改进等过程管理，千山景区旅游服务质量、游客满意度和品牌效应显著提升，实现经济效益和社会效益全面开花结果。

同时，按照景区各部门职能分类，有针对性地强化技能培训，严格落实流程管控标准。培训景区各类型服务人员熟练掌握工作岗位标准内容，定期进行评价考核，并严格落实流程管控，以考评标准作为上岗标准，把上岗考评与绩效薪酬挂钩，切实调动起服务人员爱岗敬业的工作热情。如，门票售票服务流程中，将售票员每天需要反复操作的散票销售、年卡销售、旅行社业务、残疾证审验换票等工作流程标准作为考核标准，将各流程标准铭记于心，从而提高工作效率、降低安全风险、降低工作失误概率。

千山景区以"互联网+旅游"深度融合为契机，全面实施智能管理标准，极大提高了运营管理效率。制订14个智慧景区管理服务标准，并投资3050万元打造"智慧千山"工程。运用人脸识别、云计算、大数据等国内前沿技术，建成数字化停车场、票务、云台监控三大系统及720°全景交互展示、智慧旅游大数据分析两大平台。其中票务系统实现了数字化售票、验票，通过人脸识别技术实现年卡用户无障碍入园及网络购票游客凭电子票入园；630处监控点位实现全景区实时控制、IP定点对讲、客流统计、人流密度预警、防越界电子围栏检测；智慧旅游大数据分析平台，可对售票数据、车辆数据、运营商基站数据进行全面分析。信息技术应用和智能管理标准的全面实施，不仅极大提升了游客服务体验，而且降低了服务成本，提高了运营管理效率，为千山风景区智慧发展开辟出一条新路。

启动千山景区标准化试点项目两年来，标准体系已深植企业管理和景区服务各环节，成为千山旅游集团的企业形象、服务品质和运营能力的坚强保障，为千山景区高质量发展和实现"北方重要休闲旅游目的地"的工作目标，打下了坚实基础。

售检票服务标准、客运服务标准、索道服务标准的制定和实施，尤其是智慧景区落成，极大地提高了游客的游览体验，景区运营成本显著降低，景区服务质量不断增强，游客满意度大幅提高。

资料来源：河北省旅游品质促进会官方微信公众号。

## 案例分析

2023年，中共中央、国务院印发《质量强国建设纲要》，在增加优质服务供给部分明确提出，提升旅游管理和服务水平，规范旅游市场秩序，改善旅游消费体验，打造乡村旅游、康养旅游、红色旅游等精品项目。如何开展优质服务标准建设，提升景区的服务质量方面，需要我们去创新实践。

**思考：**

1. 根据案例，说说景区服务与服务质量对景区和社会的重要性。
2. 你了解当地政府主管部门针对当地景区服务发布的有关政策与指导性规定吗？
3. 小组合作完成：尝试为当地某景区的服务质量提升提出合理化建议。

## 角色练习

1. 以游客的身份考察当地旅游景区，挑一挑该景区服务存在的问题，并思考该如何改进。
2. 设定旅游景区内某一情境，以小组为单位，学生分别扮演景区服务者与游客，进行SERVICE原则的模拟练习，小组内组织自评和互评。小组推选出代表，进行全班练习表演。

## 视野拓展

### 文化和旅游部办公厅对提升暑期旅游景区服务提出要求

2023年7月24日，文化和旅游部办公厅发布《文化和旅游部办公厅关于进一步提升暑期旅游景区开放管理水平的通知》，对暑期旅游景区开放管理提出了具体要求。该文件主要内容如下。

进入暑期和旅游旺季，一些热门旅游景区出现预约难等问题，影响了游客体验，景区服务与人民群众对旅游景区高质量发展的期待还存在差距。为切实提升暑期旅游景区开放管理水平，更好满足人民群众旅游需求，现就有关事项通知如下。

一、优化预约管理

要优化预约措施，实施科学管理，不搞"一刀切"，最大限度满足广大游客参观游览需求。要积极采用新技术、新手段，畅通预约渠道，简化预约程序，合理设置在线预约时间，提高预约操作便捷性。针对中小学生、老年人、残障人士等特殊群体，要保留线下购票渠道，不断提升旅游便利化服务水平。

二、强化弹性供给

指导旅游景区结合暑期旅游特点，因地制宜强化弹性供给，有效满足游客需求。要提前做好应对，引导旅游景区提前开园，延长开放时间，符合条件的旅游景区要增加夜间游览项目，丰富游览内容，提升景区容量。要积极整合资源，在旅游景区及周边增设备用停车场，增加临时性停车位，解决"停车难"问题。推动旅游景区增加旅游交通车辆，增派现场管理人员，增设智慧导览设施，切实解决暑期旺季服务供给不足的问题。

三、推动产品创新

进一步挖掘潜力，创新旅游供给，及时推出新产品新场景，发布旅游消费指南。充分利用城市休闲街区、乡村民宿等，拓展旅游活动空间。充分利用古迹遗址、工业遗产、红色基地等各类资源，丰富旅游产品，创新旅游体验。要强化消费引领，引导休闲、度假、研学等多元旅游消费，减轻传统观光旅游景区压力。

四、提升服务质量

引导旅游景区提升服务意识，不断增强人性化服务理念，提高精细化服务水平。指导旅游景区加强现场服务，耐心细致地做好游客咨询，及时回应游客需求。要加强服务保障，备足防暑降温设施和物品，做好特殊天气的游客关怀。畅通游客沟通渠道，及时妥善处理游客投诉。

五、实施错峰调控

加强与宣传、交通等部门的协作，强化工作联动，提升区域综合调控能力。加强交通疏导，根据需要协调相关部门采取交通管控等措施分散客流，避免游客在旅游景区周边聚集滞留。加强信息发布，及时公布旅游景区游客接待信息，引导游客提前规划行程，错峰出行。加强区域统筹，整合区域旅游产品，增设旅游线路，实现区域游客分流，缓解热门旅游景区的接待压力。

六、规范市场秩序

联合公安、市场监管、网信等部门，加大对"黄牛"、第三方平台违规囤票、倒票等行为的打击力度，同时完善旅游景区门票分销系统，有效防止"黄牛"挤占票源。加强旅游市场秩序监管，严查欺客宰客等行为，维护景区游览秩序，净化旅游消费环境。会同发展改革等部门加强价格监管，严厉查处价格违法行为，保障游客权益。

## 七、严守安全底线

进一步压实旅游景区安全责任，推动旅游景区提高安全生产的主动性、科学性和针对性，严防安全事故发生。指导旅游景区强化汛期防范措施，加强地质灾害风险区安全防范。要加强旅游景区内设施设备管理，坚决防止"带病运行"。做好人员密集区域的秩序管理，严防出现因人员拥挤造成人员踩踏等伤亡事故。要密切关注天气变化，有针对性地做好恶劣天气应对预案，切实保障游客安全。

## 八、强化宣传引导

通过多种渠道发布旅游提示，提醒游客增强安全意识，谨慎参与高风险项目，引导游客安全出行，文明旅游。积极宣传优化预约和便利预约的新举措，做好沟通解释工作，争取游客的理解和支持。要建立健全舆情处置和反馈机制，及时回应网民关切，为景区开放管理营造良好的舆论氛围。

资料来源：摘自中华人民共和国文化和旅游部网站 https://www.mct.gov.cn/。

### 任务评价

根据上述相关知识和资料，请完成以下任务。

1. 收集资料，了解"中国旅游志愿者"制度。
2. 讨论：旅游志愿者会不会抢了旅游景区服务从业人员的饭碗？旅游景区服务人员对此应如何看待和应对？
3. 根据本任务的要求，个人和小组共同完成任务评价（见表1-5）。

表1-5 任务评价表

| 评价项目 | 具体要求 | 评价 | | | |
|---|---|---|---|---|---|
| | | 好 | 一般 | 差 | 建议 |
| 旅游景区服务 | 1. 定义 | | | | |
| | 2. 内容 | | | | |
| | 3. 特点 | | | | |
| | 4. 价值 | | | | |
| 旅游景区服务质量 | 1. 服务质量 | | | | |
| | 2. 旅游景区服务质量管理要求 | | | | |
| | 3. 国家旅游服务质量提升行动 | | | | |
| 旅游景区服务的相关原理与技能 | 1. SERVICE原则 | | | | |
| | 2. 三个统一 | | | | |
| | 3. 十八字诀 | | | | |
| | 4. 游客心理需求与旅游景区服务 | | | | |
| | 5. 服务观 | | | | |

续表

| 评价项目 | 具体要求 | 评价 | | | |
|---|---|---|---|---|---|
| | | 好 | 一般 | 差 | 建议 |
| 学生自我评价 | 1. 准时并有所准备地参加团队工作 | | | | |
| | 2. 乐于助人并主动帮助其他成员 | | | | |
| | 3. 遵守团队的协议 | | | | |
| | 4. 全力以赴参与工作并发挥了积极作用 | | | | |
| 小组活动评价 | 1. 团队合作良好，都能礼貌待人 | | | | |
| | 2. 工作中彼此信任、互相帮助 | | | | |
| | 3. 对团队工作都有所贡献 | | | | |
| | 4. 对团队的工作成果满意 | | | | |
| 总计 | | 个 | 个 | 个 | 总评 |
| 在旅游景区服务的学习中，我的收获是： | | | | | |
| 在旅游景区服务的学习中，我的不足是： | | | | | |
| 改进方法及措施： | | | | | |

## 任务三　中国式现代化的旅游景区与景区服务

**任务描述**

本任务要求学生了解什么是中国式现代化，掌握中国式现代化进程中旅游景区及景区服务高质量发展的根本目的、发展方向和发展原则，熟悉国家文化公园、红色旅游经典景区、绿色旅游景区、智慧旅游和智慧景区的基本知识，为后续进一步学习旅游景区服务职业技能，奠定坚实的思想、理论基础和实践视野基础。

**情境导入**

老师布置了一次当地特色旅游景区探究性学习任务。作为旅游专业的学生，小明带着家人利用节假日的时间游览了桂林境内的红军长征湘江战役纪念馆和觉山铺阻击旧址。

小明了解到，湘江战役是红军长征中的壮烈一战，是决定中国革命生死存亡的重要历史事件之一。红军将士视死如归、向死而生、一往无前、敢于压倒一切困难而不被任何困难所压倒的精神，永远值得我们铭记和发扬。

参观完纪念馆，在前往附近乡村吃农家饭的路上，小明妈妈发表了观感：湘江战役留存了大量旧址、遗迹、文物、历史故事和亲历者见证人等文化旅游资源，应该要花大气力发掘、保护和传承好这些文化旅游资源，并充分运用数字化手段和智慧化应用做好展示和服务。

小明一家在一个农户的葡萄庄园吃饭时，了解到全州县大力种植葡萄，发展乡村旅游、休闲农业，有一个村的46户村民年人均纯收入近3万元……小明的爸爸感慨道："在前辈流血牺牲的地方，当地干部群众在乡村振兴的新起点上继续奋斗。"

回到课堂，小明的探究报告引发了老师和同学们对文化和旅游深度融合、长征国家文化公园、红色旅游、绿色旅游、智慧旅游、乡村旅游等相关话题的热烈讨论。

## 相关知识

### 一、发展理念

#### （一）旅游景区及景区服务高质量发展的根本目的

旅游是新时代人民对美好生活和精神文化需求的重要内容，是人民群众获得感和幸福感的重要体现，是展示国家形象和国民素质的重要窗口。旅游成为小康社会人民美好生活的刚性需求。"十三五"期间我国年人均出游超过4次。人民群众通过旅游饱览祖国秀美山河、感受灿烂文化魅力，有力提升了获得感、幸福感、安全感。

旅游景区是主要的旅游场所，是激发游客出游需求的重要因素。旅游景区服务的本质就是在旅游景区内提供满足游客需求的劳动。旅游景区及景区服务，必须以满足人民日益增长的美好生活需要为根本目的，与时俱进提供高质量的旅游景区及景区服务。经过几十年的快速发展，我国旅游景区正在进入提高管理服务水平、提升旅游品质的大众旅游新阶段。随着经济社会发展水平的提高，人民对美好生活的需要更加强烈，享有更丰富、更高品质文化和旅游生活的期盼日益高涨，这使得文化、旅游需求和供给之间的结构性矛盾更加突出，虽然"缺不缺、够不够"问题总体上得到解决，但"好不好、精不精"问题越来越凸显，高质量的旅游景区和旅游景区服务供给相对还比较缺乏。在新发展阶段，如何进一步提升旅游景区品质，为人民群众和游客提供更高质量、更有效率、更加公平、更可持续的旅游景区服务，是摆在我们面前的重要任务。

#### （二）旅游景区及景区服务的发展方向

中国的旅游景区及景区服务，面对的是游客规模巨大的市场。文化和旅游部发布的统计数据显示，2022年全国A级旅游景区个数达到14917家。

中国的旅游景区及景区服务成为打赢脱贫攻坚战和助力乡村振兴的重要生力军。文化和旅游部的统计数据显示2021年全国A级旅游景区的从业人员有157万人。文化和旅游深度融合的旅游景区建设成为促进经济结构优化的重要推动力。各省、自治区、直辖市和重点旅游城市纷纷将旅游业作为主导产业、支柱产业、先导产业，放在优先发展的位置。各地区在推进脱贫攻坚中，普遍依托红色文化资源和绿色生态资源大力发展乡村旅游，进一步夯实了乡村振兴的基础。旅游景区及景区服务，是实现全体人民共同富裕的重要阵地。

中国的旅游景区及景区服务，是体现物质文明和精神文明相协调的重要窗口，是传承弘扬中华文化的重要载体。旅游景区实现文化和旅游深度融合、相互促进，红色旅游景区、乡村旅游景区、旅游景区演艺服务、文化遗产旅游景区等蓬勃发展，在传播中华优秀传统文化、革命文化和社会主义先进文化方面发挥了巨大作用。

中国的旅游景区及景区服务成为践行"绿水青山就是金山银山"理念的重要领域。各地区在严格保护生态的前提下，科学合理推动生态产品价值实现，走出了一条人与自然和谐共生、生态优先、绿色发展的特色旅游道路。

中国的旅游景区及景区服务成为加强对外交流合作和提升国家文化软实力的重要渠道。"十三五"期间，出入境旅游发展健康有序，年出入境旅游总人数突破3亿人次。"一带一路"旅游合作、亚洲旅游促进计划等向纵深发展，走和平发展道路的中国旅游景区及景区服务在讲好中国故事、展示"美丽中国"形象、促进人文交流方面发挥着重要作用。

### （三）旅游景区及景区服务的发展原则

#### 1. 坚持以文塑旅、以旅彰文

旅游景区及景区服务，要按照二十大报告提出的按照"以文塑旅、以旅彰文，推进文化和旅游深度融合发展"的要求和部署，让旅游景区成为人们感悟中华文化、增强文化自信的阵地。要把国家文化公园建设成为传承中华文明的历史文化长廊、中华民族共同精神家园、提升人民生活品质的文化和旅游体验空间，支持博物馆、文化馆、图书馆、美术馆、非遗馆、书店等文化场所增强旅游休闲功能，推动非遗有机融入旅游产品和线路。

#### 2. 坚持创新驱动、优质发展

旅游景区及景区服务要构建新发展格局，坚持创新驱动发展，创新体制机制，广泛应用先进科技，推动旅游业态、服务方式、消费模式和管理手段创新提升，强化自主创新，集合优势资源，加快推进以数字化、网络化、智能化为特征的智慧旅游，深化"互联网＋旅游"，扩大新技术场景应用，发展智慧旅游景区及智慧服务。

#### 3. 坚持生态优先、科学利用

党的二十大报告提出"坚持绿水青山就是金山银山的理念"。旅游景区及景区服务要促进人与自然和谐共生，稳步推进国家公园建设，充分考虑生态承载力、自然修复力，推进生态旅游可持续发展，推出一批生态旅游产品和线路，打造人文资源和自然资源保护利用高地。加强生态保护宣传教育，让游客在感悟大自然神奇魅力的同时，自觉增强生态保护意识，形成绿色消费和健康生活方式。积极运用技术手段做好预约调控、环境监测、流量疏导，将旅游活动对自然环境的影响降到最低。

## 二、创新及特色典范

### （一）国家文化公园

**1. 国家文化公园是新时期中国特色的文旅首创**

国家文化公园这一概念为我国首创。建设国家文化公园，是推动新时代文化繁荣发展的重大工程。当前我国规划建设长城、大运河、长征、黄河和长江五个国家文化公园。

早在 2016 年，国家文化公园建设就被列入国家"十三五"规划。2017 年 1 月，中共中央办公厅、国务院办公厅发布《关于实施中华优秀传统文化传承发展工程的意见》，明确提出"规划建设一批国家文化公园，成为中华文化重要标识"。2019 年 7 月 24 日，中央全面深化改革委员会会议审议通过了《长城、大运河、长征国家文化公园建设方案》。2020 年 10 月 29 日，中国共产党第十九届中央委员会第五次全体会议通过《中共中央关于制定国民经济和社会发展第十四个五年规划和二〇三五年远景目标的建议》，提出"加强国家重大文化设施和文化项目建设"，"强化重要文化和自然遗产、非物质文化遗产系统性保护，加强各民族优秀传统手工艺保护和传承，建设长城、大运河、长征、黄河等国家文化公园"，并要求"推动文化和旅游融合发展，建设一批富有文化底蕴的世界级旅游景区和度假区"，"以讲好中国故事为着力点，创新推进国际传播，加强对外文化交流和多层次文明对话"。2022 年初，国家文化公园建设工作领导小组印发通知，部署启动长江国家文化公园建设，要求各相关部门和地区结合实际抓好贯彻落实。至此，我国形成五大国家文化公园总体建设布局。2022 年党的二十大报告中第八部分"推进文化自信自强，铸就社会主义文化新辉煌"中，提出"加大文物和文化遗产保护力度，加强城乡建设中历史文化保护传承，建好用好国家文化公园。坚持以文塑旅、以旅彰文，推进文化和旅游深度融合发展"。

**2. 国家文化公园与旅游景区及景区服务**

中国的国家文化公园，承载着中华文化的内涵，是国家的象征，强调整合一系列文化遗产后所反映的整体性国家意义。同时，由于国民高度认同，国家文化公园能够代表国家形象和中华民族独特精神以及独一无二的文化和旅游资源，在世界范围内的知名度、美誉度高，能体现二十大报告对文旅事业及旅游景区提出的"以文塑旅、以旅彰文，推进文化和旅游深度融合发展"的新部署新要求，必然能成为游客了解、体验、感知中国历史和中华文化的游憩空间。

2022 年国务院印发《"十四五"旅游业发展规划》，提出要"把国家文化公园建设成为传承中华文明的历史文化走廊、中华民族共同精神家园、提升人民生活品质的文化和旅游体验空间"。

国家文化公园整合具有突出意义、重要影响、重大主题的文物和文化资源，重点建设管控保护、主题展示、文旅融合、传统利用四类主体功能区，实施保护传承、研究发掘、环境配套、文旅融合、数字再现五大工程，突出"万里长城""千年运河""二万五千里长征""九曲黄河"整体辨识度。推进优质文化旅游资源一体化开发，科学规划、开发文化旅游产品和商品。推出参观游览联程联运经典线路，开展整体品牌塑造和营销推介。

国家文化公园依托博物馆、非遗馆、国家文化公园、世界文化遗产地、文物保护单位、红色旅游景区等资源发展文化遗产旅游。以长城、大运河、长征、黄河国家文化公园和丝绸之路旅游带、长江国际黄金旅游带、沿海黄金旅游带、京哈—京港澳高铁沿线、太行山—武陵山、万里茶道等为依托，构建"点状辐射、带状串联、网状协同"的全国旅游空间新格局。

## （二）红色旅游经典景区

### 1. 红色旅游经典景区的现状与展望

红色旅游在我国蓬勃兴起。国家高度重视红色旅游经典景区的规划建设，目前文化和旅游部推出的红色旅游经典景区有300个，遍布全国各省、自治区，已成为中国式现代化进程中极具中国特色的旅游景区。国家高度重视提升红色旅游规范化发展水平，突出爱国主义和革命传统教育，坚持培育和践行社会主义核心价值观，把伟大建党精神等党和人民在各个历史时期奋斗中形成的伟大精神融入到线路设计、展陈展示、讲解体验中，讲好革命故事、根据地故事、英烈故事，让人民群众在旅游中接受精神洗礼、传承红色基因。结合党史学习教育开展"百名红色讲解员讲百年党史"系列活动，充分运用红色资源，推出"建党百年红色旅游百条精品线路"，教育引导广大党员、干部坚定理想信念、筑牢初心使命。广泛开展红色旅游宣传推广活动，提升红色旅游发展活力和影响力。促进红色旅游与乡村旅游、生态旅游等业态融合，推出一批红色旅游融合发展示范区。积极发挥红色旅游巩固拓展脱贫攻坚成果作用，紧密结合革命老区振兴发展，依托当地红色文化等重要资源，培育壮大特色旅游产业，增进革命老区人民福祉。坚决反对庸俗、低俗、媚俗，防止过度商业化、娱乐化，防止打着红色旅游的旗号搞项目开发、偏离发展方向。

### 2. 红色旅游经典景区的旅游资源

（1）文物景观类。

包括故居、旧居、革命活动地等旧址类文物景观；战役、战斗、惨案、重要事件的发生地等遗址类文物景观；纪念碑、陵园、雕塑性建筑等祭奠类文物景观；博物馆、纪念馆等建筑。

要求历史遗迹和文化遗产应保持原有建筑与格局，修缮应尊重历史原貌，明确事件遗址的范围，应设保护范围和控制地带，严格控制新建建筑，保持景区的庄严肃穆，建筑、设施建设应突出历史感，建筑风格应符合历史文化内涵。

（2）展陈游览类。

以红色旅游经典景区馆藏文物、复制品、仿制品的室内陈列展出为内容，供游客参观游览。展陈应史实清晰，表现方式多样，主题突出，教育性强。应按照时间、地点、事件、人物、过程、影响等逻辑关系设置展陈。应围绕展陈主题选择展品，宜定期对展品进行调整、补充。宜通过传统手段和现代技术相结合，丰富展陈形式。应根据时代发展更新主题，设置专题展览。

（3）体验游览类。

在红色旅游经典景区内依托红色旅游资源开展具有参与性、互动性和教育意义的旅游体验活动。宜根据景区资源和自然、人文条件，设置爱国主义教育的体验游览项目。体验游览应围绕主题，还原历史，注重空间、时间和事物的协调统一。应在红色旅游经典景区设立研学旅行教育基地，创新研学旅行的线路和产品，为研学旅行、生活体验、模拟体验、拓展体验等游览形式设计体验项目。体验性游览项目应在设施建设、活动开展上有监控、有预案，确保游客人身安全和突发事件处置。

**3. 红色旅游经典景区服务规范**

2017年国家旅游局发布了旅游行业标准《红色旅游经典景区服务规范》（LB/T 055—2016），规定了红色旅游经典景区服务的术语和定义、基本要求、设施服务、游览服务、配套服务、管理服务和持续发展等内容。

（1）红色旅游（Revolutionary tourism）。

以革命、建设、改革的各个历史时期所遗存的纪念地、标志物为载体，以其所承载的革命历史、革命事迹和革命精神为内涵，开展的主题性参观游览活动。

（2）红色旅游经典景区（Revolutionary historical scenic area）。

国家相关部门联合认定公布的以全国爱国主义教育示范基地为重点，以有重大影响和教育意义的标志地、纪念物为载体的，具备接待游客开展瞻仰、游览主题活动的景区。

（3）基本要求。

主题性：纪念地、标志物所承载的革命历史、革命文化和革命事迹应主题明确，历史真实。围绕主题，在规划设计、资源开发、游览服务上应尊重事实，传承红色文化、红色精神。

教育性：应传递优秀文化，开展革命历史、革命传统和革命精神教育。应尊重历史，主题突出，以史育人。应围绕思想教育、文化建设和民生工程组织教育活动。

游览性：景区的物质资源和非物质资源应保存完整。景区应有完善的基础设施和服务设施。应围绕主题，设计产品，明确游览路线。应围绕主题，为游客提供展陈游览、景观游览、体验游览、游览解说等服务。

权威性：红色旅游经典景区的解说词应由专业人员编写，经主管部门审定；宜邀请亲历者、老战士老党员、专家学者、先进人物开展专题解说。

**（三）绿色旅游景区**

旅游景区是自然环境优良、人文资源丰富的区域，拥有优质的景观资源、珍稀的自然生态系统、珍贵的历史文化资源，具有不可替代的景观、生态和文化价值。建设绿色旅游景区，实现旅游景区的绿色管理，对旅游景区资源的永续利用，持续提供高质量的旅游环境具有重要意义。

在旅游景区引入绿色管理理念长期以来受到广泛关注，2011年发布的旅游行业标准《绿色旅游景区》（LB/T 015—2011），为旅游景区实施生态化管理提供依据和技术规范，有利于保护旅游景区的生态环境和旅游资源，提升旅游产业发展内在素质。

**1. 适用范围和主要概念**

要注意的是绿色旅游景区行业标准是适用于中华人民共和国境内各类旅游景区的管理和服务的，它规范的不是什么景区是"绿色旅游景区"，而是规定了旅游景区实施绿色管理和服务的规范要求和技术指标。其中有几个主要概念：

（1）绿色旅游景区（Green scenic area）。

是以可持续发展和循环经济为经营和管理理念，以生态化设计为基础，实施清洁生产，倡导生态化服务和消费，有效保护旅游资源和旅游环境的旅游景区。

（2）清洁生产（Cleaner production）。

是旅游景区在生态环境保护、污染物排放、废物回收利用方面达到国家和地方有关标准的基础上，积极采用新的环境技术和工艺，降低对景区资源的消耗，减少或消除有害废弃物的排放，同时能充分满足旅游者需求的生产模式。

（3）绿色管理（Green management）。

指旅游景区管理者将保护生态环境的意识纳入旅游景区的经营管理中，重视对旅游者、员工进行环境保护宣传，重视建立企业生态文化的管理方式。

（4）绿色服务（Green service）。

指在旅游景区服务中使用环保型的设施、设备、用具，提供安全、高效、节能的绿色能源，提供有利于旅游者身心健康的旅游活动项目的旅游服务。

（5）绿色消费（Green consumption）。

指旅游者在进行旅游消费过程中注重对生态环境、历史文化的保护，节约利用各种资源和能源，合理处置废弃物，不造成生态环境破坏和污染的消费行为和消费方式。

（6）绿色旅游（Green tourism）。

指不对自然环境造成破坏，并将环境教育功能融入旅游活动中的旅游方式。

（7）绿色设计（Green design）。

指在旅游景区的规划设计过程中，考虑旅游设施布局和功能的同时，使旅游设施对环境的负面影响降至最小，各项建设指标符合生态环境保护要求，以减少对资源、能源的消耗以及减少各类有害物质排放的设计理念和方法。

**2. 绿色服务的主要内容和要求**

（1）旅游信息服务。

游客服务中心应有向游客宣传景区生态环境特征、历史文化特征的解说系统。

旅游全景图及游客宣传手册中应有介绍景区生态特征及环境保护要求的相关提示。

各种引导标识布局合理，外观设计应同周围环境相协调，采用生态材料，并对生态敏感地带进行有效引导和标识。

符合国家或行业标准，并应采用生态材料，突出当地特色，有艺术感和文化气息。

向游客提供绿色旅游宣传材料，开展绿色消费、绿色旅游教育。

（2）导游服务。

导游服务质量达到《导游服务规范》（GB/T 15971—2010）的要求，且应具有介绍景区自然环境、历史人文特征的科学内容。

导游讲解要符合规范，并能积极引导游客进行绿色旅游活动和绿色旅游消费。

（3）住宿服务。

景区内的旅游饭店都应建成绿色旅游饭店，符合《绿色饭店》（GB/T 21084—2007）的规定。

景区内的其他住宿设施，包括小型别墅、农家住宿等应建设成为绿色客房。

应减少和控制客房内各类消耗性物品的使用量，做到减量使用、多次使用和替代使用。

（4）餐饮服务。

餐饮场所数量和布局合理，餐饮卫生符合《绿色餐饮经营与管理》（GB/T 40042—2021）的要求；生活饮用水质量符合《生活饮用水卫生标准》（GB 5749—2022）的规定。

节约食品原料和成品，杜绝浪费行为；结合客人消费标准，有针对性地安排餐饮品种和数量，制定符合游客口味和营养需求的菜点，防止原料和成品浪费。

应提供安全、健康的绿色食品，提倡主要餐饮企业建立原料采购识别制度，采购无污染原料、绿色食品原料，防止采购被污染或腐烂变质的原料。有条件的旅游饭店，应建立自己的无污染、无公害原料或绿色食品原料种植基地和饲养场所。

不以提供野味来吸引和招揽游客，无以野生动物、珍稀植物为菜名的广告和食品出售。

餐饮服务配备消毒设施，对所有餐具进行消毒。

不使用对环境造成污染的不可降解的一次性餐具。

（5）购物与娱乐服务。

景区内的购物场所与娱乐设施布局合理，建筑与周围环境相协调。

不销售以濒危物种或受保护物种为原料的旅游商品；不销售有害于重要文化与遗产保护价值的旅游商品。

旅游商品原料应采用可再生原料，且多来自本地区及本旅游区，特色鲜明。

实行旅游商品简易包装原则，减少一次性的纸制品或塑料制品的使用。

不销售国家禁止销售的旅游商品。

购物场所和娱乐场所应环境整洁、秩序良好；游乐设施应符合《游乐园（场）服务质量》（GB/T 16767—2010）的安全要求。

### （四）智慧旅游与智慧景区

《中华人民共和国国民经济和社会发展第十四个五年规划和2035年远景目标纲要》提出"深入发展大众旅游、智慧旅游，创新旅游产品体系，改善旅游消费体验"的要求。《"十四五"旅游业发展规划》提出要"坚持创新驱动发展"，要"加快推进以数字化、网络化、智能化为特征的智慧旅游，深化'互联网+旅游'，扩大新技术场景应用"。

**1. 概念**

（1）智慧旅游。

智慧旅游是以数字化、网络化、智能化为特征，将物联网、云计算、5G等技术引入旅游体验、产业发展及管理服务等环节，以满足老百姓日益增长的物质文化需求，推进旅游治理体系和治理能力的现代化。

（2）智慧景区。

智慧景区是信息技术在旅游景区中的应用创新和集成创新，是为满足景区游客个性化需求，提供高品质景区服务，而实现景区旅游资源及社会资源的整合共享与有效利用的系统化、集约化的旅游景区管理服务变革。近年来，旅游景区不断整合创新旅游产业相关资源和平台，为景区游客提供适需对路的产品和更加个性化的服务，正在逐渐成为全球旅游发展的主流趋势。

**2. 国家智慧旅游建设工程**

（1）加快智慧旅游景区建设。

科学推进预约、限量、错峰旅游，促进旅游景区实现在线、多渠道、分时段预约，提高管理效能。建设旅游景区监测设施和大数据平台，健全智能调度应用，促进旅游景区资源高峰期合理化配置，实现精确预警和科学导流。普及旅游景区电子地图、线路推荐、语音导览等智慧化服务，提高游览便捷性。支持各地区因地制宜建设特色化智慧旅游景区，运用数字技术充分展示特色文化内涵。"十四五"期间，推动国家4A级以上旅游景区基本实现智慧化转型升级。

（2）完善智慧旅游公共服务。

以提升便利度和改善服务体验为导向，引导模式创新，构建开放、共享的智慧旅游公共服务体系。规范智慧旅游公共服务平台建设，支持开发针对老年人等特殊群体的专门应用程序和友好界面。

（3）丰富智慧旅游产品供给。

鼓励旅游消费新模式发展，打造沉浸式博物馆、主题公园、旅游演艺等旅游体验新场景。引导开发数字化体验产品，推动文化和旅游资源借助数字技术"活起来"。

（4）拓展智慧旅游场景应用。

建立健全智慧旅游标准体系，强化现代信息技术在旅游领域的应用普及，丰富拓展智慧旅游场景应用，推出一批智慧旅游创新案例和项目。

**3. 智慧旅游场景应用**

智慧旅游场景是指 5G、大数据、云计算、物联网、人工智能、虚拟现实、增强现实等现代信息技术，在旅游服务、旅游管理、旅游营销、旅游产品等领域的综合集成应用成果，是智慧旅游体系建设的基本单元和重要构成。

依据文化和旅游部、国家发展改革委 2022 年发布的《智慧旅游场景应用指南（试行）》，智慧旅游典型场景有如下 10 种。

（1）智慧信息发布。

运用 5G、大数据、云计算、生物识别、图像采集、热力成像、数字媒体等技术，获取与旅游环境和游客体验相关的流量、气象、交通等信息，通过门户网站、公众号、小程序、微博、短视频、云直播等渠道即时发布。该场景可向游客提供实时旅游资讯服务，帮助游客了解旅游目的地综合信息，帮助其科学制订出行或游览计划。

（2）智慧预约预订。

运用 5G、大数据、云计算、人工智能等技术，在公众号、小程序、移动 APP、门户网站等多种渠道建设票务分时预约预订模块，通过后台票务数据管理平台集中管理预订信息，实现多票种分时段预约和销售功能，动态调配游客流量。该场景可以实现线上票务预约预订服务，精准控制游客规模，统筹分时分区游览，科学分配服务资源，避免游客游览时间集中和空间集聚。

（3）智慧交通调度。

运用物联网、5G、大数据、云计算、地理信息系统（GIS）、卫星定位等技术，在旅游道路沿线安装感知、互联和控制等信息设备，实时监测和分析道路及交通工具的通行状况、分布位置等信息，科学合理调动分配旅游区域内的道路交通资源，实现旅游交通的智慧调度。该场景可优化旅游区域内的交通运输环境，提升通行效率，提升游览舒适度和安全性。

（4）智慧旅游停车。

运用图像识别、卫星定位、地理信息系统（GIS）、红外热成像、传感等技术，在停车场出入口处、车道、车位等安装监控、引导、检测、收费等设备，实时监测采集车位预约、使用等信息，通过后台数据分析和对客服务端信息推送，便利游客查询、预订、导航、停车、交费等，实现停车场优化利用。该场景可为游客停车提供精准化便捷化服务，提升停车场管理能力和使用效率。

（5）智慧游客分流。

运用 5G、大数据、物联网、地理信息系统（GIS）、生物识别等技术，通过视频监控、传感设备等获取特定区域即时人流密度和流向流速等数据，依托游客流量大数据平台，自动比对区域游客最大承载量，动态预测拥堵区域和时段，实时发布游客流量预警信息，及时告知游客调整游览线路，科学疏导分流。该场景可实时监控游客流量，有效疏导拥堵，提高游览舒适度和安全性。

（6）智慧导览讲解。

运用5G、大数据、人工智能、虚拟现实、蓝牙、基于位置服务（LBS）等技术，通过自动定位、景观识别、近距离感知、人机交互、多媒体展示等功能，采取语音、文字、图片、视频等形式，为游客提供基于位置的个性化路线推荐、导览和讲解等服务，为旅游活动提供形式多样的信息提示。该场景有助于创新导览讲解方式，丰富讲解内容，帮助游客合理安排游览线路，充分了解游览内容，满足游客的个性化和多样化游览需求。

（7）沉浸式体验。

运用AR、VR、MR、裸眼3D、4D/5D、全息投影等技术，结合环绕式音响、多通道同步视频、高清立体显示等设备，通过交互式空间营造，创新内容表达形式，打造虚拟场景、多维展陈等新型消费业态，丰富数字旅游产品的优质供给。该应用场景有利于增强代入感和互动性，提升游客的感官体验和认知体验。

（8）智慧酒店入住。

运用5G、大数据、物联网、传感、生物识别等技术，采用非接触式等快捷自助服务设备，为游客提供身份证扫描、人证对比、核对订单、确认入住、票据打印、自助续住、房卡发放回收、一键退房等服务，实现酒店管理系统、公安登记系统、门禁系统、在线预订平台等多个系统的数据协同。该场景可帮助游客在酒店实现快速入住，提升游客入住体验。

（9）智慧旅游营销。

运用5G、大数据、人工智能、云计算、融媒体等技术，收集游客受众分类、规模数量、结构特征、兴趣爱好、消费习惯等数据，通过游客画像分析确定市场开发方向、锁定消费客群，并采取线上线下相结合的营销方式，向目标市场和目标客群精准推送相关旅游产品信息。该场景有利于把握旅游消费趋势，细分客源市场，制定针对性的宣传方案，实现精准高效营销。

（10）智慧安全监管。

运用5G、大数据、云计算、物联网、人工智能、图像识别、地理信息系统（GIS）、智能视频监控等技术，在出入口、集散地、重要游览点、休憩服务场所、交通枢纽地带、事故易发地、环境保护地等安置视频监控和物联传感设备，建立实时监测、通话与定位、自动处置、SOS救援等系统；或通过无人机技术丰富立体安全防控网络，通过无人机自主巡检弥补固定位摄像头视野盲区，实现视频监控、重点喊话、关键人追踪、探索环境智能监测等功能，打造立体化、全覆盖、智能化安全防控网络。该场景能够实现早期安全预警，及时发现和有效处置各类安全隐患，保障游客人身安全和旅游环境安全。

## 案例

### 甘肃将建设长城、长征、黄河三个国家文化公园

**材料一　国家文化公园建设，摘自国务院《"十四五"旅游业发展规划》**

| 专栏　国家文化公园建设 |
| --- |
| 　　明确重点建设区。近期重点建设长城国家文化公园（河北段、青海段）、大运河国家文化公园（江苏段）、长征国家文化公园（贵州段、江西段、福建段、陕西段、甘肃段）、黄河国家文化公园（青海段、甘肃段、内蒙古段、河南段、山东段）。总结形成一批可复制推广的成果经验，为全面推进国家文化公园建设创造良好条件。<br>　　确定重点支持方向。充分发挥中央投资关键带动作用，通过"十四五"时期文化保护传承利用工程积极支持国家文化公园建设。遴选博物馆、纪念馆、重要遗址遗迹、特色公园、非物质文化遗产、历史文化名城名镇名村和街区、文化旅游复合廊道等方面符合要求的保护利用项目，编制项目储备库，分年度安排中央预算内投资。 |

**材料二　甘肃省将建长城、长征、黄河三大国家文化公园**

2022年2月18日，省政府新闻办召开新闻发布会，对《华夏文明传承创新区建设"十四五"规划》《长城国家文化公园（甘肃段）建设保护规划》《长征国家文化公园（甘肃段）建设保护规划》进行政策解读。据介绍，到2025年，我省将完成华夏文明传承创新区建设规划任务，长城、长征、黄河三大国家文化公园基本建成。其中，长征国家文化公园（甘肃段）共规划建设41个红军村、7个红色小镇（红军街）。

1.到2025年我省将完成华夏文明传承创新区建设规划任务

据介绍，华夏文明传承创新区建设推进9年来，建设成效明显，总体目标已基本实现。到2025年，我省将完成华夏文明传承创新区建设规划任务，全省文化遗产得到有效保护和充分展示，公共文化服务体系健全、完善，文化产业得到长足发展，长城、长征、黄河国家文化公园基本建成，创新区成为文化遗产保护传承的高地、特色文化产业创新发展的基地、服务"一带一路"民心相通建设的典范，为我省到2035年建成文化强省奠定坚实基础。

今年，是推进华夏文明传承创新区"十四五"规划各项任务落实落地关键之年，部分重点工程陆续启动实施。今年我省将主要围绕用习近平新时代中国特色社会主义思想凝心铸魂、融入"一带一路"建设、文物和文化保护传承、公共文化服务体系及城乡文化一体化建设、文艺精品创作、文化产业市场体系建设、文化与旅游融合发展、华夏文明研究发掘、专业人才队伍建设9个方面确定主题，开展工作，并研究提出了20项重点、亮点工作。

其中，将重点推进"三区"建设。建设以敦煌文化为核心的河西走廊文化生态保护区，立足河西走廊地理特征、历史文化资源和自然人文风情，推进地域特色文化整体保护、活态展示和深度体验。建设以始祖文化为核心的陇东南历史文化保护区，重点推动始祖文化、史前文化、道源文化、早期秦文化、农耕文化、石窟文化保护传承。建设以黄河

文化为核心的陇中特色文化保护区，重点推动黄河文化、陇右文化、民族特色文化、工业文化等保护传承。

2.建成长城、长征、黄河三大国家文化公园

到 2025 年，将建成长城、长征、黄河三大国家文化公园。长城国家文化公园，将建设"河西汉塞""明代雄关""陇右屏障"3 个核心展示园，建设"居延古道"等 3 个风景道示范段及 8 个特色展示点；长征国家文化公园，建设以一条长征文化主题线和北上胜利会师、奔赴陕甘革命根据地为主题的两大长征文化片区；黄河国家文化公园，建设黄河干流文化旅游带以及大夏河、湟水、洮河、渭河、泾河五大支流文化廊道。同时，要加强"甘肃长城长征国家文化公园建设发展研究中心"和"兰州大学黄河国家文化公园研究院"等研究机构建设，支撑"三大"国家文化公园发展。

长征国家文化公园（甘肃段）建成后，其核心展示园由会宁红军会师、南梁革命根据地、俄界－腊子口、哈达铺会议、榜罗镇会议 5 个国家级核心展示园和两当红色革命、泾川四坡村（红军村）、山城堡战役、岷洮会议 4 个省级核心展示园组成，并规划建设茨日那毛泽东旧居、八路军兰州办事处旧址、红军一条山战役遗址等 16 处旧居旧址遗址地。此外，长征国家文化公园（甘肃段）分长征沿线红军村和长征主题红色小镇（红军街）两类建设，共规划建设 41 个红军村，7 个红色小镇（红军街）。

资料来源：杨昕.我省将建成长城、长征、黄河三大国家文化公园［EB/OL］.每日甘肃网，2022-02-19.

☞ **案例分析**

根据案例提供的材料，结合教材相关知识，以党的二十大报告有关论述为指导，组织以"中国式现代化进程中旅游景区及景区服务文化和旅游深度融合"为主题的讨论。

**角色练习**

参考本任务"情境导入"中小明的角色，以旅游景区及景区服务专业知识的视角，通过有关文献、网络查阅或实地考察，组织一次本地特色的中国式现代化进程中的旅游景区及景区服务专题探究性研学旅游活动，并撰写报告，进行班级演示和讨论。

**视野拓展**

### 文化和旅游部发布《2021 年智慧旅游典型案例》

文化和旅游部发布了 2021 年智慧旅游典型案例，是我国中国式现代化进程中的智慧旅游和智慧景区实践典范，是智慧旅游和智慧景区全面生动的展示，共确定"故宫博物院'智慧开放'项目"等 27 个智慧旅游典型案例，其中"智慧旅游景区、度假区、乡村建设运营典型案例"15 个，"智慧旅游公共服务平台建设运营典型案例"12 个。具体名单如下：

## 2021年智慧旅游典型案例

一、智慧旅游景区、度假区、乡村建设运营典型案例

1. 故宫博物院"智慧开放"项目
2. 唐山市南湖·开滦旅游景区智慧旅游探索
3. 大连市发现王国"智慧潮玩"新模式
4. 南京市牛首山文化旅游区智慧旅游系统建设应用
5. 南平市武夷山景区智慧管理提升服务效能
6. 青岛市崂山景区全网分时预约售检票系统智慧化实践
7. 重庆市中国三峡博物馆智慧管理平台建设
8. 安顺市黄果树景区动静结合的智慧化客流管理服务体系
9. 丽江市丽江古城"智慧小镇"数字化转型实践
10. 渭南市华山景区实名制分时预约实践
11. 智慧之翼,助力石嘴山市沙湖景区实现高质量发展
12. 昌吉回族自治州天山天池景区打造智慧旅游服务引擎
13. 日照市山海天旅游度假区智慧共享优质发展
14. "南京市乡村旅游大数据服务平台"智慧旅游实践
15. 贵阳市水东乡舍"互联网+乡村旅居"助力乡村振兴

二、智慧旅游公共服务平台建设运营典型案例

1. 延庆区打造"长城内外"全域旅游数字化生活新服务平台
2. 黑河市智慧旅游服务平台一站式无障碍服务
3. "君到苏州"文化旅游总入口平台提升文旅综合服务效能
4. 杭州市智慧文旅服务平台打造文旅生活服务圈
5. "易游温州"一键通智慧服务
6. 黄山市打造目的地智慧旅游运营新样板
7. 六安市文旅综合服务管理系统
8. 基于大数据的"烟台文旅云"平台
9. 宜昌市智慧旅游"精准推荐"助力旅游消费转型升级
10. "乐游南宁"APP及微信小程序智慧化服务创新
11. 乐山市文旅大数据中心数字文旅发展模式
12. "游汉中"平台促进智慧旅游服务升级

资料来源:摘自中华人民共和国文化和旅游部网站 https://www.mct.gov.cn/。

### 任务评价

根据相关知识和资料,完成以下任务:
1. 选取文化和旅游部发布的《2021年智慧旅游典型案例》中的1个或多个案例,查

阅相关资料，撰写案例报告。

2. 结合学生党课、班会、团建等活动，组织一次当地红色旅游活动，并要求运用有关专业知识，分析该旅游景区（点）及其服务存在的问题并提出改善提升建议。

3. 个人和小组共同完成任务评价（见表1-6）。

表1-6 任务评价表

| 评价项目 | 具体要求 | 评价 | | | |
| --- | --- | --- | --- | --- | --- |
| | | 好 | 一般 | 差 | 建议 |
| 发展理念 | 1. 旅游景区及景区服务高质量发展的根本目的 | | | | |
| | 2. 旅游景区及景区服务的发展方向 | | | | |
| | 3. 旅游景区及景区服务的发展原则 | | | | |
| 创新及特色典范 | 1. 国家文化公园 | | | | |
| | 2. 红色旅游经典景区 | | | | |
| | 3. 绿色旅游景区 | | | | |
| | 4. 智慧旅游与智慧景区 | | | | |
| 学生自我评价 | 1. 准时并有所准备地参加团队工作 | | | | |
| | 2. 乐于助人并主动帮助其他成员 | | | | |
| | 3. 遵守团队的协议 | | | | |
| | 4. 全力以赴参与工作并发挥了积极作用 | | | | |
| 小组活动评价 | 1. 团队合作良好，都能礼貌待人 | | | | |
| | 2. 工作中彼此信任、互相帮助 | | | | |
| | 3. 对团队工作都有所贡献 | | | | |
| | 4. 对团队的工作成果满意 | | | | |
| 总计 | | 个 | 个 | 个 | 总评 |
| 在旅游景区服务的学习中，我的收获是： | | | | | |
| 在旅游景区服务的学习中，我的不足是： | | | | | |
| 改进方法及措施： | | | | | |

### 项目关键词

旅游景区　旅游景区分类　旅游景区服务　服务质量　SERVICE原则　国家文化公园　红色旅游经典景区　绿色旅游景区　智慧旅游和智慧景区

### 课后练习

1. 简述旅游景区、风景名胜区的概念。

2. 按照旅游景区的形成原因，可以把旅游景区划分为几种类型？你比较喜欢哪一种类型？为什么？

3. 你的家乡有哪些景区？选取一个等级最高的景区或者最著名的景区向同学们介绍一下。

4. 旅游景区的服务内容有哪些？

5. 你认为提供优质服务最重要的是哪个方面？为什么？

6. 列举景区服务的 SERVICE 七个原则要求并谈谈你的理解。

S _____
E _____
R _____
V _____
I _____
C _____
E _____

# 项目二　旅游景区接待服务

**项目概览**

旅游景区接待服务是一项务实性、规范性和艺术性很强的工作，本项目通过旅游景区入门接待服务、旅游景区咨询服务、旅游景区投诉处理服务三个任务驱动学生学习，让学生了解有关基础知识理论及工作基本要求，掌握旅游景区接待服务工作各环节的操作流程、基本礼仪以及处理常见问题的方法。

**任务导读**

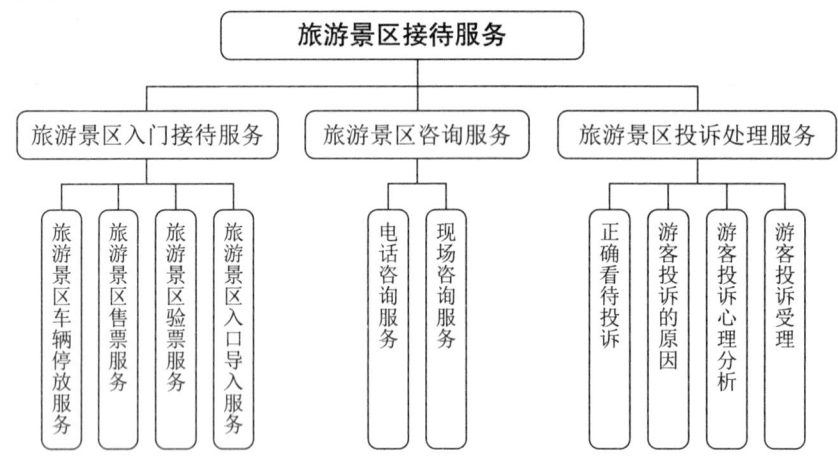

**学习目标**

1. 了解旅游景区接待服务的基础知识，掌握车辆停放服务、售票服务、验票服务、入口导入服务的工作流程与规范。

2. 了解旅游景区咨询服务的有关知识，掌握电话咨询服务、现场咨询服务的工作流程、礼仪要求和技巧。

3. 了解游客投诉心理及有关知识，学会处理游客投诉的基本方法和解决常见疑难问题的基本方法。

# 任务一　旅游景区入门接待服务

### 任务描述

本任务主要通过完成任务作业、实地考察、情境体验、模拟训练等方法，让学生掌握旅游景区入门接待服务中的车辆停放服务、售票服务、验票服务、入口导入服务的基础知识、工作流程以及服务标准。入口咨询服务与景区的其他咨询服务将在任务二中进行介绍和学习。

### 情境导入

小明一家春节期间自驾游海南，某日前往某景区游览，结果开着车绕着景区转了近一个小时都无法停车。小明爸爸生气地抱怨道："连车都停不了，这景区的服务太差了！"在中职学校学旅游专业的小明不服气，与爸爸争辩道，旅游景区接待服务不仅是停车一项，不能以偏概全。爸爸却说停车服务的好坏，事关游客对景区的第一印象与感受，非常重要。父子俩争执不下……

请问，景区接待服务有哪些？面对游客的抱怨或误会，景区服务人员应该怎样处理呢？

### 相关知识

旅游景区入门接待服务的每一个岗位都直接面对旅游者，是整个景区实现收入的直接环节，因此服务的好坏直接影响到景区的经济效益和社会效益，服务接待人员责任重大。旅游景区入门接待服务的主要内容有：车辆停放服务，售票服务，验票服务、导入服务及入口咨询服务。本项目主要是对车辆停放服务、售票服务、验票服务和导入服务进行介绍（入口咨询服务与景区的其他咨询服务在任务二中进行介绍和学习）。

## 一、旅游景区车辆停放服务

景区停车场是为旅游者使用的汽车提供停车服务的场所，属于景区的必要配套设施，有条件的景区一般都会设置专用的停车场。

### （一）景区停车服务的基础知识

**1. 景区停车服务的重要性**

随着我国的经济发展，私家车的保有量持续增长，节假日制度改革以及春节、清明节、劳动节和国庆节高速公路免费政策，促使自驾游成为一种新的旅游方式，因此游客对景区停车服务的需要和要求越来越高,景区停车服务在景区服务中的分量也越来越重,各地景区在旅游旺季面对停车压力的挑战也越来越大。

旅游景区停车场是大多数游客进入景区的第一站,车辆停放服务是景区入口接待服务的第一个环节,是做好景区入口接待服务的良好开端,对景区入口接待服务具有重要和特殊的意义。

作为景区的重要配套设施,景区停车场的规模、便利程度、设施好坏,以及停车服务效率与质量,很大程度上影响了一个景区的吸引力、人文景观和旅游秩序。

**2. 景区停车场区位选择**

(1)根据与景区关系确定区位。

旅游景区的空间规模对停车场区位的选择有直接的影响,按照停车场与景观空间上的位置关系可以分为4种区位类型,如表2-1所示。

表2-1 景区停车场与景观空间关系的区位类型

| 类型 | 说明 |
| --- | --- |
| 景区外部集中布局 | 当旅游景区内部腹地空间较为有限,不宜作为停车场地或景观不容破坏时,可以在景区外部开辟一块场地作为景区停车场 |
| 景区外部分散布局 | 当景区停车场设置在景区外部时,若外部空间也较为狭长或不适宜作为集中停车场,可以采取分散布局停车场的方式 |
| 景区内部集中布局 | 如果景区有足够的空间或环境容许将部分空间开辟作为停车场之用,可以在景区内靠近大门处开辟一个主停车场 |
| 景区内部分散布局 | 对于面积较大且景点之间距离较远、徒步行走不便的景区,停车场可采取景区内部分散布局的模式,可在景区内部几个主要景点附近设立停车场 |

(2)根据环境和景观确定区位。

①景区停车场要尽量避免对景区的环境和景观造成破坏。

②停车场的景观负面效应主要表现在两个方面:一是停车场对景观风格的破坏,二是停车场对环境意境的破坏。

③一般而言,停车场要结合景区的整体格调进行设计,一般设计在远离大门的位置。

(3)根据交通通达性确定区位。

一般而言,景区停车场应布置于景区快速交通道附近,如景区外部联通道的分岔口处。

**3. 景区停车场类型**

景区停车场类型如表2-2所示。

表 2-2 景区停车场类型

| 分类标准 | 类型 | 说明 |
| --- | --- | --- |
| 按使用周期分 | 永久性停车场 | |
| | 临时性停车场 | 一般旺季时投入使用 |
| 按空间位置分 | 路外停车场 | 在道路之外，不占用道路的停车设施，是中大型景区常见的停车场类型，有平面式和立体式两种 |
| | 路边停车场 | 交通量大的景区，路边停车场一般不会成为优先考虑的对象 |

**4. 景区停车服务注意事项**

（1）停车场要与景区自然协调。

景区停车场是景观审美中重要的构图要素。切忌形成城市停车场中横平竖直、中规中矩的框架，失去风景区停车场的特点，进而破坏风景区的自然品质。最好是借用自然的地形，就势建造。

（2）人性化是景区停车服务的核心原则。

①景区停车场最直接和主要的功能是停车，所以停车服务要人性化，首先就是通过高效高质的管理和服务，尽可能让更多的游客车辆能停进来，提高游客停车的便利性。

②设置服务设施是人性化停车服务的具体体现。在停车场的合适位置分散布置一些咨询设施设备、休闲休憩设施、公共电话、贩售点、卫生设施等，以方便游客使用。

③景区内地皮非常宝贵，有条件的景区，停车场应建在地下或水下，尽量留地，腾出的地面最好用于建游园、搞绿化，或扩大水面。

（3）与停车相关的标志要突出、清晰、易见。

①旅游景区停车场周边 500 米范围内的主要道路交叉口应设置旅游景区机动车停车场的导向标志，并分别为各停车区域（如旅游客车停车区、小型客车停车区）设置标志。

②设置的标志应清晰、易见，让司机和游客一目了然。

③要注意在景区导览图、网站、门票等 VI 系统中，特别标注景区停车场位置。

（4）停车服务人员需统一着装、服务规范、引导得力。

景区停车服务并不需要高深的理论和复杂的技术，但作为景区接待服务首个环节，必须从细节做起，"勿以善小而不为"，就一定能让游客对景区拥有良好的第一印象。

**（二）旅游景区车辆停放工作人员职责**

（1）负责停车场安全管理和收费管理，穿着工作装，礼貌待人，热情服务，保持良好的服务形象。

（2）认真执行停车场管理规定，保持车辆停放有序、道路畅通。

（3）指挥车辆的进出，引导其按停车线整齐、统一停放。维护场内车辆停放秩序和行驶秩序，保持停车场通道和出入口安全畅通。

（4）对车辆违章停放应及时制止，并加以纠正。

（5）发现车辆碰撞或剐蹭，景区停车场工作人员应及时通知车主，并提供肇事车辆等相关信息。

（6）认真检查停放车辆，发现漏水、漏油等现象，应尽快通知车主，防止意外。

（7）提醒司机离车时锁好车辆门窗，随身携带贵重物品。提醒游客提高安全意识，做好车辆和财产保管工作。

（8）保证停车场干净整洁，无杂物。

**（三）旅游景区车辆停放接待工作流程**

（1）提前10分钟到岗，工装整齐，检查仪容仪表。

（2）检查车辆是否与登记一致，停放是否整齐划一。

（3）检查道闸设备等是否完好有效。

（4）做好交接班移交记录，签字移交。

（5）接班上岗。

（6）规范作业，随时随地检查工作区域车辆往来、停靠情况、卫生环境，并与主管保持工作联系。

（7）文明礼貌，运用标准的"五声十字"用语（"五声十字"：您好，请，谢谢，对不起，再见），不与游客发生冲突。

（8）与道闸工作人员保持有效的联系，车来持卡入场，车走原卡收回。

（9）来车入场，手势准确、指挥得当，杜绝擅离职守。

（10）做到"车到、人到、声到"以及"眼勤、口勤、手勤、腿勤"，有效、有序地引导车辆入场。

（11）提示车主关闭车灯、门窗等，并将车卡保存好以备收回。

（12）勤巡视工作区车辆及清扫卫生，发现问题（如车辆漏油、门窗未关、车辆未锁等）及时汇报。

（13）离岗前一小时内做好工作区卫生清理及设备设施检查。

（14）核查停靠车辆与登记是否相符。

（15）做好交接班日志及总结当班情况，并签字确认。

（16）与接班人员交接。下班离岗。

## 二、旅游景区售票服务

售票服务是景区实现收入的直接环节，虽然工作相对比较单调，但职责重大，一旦发生差错，对景区、员工个人都不利。因此，售票人员必须有很强的工作责任感和良好的职业道德修养，并具备一定的财务知识和相应的服务技巧。

**（一）售票处的设置**

（1）售票处应设在醒目位置，以中、外文明示景区的开放时间、售票时间、淡旺季门票价格、享受优惠票价的特殊群体（如学生、军人、老年人、

旅游景区售票服务——售票处的设置视频

残疾人等）、享受免票的特殊群体以及购票须知。

（2）在购票须知中应明示景区内其他收费项目、套票价格。

（3）根据游客流量设置相应数量的售票窗口，并根据实时流量开放相应数量的窗口。

（4）景区可设置团体购票窗口，必要时散客购票窗口可设置排队隔栏。

### （二）对售票服务人员的基本要求

（1）售票人员衣着整洁，姿态端正，态度热情，使用礼貌语言。

（2）售票人员应迅速、准确地售票，误差率不超过万分之五。

（3）售票人员应使用普通话服务，对游客的提问做到百问不烦、百问不厌。

（4）售票人员应熟练掌握各种票券的价格、折扣和使用办法。

（5）售票处应公示门票价格及优惠办法，售票人员应主动向游客解释景区的票价优惠政策。售票时做到唱收唱付。

（6）游客购错票或多购票，在售票处办理退票手续，售票人员应按景区有关规定办理，如确实不能办理退票的，应耐心、礼貌地向游客解释。

（7）售票人员应熟练掌握景区的免票规定，对持有效免票证件的游客给予免票；对于不符合免票规定的游客，售票人员应给予耐心、礼貌的解释，如遇到难以解决的问题，应及时上报景区领导。

（8）游客冲动或失礼时，售票人员应保持克制态度，杜绝与游客发生口角。

（9）售票人员应耐心解答游客的问询，听取游客批评，注意收集游客的建议，及时向上一级领导反映。

（10）售票过程中，票、款出现差错的，及时向上一级领导反映；同时，多款上缴，短款自补。

### （三）售票前的准备工作

（1）准时上（下）班，按规定要求签到（签退），着工装、佩工卡，仪容整洁，妆容得体，遵守景区的劳动纪律。

（2）查看票房的门窗，查看保险柜、验钞机、话筒是否正常。

（3）做好票房内及售票窗外的卫生清洁工作。

（4）开园前挂出当日门票的价格牌。若当天由于特殊原因，票价有变化，应及时挂出价格牌及变动原因。

（5）领班根据前日票房门票的结余数量及当日游客的预测量填写《门票申领表》，到财务部票库领取当日所需各种门票，票种、数量清点无误后领出门票，并分发给售票员。

（6）根据需要到财务部兑换所需的零钞。

### （四）售票工作流程

（1）游客走近窗口，售票员主动向客人问候致意，并向客人询问需要购买的票种和票数。

（2）售票员根据本景区《门票价格及优惠办法》向客人出售门票，主动向客人解释优惠票价的享受条件。售票动作快捷，做到热情礼貌、唱收唱付。

（3）向闭园前一小时内购票的游客提醒景区的闭园时间及景区内仍有的主要活动。

（4）售票结束时，售票员向客人礼貌致谢。

（5）交接班时认真核对票、款数量，核对门票编号。

### （五）售票工作难点

**1. 假钞问题**

售票工作中，难免会碰到假钞。有时，售票员在收银、找补的过程中会和游客为钞票的真伪出现争执，弄得双方都不愉快。按规定售票员一旦收到假钞，需由当班人员进行赔偿。因此，售票员应具备一定的鉴别货币真伪的知识，以避免因收到假钞而带来不必要的经济损失。

（1）景区应当为售票岗位配备功能齐全、准确的验钞机。

（2）景区应有计划地请专业人员（如银行工作人员）来为有关员工开展防伪钞培训活动，使员工掌握辨认假钞的方法。简单地说，辨认假钞可以用"一看、二摸、三听"的方法。

①一看。看颜色、油墨、水印。真钞印刷精良，颜色协调，水印具有立体感；假钞颜色模糊，色彩不协调，水印只有一边或无立体感，纸张较差，防伪金属线或纤维线容易抽出。

②二摸。摸水印、盲文。真钞手感较好，水印、盲文立体感强；假钞较绵软或很光滑，盲文不明显。

③三听。听声音，假钞抖动时发出的声音清脆或者无声响。

（3）收款时，最好不要当着游客的面，把钞票一张一张地拿到灯光下去看，这样容易引起游客的反感。因此要求售票人员掌握较为娴熟、自然的方法，有效地鉴别货币的真伪。如发现有问题的钞票，应与游客礼貌协商，请其换一张，唱收唱付找补后的货币请游客自己验证。

**2. 优惠票之争**

一般的景区都会对不同人群实行差别定价，如小孩身高在1.2~1.4米（有些景区为1.1~1.4米，此数据目前还存在争议）的只需要买半票，而在1.2米以下的则免票。虽然在售票窗口和验票处都会有测量身高的刻度，但每个售票员可能都有过与游客争论高矮的经历。有部分售票人员因不愿与游客发生争论，便选择听之任之的方法，待游客到达验票口后由验票人员把关。这样，就会给验票员的工作增加难度，影响景区入口的通行效率，有时甚至会造成堵塞现象；而且，会使其他游客对景区产生不良印象；另外，如果这些游客再回来补票，不但增加了售票的工作量，也会延长其他游客的购票等候时间。因此，遇到类似的情况，景区售票员应掌握以下原则。

（1）不要与游客争执，应热情、礼貌地向游客说明门票价格优惠制度，争取游客的理解。

（2）向游客解释时，应注意说话的方式，尽量站在游客立场上进行表达。如适当地赞美游客的小孩，并善意提醒家长，孩子知道自己有多高，不要在孩子心里留下阴影。

（3）遇到个别特别固执的游客，也可以灵活处理。如干脆请他（她）做一次质量监督员，让他（她）对景区服务的各个方面提出意见。作为回报，他（她）可以免费入园。这样做皆大欢喜，游客心理上得到了极大的满足，景区也得到了关于服务质量的第一手资料。

除了上述提到的儿童优惠票外，景区还有团体票、假日票、导游票等。售票员应灵活机动，具体问题具体分析，所采取的处理方法应当符合景区的管理制度。

**3. 网络售票问题**

（1）电子客票的销售。

由于互联网的快速发展，目前景区网络售票现象很普遍，如微信或各种APP二维码电子票。传统门票因容易伪造、容易复制、人情放行、换人入园致使门票收入严重流失，存在难以形成游客出入园的计算机统计、管理等弊端。门票管理的电子化将极大地提升旅游业法治化、规范化、信息化整体管理水平，促进产业结构升级，有助于改善投资环境，扩大对外开放。

先进的票务管理系统确实提升了景区的售、检票效率，使得游客入园的流程大大简化，减少了"排队长、入园慢"的现象。

用电子门票替代传统的纸质门票，可以提升旅游景点的形象。其优势有：可以令游客耳目一新；电子门票独特的加工技术和较高的科技含量能够杜绝假门票的存在；利用先进的多媒体技术和光盘的大容量可以立体全面地向国内外介绍和宣传旅游景点；门票式多媒体光盘外观小巧，方便携带，具有极高的收藏价值，可以当作收藏品出售给游客，增加盈利；通过光盘门票内设置的超链接，游客可以很方便地访问旅游景点的网站，获取更多的旅游资讯；承揽多媒体门票的广告业务，收取广告费用，增加盈利渠道。

（2）电子客票的适老化问题。

2020年12月工业和信息化部印发《互联网应用适老化及无障碍改造专项行动方案》，要求互联网网站及应用切实消除"数字鸿沟"，切实解决老年人运用智能技术困难、界面交互复杂、操作不友好等问题，提升适老化水平及无障碍普及率。

如今"银发族"已成为旅游消费的主力军，这也要求我们的景区应该具有接待这类游客群体的针对性服务措施。有些智能化产品本身存在一定的操作要求，老年群体的接受度自然就较低。即使现在景区全面推行预约制，一些大型景区还是保留了现场售票窗口。而且只要景区使用的票务系统可以对接售票窗口，就可以实现高效率实名制登记和门票预约销售。同时，景区还可以通过支持信息一键导入、0元预约购票、订单到时自动提醒、购票操作说明、语音帮助指导、人工强制退票等细节优化，帮助老年人简化线上购票操作步骤、简化验票流程，既为老年游客群体提供细致的人工服务，也使得线上购票更加友好，全面提升服务的人性化水平。

### 三、旅游景区验票服务

验票工作关系到景区经济效益能否真正实现，同时也承担着维持景区良好秩序的重要职责。随着现代科技的发展，越来越多的景区使用电子检票系统，但仍需要工作人员提供服务。

#### （一）电子门票系统

电子门票系统是指采用电子识别技术做成的门票取代传统的门票从而形成的一套完整的电脑自动化管理系统。电子门票系统是一个融智能卡工程、信息安全工程、软件工程、网络工程及机械工程为一体的智能化管理系统，包括门票制作、门票个性化处理、售票、远程订票及出票处理、电子验票系统、门票后台管理、中央管理子系统、实时监控子系统等。其通过 Windows 等软件管理系统平台向用户提供集中控制、集中管理且操作简便的集成管理系统，从技术角度来讲已完全可以适应用户的各种需求。

电子客票采用先进的电子条码制作识别技术，与计算机票务信息管理相结合，具有形象现代化、管理一体化、信息实时性、防伪可靠性、核算严密性的特点。采用电子门票系统，能实时检验出门票的真伪性、有效性。使用自动验票处理技术，可极大地加快门票的验证处理速度，确保参观者的通行速度。采用计算机控制和管理，可极大地提高工作效率和管理水平，有效杜绝财务上的漏洞，确保企业的经济效益。此外，通过计算机系统处理，可得出每一时段的客流量分布情况，以便合理安排服务设施和服务项目，以达到企业内部的科学化管理。

**1. 一般售票系统所需设备**

（1）售票处：售票处由售票电脑、打印机、扫描仪、读写卡器等设备（根据门票介质选配产品）和售票软件组成。

（2）检票处。

固定检票通道系统：通道设备、智能检票机、检票软件等。

微信平台订票系统：微信平台订票系统软件，可结合手机二维码门票进行检票。

其他：需成立管理中心，提供相关管理人员、财务人员对票务系统工作的监督查询管理。

检票系统：选配通道闸机、检票机和检票软件，严格控制游客有序入园。

**2. 电子客票的几种验票、换票方式**

（1）二维码方式。

在日常生活中，无论是去游玩景区，看电影、演唱会，参观展览，抑或是去游乐场，都得买票，很多人都有排队买票或买到假票的经历，有了手机二维码后，就可以有效避免这种现象的出现。游客发出订票需求并完成支付后，旅游景区会将特定二维码的彩信发到游客的手机上，游客凭此彩信，进场时刷"码"就可以了。手机二维码可以存储传统"门票"的所有信息，如购票人姓名、身份证号码、联系方式等信息，并能保证唯一性和安全性。这种购票方式，对游客来说更为便利；对景区来说，不仅能降低票据制作、配送、现场购票成本，还能提高售票、验票效率，避免被仿冒的损失。

（2）短信方式。

游客需要提供本人身份证原件、手机短信，短信内容包含订票信息，到售票处或自助取票机处换票。

（3）二代身份证方式。

游客通过网上订票，入园时持本人身份证进行人证比对、人脸比对，比对成功后即可进入景区。有些景区则需要持本人身份证原件到售票处或自助取票机换票。

### （二）对验票人员的基本要求

（1）保持良好的工作状态，精神饱满，仪容仪表符合职业规范，着整洁工作服。

（2）站立服务，保持微笑，使用流利的普通话。见到游客主动问好，如："您好，欢迎光临！""请拿好票，往这边走，祝您玩得愉快！"

（3）熟悉本景区门票价格及优惠规定，熟悉免票、优惠票的条件并按规定查验。游客入闸时，验票员应要求游客人手一张，认真检查。如设有自动检票机，验票员应监督、帮助游客通过电子检票。

（4）熟悉旅行团导游、领队带团入园的查验方法及相应的免票入园规定，并在团队入园时做好相应的登记工作。

（5）对漏票、持无效证件、带超高小孩但未购票的游客，要耐心、礼貌地解释，说明原因，说服游客重新购票。同时，对闹事滋事者，应及时礼貌制止、耐心说服，如无法控制，应立即报告安保主管。切忌在众多游客面前发生争执，应引导游客到一边进行处理。

（6）坚持原则，按规定程序检票，不得出现漏检、随意放人现象。

（7）协助残疾人、老人、孕期妇女和婴幼儿等特殊人群入园。

（8）注意游客是否携带违禁物或宠物，如有，请游客到寄存处寄存。

### （三）验票服务工作流程

（1）化职业淡妆，着工作服，按时到岗。

（2）检查闸机是否能正常使用。

（3）使用礼貌用语，请游客出示门票，一人一票，验票入园。

（4）验票完毕后双手将门票交还给游客。

（5）团队入园时请导游出示门票，与导游或领队共同清点人数，验票完毕后双手将票交还给导游，验票员收取团队确认单验票联。

## 四、旅游景区入口导入服务

景区入口是游客进入景区的第一印象区，入口导入服务是关系景区形象的大问题。景区入口的导入服务是为了让游客顺畅、愉悦地进入景区，为提高游客的满意度而采取的必要的服务。

## （一）排队服务

入口导入服务的一个重要环节就是排队服务。旅游活动的季节性较强，经常会出现旅游旺季入口堵塞的情况，造成游客长时间排队等候。而景区内游客必玩的、有知名度的项目，也很容易出现排长队的情况。如果分流、导入措施不力，会降低游客的满意度，损害景区的形象。景区应根据自身的条件和游客流动的规律采取不同的队形和接待方式。一般入口导入服务队形分为传统单列队形、多列队形、主题队形等（见表2-3），它们各有优缺点。

表2-3 游客入口导入服务队形及其优缺点

| 游客队形类型 | 队式 | 优点 | 缺点 | 改进方式 |
| --- | --- | --- | --- | --- |
| 单列单人队形（一名服务员） | | 成本低 | 视觉上不易进入；等候时间难以确定 | 设置座位或护栏；标明等候时间 |
| 单列多人队形（多名服务员） | | 接待速度较快；适用于游客人数集中的场合 | 人工成本增加；队列后面的人视觉进入感仍较差 | 设置座位或护栏；外部队形由纵向改为横向，使视觉进入感改善 |
| 多列多人队形 | | 接待速度较快；视觉进入感缓和；较适用于游客量较多场合 | 成本可能比第二种方式高；不同队列移动速度不一，使游客不易决定走哪一队列 | 不设栏杆可以改善视觉进入感 |
| 多列单人队形 | | 视觉进入感缓和；人工成本低 | 队头是否排好非常关键；栏杆多，成本增加；排队者需选择进入哪一队列 | 外部队形由纵向改为横向，可以改善视觉进入感 |
| 主题或综合队形 | | 视觉进入感及时间感改善；有信息展示；使排队硬件具有舒适性 | 增加主题公园、动物园、历史遗迹等区域入口区、道路及吸引物的建设成本 | 也可采用单列队形；主题队形可沿建筑物边缘改变 |

不同的景区应根据游客的流量、游客集中度、热门参观点、排队项目点、排队区地形等特点，采用不同的队形和接待服务方式来有效引导与管理游客，以此来提高游客体验质量和景区服务质量。

## （二）游客排队服务管理措施

为了避免在景区入口排队出现拥堵和混乱的现象，景区的管理者要采取一些相应的排队管理措施。

（1）景区应根据自身的条件和游客流动的规律，选择适合的排队方式。

（2）当景区入口不能完全杜绝游客排队拥堵现象的发生时，需要采取其他一些辅助措施，以降低游客在排队过程中的不良感受，如让游客知道需要等候的大致时间，或提供娱乐活动转移游客的注意力等。如美国迪士尼乐园入口区设置米老鼠和唐老鸭人偶，使等候入园的游客可进行拍照、娱乐等活动，让游客在等候的过程中不至于因无聊而产生烦躁情绪。

（3）准备《游客高峰期应急处置预案》，当某时段游客人数较多时，可考虑从其他部门抽调一些工作人员，采取增设售票窗口、增开服务通道等措施，让游客快捷地获得所需要的服务。

如当票务窗口游客买票、咨询过多时，安排几名咨询员做好票务政策解释工作及游客旅游注意事项提醒工作，缓解售票人员压力；增设临时售票口，缩短游客购票时间；当检票处满负荷运转时，增开检票口；应时刻注意检票后进入景区游览车等待区的游客人数，一旦超过一定人数（根据每个景区实际情况而定），可考虑暂停售检票，联系增加车辆，售检票人员做好购票游客和等车游客的安抚解释工作，景区运营部门要根据天气为游客提供降暑或御寒物资，缓解游客情绪等。

## 案例

### 案例一：智慧黄果树——动态客流管理与游客体验提升案例

在旅游业蓬勃发展的背景下，景区拥堵问题成为影响游客体验和景区管理效率的重要因素，对游客体验和景区管理构成了挑战。

黄果树景区通过实施"一个中心，四个平台"的智慧旅游应用体系，实现景区动静结合的智慧化客流管理，从实名制分时预约、观光车调度、游客动线客流管理三个方面，有效解决了景区拥堵问题，提升了游客体验和管理效率。

1. 实名制分时预约：通过简化预订流程和多渠道宣传，提高售票效率，减少人工成本。
2. 智慧化客流管理：结合观光车调度和游客动线管理，实现景区间的游客引流和分流。
3. 个性化游览推荐：提供自助导览系统和手绘地图，推荐个性化游览路线，并通过数据同步提供直观支持。
4. 服务优化：增加服务通道，优化服务流程，提供实时信息，改善游客体验。
5. 科技应用：利用自助检票闸机和大数据管理平台，提供实现快速进出及管理的实时数据支持。
6. 创新思维：通过新媒体平台、LED大屏、24小时服务热线等手段，提高游客满意度。
7. 可持续发展：策略的实施不仅改善了游客体验，也促进了旅游业的可持续发展。

资料来源：《安顺市黄果树景区动静结合的智慧化客流管理服务体系案例》，中国旅游新闻客户端。

案例分析：黄果树瀑布景区的实践为其他景区提供了宝贵经验，展示了多措并举解决拥堵问题的有效性。景区管理者需要综合运用流量管理、服务优化、科技应用等多种手段，以提高游客体验和景区管理效率。

## 案例二：未线上预约导致旅游遗憾

2021年暑假，小明一家到古城西安旅游，可惜的是没有能去陕西历史博物馆参观。原因是，陕西历史博物馆全部通过"陕西历史博物馆票务系统"实行线上预约，基本陈列门票可提前14天（含当天）进行预约（免费），大唐遗宝展和壁画馆门票可提前3天（含当天）进行预约（收费），预约成功后凭本人有效证件及西安"一码通"绿码（健康码）、行程码取票；而小明因为不了解这个信息，没有提前做功课，预约晚了，导致无法预约到参观的门票。这成了西安之行的一个遗憾。小明的爸爸安慰他说："不要紧，总要留点遗憾，这是给我们再来西安游览的理由了……"

资料来源：自编。

思考：对于引导演出、文化娱乐、景区景点等场所广泛应用互联网售票、二维码验票，以及进一步优化景区游览线路和游览方式，大力推进"互联网＋旅游"，进一步推行景区门票预约制度等措施，小组讨论，发表一下自己的看法。

### 角色练习

请按照以下设定的问题和情境，进行角色扮演练习。要求运用和体现教材的相关知识。

1. 景区停车场上，一位游客不按规定停车，随意乱停放车辆，作为景区停车场工作人员，请对其进行劝阻及引导。

2. 售票员收到疑似假钞，请游客更换。

3. 售票员在接待一户家庭购票者。其中，有一名70岁以上老人和两名儿童。一名儿童身高已经超过1.2米，家长坚持说该名儿童身高未达购票标准；老人没有带老年人优待证，但坚持说自己已经超过70岁，并有身份证。

4. 检票员看到一位游客推着一位坐着轮椅的老太太出现在排队检票的队伍里。

5. 检票队伍中，有一家三口，母亲推着婴儿车，但是婴儿车是无法通过常规检票口的。

### 视野拓展

**旅游景区门票及票务服务**

一、旅游景区门票种类

门票，按字面理解是"入门凭证"，是指提供公众游览参观、科学教育、文化娱乐功能等场所印制的带有宣传、留念性质的入门凭证。

（一）景区门票的常见种类

1. 普通门票

我国大多数景区使用单张门票的门票形式，其中又以单张纸质的门票居多，是景区最常见的门票类型。

2. 套票

有些景区将景区内不同景点或活动进行不同的组合后，形成了不同价格和游览内容的门票，这种门票叫套票（见图2-1）。

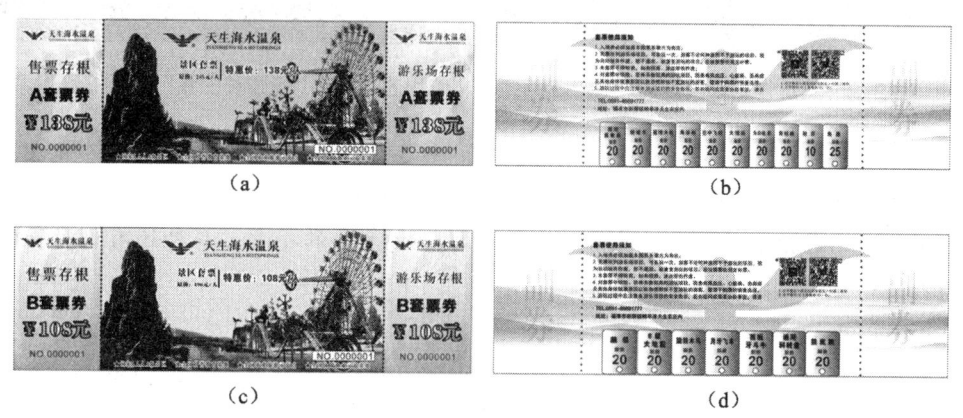

图2-1 套票样本

（a）A套票正面；（b）A套票背面；（c）B套票正面；（d）B套票背面

套票一般都会有该套票可游玩景点或项目的打孔区，当游客游玩相应景点或项目时，验票人员就会在相应打孔区打一个孔，表示该景点或项目游客已使用，避免重复进入或者混淆。

也有一些套票做成联体票的形式，即该套票可游玩景点或项目均有自己的小门票，几张小门票联成一体。这种门票借鉴邮票的设计方法，小门票和小门票之间以虚线分开，当游客游玩相应景点或项目时，验票人员于虚线处撕开相应的小门票。

套票一般多用于内部有景点或项目单独计费的旅游景区，或用于旅游景区普通大门票加观光车、游乐设施、餐票等需另外收费的服务项目。

3. 通票

旅游通票是由若干旅游景区按照一定规则将各自门票组合而成的，又称联票。如省份发行的省内旅游通票（见图2-2），或者几个省份发行的省际旅游联票（见图2-3）。我国多个省区市都已推出旅游通票或联票，满足公众的旅游需求，有效组织和分流客源，促进各景区协调发展，从而实现"多赢"。

图2-2 四川省旅游景区通票

图2-3 "畅游长三角"旅游景区联票

4.年票（卡）

年票是为那些长期入园游玩的游客或与景区建立长期关系的顾客群体而设立的一种票，如深圳欢乐谷设有单人行、亲子游、合家欢三种主要的年票，另外还有针对喜爱极限运动的人而设立的极限运动VIP年票。

5.电子门票

早期的电子门票包括多媒体光盘门票（见图2-4）、磁卡门票、芯片门票等，是以条形码或智能芯片技术为基础开发的门票。这种电子门票还是有形物质，是看得见摸得着的。

图2-4 雍和宫光盘门票

现在随着互联网技术和智能手机的发展，电子门票已发展到以二维码为技术基础的无形门票。游客只需要用智能手机接收二维码信息，然后在验票仪器上刷一下，就完成验票手续了。也有的电子门票以短信方式发送给游客，游客或以此短信到旅游景区售票处换取实物门票，或在入门时把手机短信交给工作人员查验录入即可。

此外，常见的旅游景区门票还有儿童票、优惠票等。

（二）特别的景区门票

1. 特别材质门票

有些景区门票选用特别的材质制作，比如武汉黄鹤楼的塑料门票。

2. 工艺门票

工艺门票采用现代工艺美术技术制作。这种门票制作复杂，图案精美，立体感比较强，成为门票收藏者追逐的珍品。但这种门票材料昂贵，成本较高，通常仅有少量出售，成为收藏者的抢手货，如纪念币式、票证式、明信片式、书签式、请柬式、地图式、磁卡式等。

3. 高新技术门票

如湖南张家界、山西平遥古城、河南云台山等景区使用的是指纹门票，其技术含量在业界领先，指纹门票具有科学、安全、规范的优点。

颐和园推行隐形门票，交钱后游客凭在手上沾有隐形液的印记即可入园，肉眼看不到任何痕迹，但在紫光灯的照射下，游客的手背上就会清晰地显现出一个蓝色印记。印记24小时后会自动消失，对人体无害。

二、旅游景区门票的功能

（一）属性功能

旅游景区门票是游客进入旅游景区的凭证，有利于景区管理的规范化、科学化，有利于维持景区的治安。收费的门票还可以帮助景区增加收入。

（二）广告功能

旅游景区门票有助于宣传企业形象。对景区来说，景区门票还是一种不花钱的广告，对宣传和扩大景区的知名度有着很大的作用。有些景区将成套的门票包装成册，用于宣传珍藏，如昆明世博园门票册、四川九寨沟门票珍藏册、北京颐和园门票册等，一册在手，美景全拥有。

（三）收藏功能

首先，门票记录了历史，其中既有游客游览景区的经历，也有景区的发展史；其次，通过收藏门票，能丰富人们的知识；再次，有些制作精美的门票本身就因其艺术性而具备收藏价值；最后，通过收藏门票，还能了解民俗文化，积累各方面的知识。门票收藏已经成为收藏领域的一个专门类别。

（四）导游功能

不少门票上印有景区的介绍和游览路线图（或全景图），可作为旅游的向导。景区门票上往往还印有"注意事项"，提醒游客注意相关事项，对游客的行为有劝诫的作用。

（五）其他功能

有的门票被印成书签，系有丝带或打孔后自己拴上丝带。还有的门票，印制成明信片，其作用与普通明信片相同，一面印有景区图或介绍，另一面为明信片，右上角有邮资（不需要另外贴邮票），左上角有写邮政编码的红方框，左下角印有国家邮政局发行字样，右下角为邮政编码字样，可在旅游地邮寄，也可带回收藏。

三、旅游景区票务服务

（一）订票服务

景区订票服务主要有网上在线订票、门票代售网点订票、电话预订、登门购票等几种方式，其预订流程大体相同，需要填写预订信息，待确认后领取相关票类。

网络预订门票的流程见图2-5。

图2-5　网络预订门票流程

（二）旅游景区门票销售渠道

景区门票的销售有多种渠道，可分为直销和分销两种。景区直接销售的方式主要有上门推销、邮寄促销、电话销售、网上销售、会议推广以及设立驻外办事处销售等。景区还可以与旅行社、饭店、旅游电子商务企业、大型机关团体联合销售。旅行社和饭店是游客集中接触的企业，也是游客获取景区景点信息的重要来源，所以景区要与旅行社、饭店保持密切的合作关系，如旅行社将景区景点纳入旅游路线，饭店将景区景点的推介材料置于大堂中醒目的位置等。在景区票务的处理上，景区与饭店、旅行社更形成了利益联盟：旅行社和饭店可通过销售门票从景区获取佣金，作为回报，他们带给景区大量的游客；而景区可以通过饭店、旅行社的销售渠道迅速扩大客源市场。

旅游电子商务可以帮助景区实现门票的数字化无障碍销售，降低票务经营的成本，最大程度上方便游客。景区可以建立自己的信息化营销平台，也可借助旅游电子商务企业，如携程旅行网、驴妈妈旅游网等电子商务网站。电子票务系统可以让游客实现网上浏览、网上预订、网上支付、实时出票、本地打印、网下验票等功能。

大型团体机关、大型企业往往是旅游景区的大客户，每年定期组织员工出游，因此，旅游景区通常会与上述单位达成协议，为其提供一定数量的折扣票价以吸引其将景区作为组织员工旅游的目的地。

资料来源：自编。

## 任务评价

根据上述相关知识和资料，个人和小组共同完成任务评价（见表2-4）。

表 2-4 任务评价表

| 评价项目 | 具体要求 | 评价 | | | |
|---|---|---|---|---|---|
| | | 好 | 一般 | 差 | 建议 |
| 车辆停放服务 | 1. 景区停车服务的基础知识 | | | | |
| | 2. 旅游景区车辆停放工作人员职责 | | | | |
| | 3. 旅游景区车辆停放接待工作流程 | | | | |
| 售票服务 | 1. 售票处的设置 | | | | |
| | 2. 对售票服务人员的基本要求 | | | | |
| | 3. 售票前的准备工作 | | | | |
| | 4. 售票工作流程 | | | | |
| | 5. 售票工作难点 | | | | |
| 验票服务 | 1. 电子门票系统 | | | | |
| | 2. 对验票人员的基本要求 | | | | |
| | 3. 验票服务工作流程 | | | | |
| 入口导入服务 | 1. 排队服务 | | | | |
| | 2. 游客排队服务管理措施 | | | | |
| 学生自我评价 | 1. 准时并有所准备地参加团队工作 | | | | |
| | 2. 乐于助人并主动帮助其他成员 | | | | |
| | 3. 遵守团队的协议 | | | | |
| | 4. 全力以赴参与团队工作并发挥了积极作用 | | | | |
| 小组活动评价 | 1. 团队合作良好，能礼貌待人 | | | | |
| | 2. 工作中彼此信任，互相帮助 | | | | |
| | 3. 对团队工作都有所贡献 | | | | |
| | 4. 对团队的工作成果满意 | | | | |
| 总计 | | 个 | 个 | 个 | 总评 |

在旅游景区入门接待服务的学习中，我的收获是：

在旅游景区入门接待服务的学习中，我的不足是：

改进方法及措施：

# 任务二 旅游景区咨询服务

**任务描述**

本任务主要通过完成任务作业、角色扮演、模拟训练等方法,让学生了解旅游景区服务中电话咨询服务及现场咨询服务的服务技巧和服务流程。

**情境导入**

小明一家春节海南自驾游的行程因故要临时改变,爸爸想改为去A景区,妈妈想改为去B景区,他们把这个难题交给了小明。于是小明决定分别给两个景区打电话咨询。他首先拨打了爸爸想去的A景区。电话铃响过了五六声,传来了服务人员急促而又低沉的声音:"您好,A旅游景区。"

"您好,我是来海南度假的一名游客,想咨询一下你们景区春节期间有什么优惠活动。"

"对不起,我们这里春节期间没有优惠活动。"

"那有没有什么特色旅游活动?"

"请问您是一日游还是度假游?"

"嗯?什么意思?这有什么区别吗?"小明有些疑惑。

"如果是度假游,我们景区晚上会有大型的篝火晚会,但是我们这里接待中心的客房非常紧张;如果是一日游,没有增添什么旅游活动。"

"那也就是说我要度假游的话也不一定有地方住?"

"是的,我不敢保证。"

"噢,谢谢。"

"再见。"服务人员快速地挂断了电话。

小明对A景区的满腔希望破灭了。于是,他拨打了B景区的服务电话。优美的音乐过后,传来了服务人员甜美的声音:"您好,这里是B景区,很高兴为您服务。"

小明听到后心里略有些温暖,马上把刚才的问题重新问了一遍。

服务人员回答:"对不起,我们这里春节期间没有优惠活动。但是春节期间我们景区增添了许多新的活动项目,晚上有歌舞联谊会,门票价格不会上浮。"

"是吗?那住宿紧不紧张?"

"有些紧张,请问您打算几号来?"

"这有什么不同吗?"小明问。

"如果您3号来，我们的住宿接待中心还有一个家庭套房和一个标间，如果是2号之前就没有房间了。请问您一行是几个人？"

"这样啊，那我们3号到。我们一家三口。"小明想了想。

"好的，那我先帮您把3号的房间预订下来吧！您一家三口正好预订一个家庭套房。家庭套房是两室一厅，有大床一张和标准床两张，您看合适吗？"

"好的，谢谢！"

"请您留下您的联系方式，如果您改变了主意，也请提前打电话告知我们，好吗？"

"好的，没问题。"小明愉快地把联系方式告诉了对方。

请问，如果你是小明，你最终会选择哪个景区？为什么？如果你是景区电话咨询服务人员，你又会怎样向小明提供咨询服务呢？

### 相关知识

在国家标准《旅游景区质量等级的划分与评定》（GB/T 17775—2003）、《旅游景区游客中心设置与服务规范》（GB/T 31383—2015）中，要求旅游景区能够为游客提供相关的咨询服务，包括景区及旅游资源介绍、景区形象展示、区域交通信息、游程信息、天气询问、住宿咨询、旅行社服务情况问询及应注意事项提醒等。可以说，向游客提供咨询服务是旅游景区每一位员工应尽的职责。

## 一、电话咨询服务

在游客了解旅游景区的渠道中，电话咨询是必不可少的，在电话服务过程中，一个人的态度、语言、内容以及对时间的把握，都会给对方留下一个直观的印象。此时，景区的咨询服务人员既真实地体现出景区咨询服务人员的个人素质、待人接物的态度，又体现了景区的整体服务水平，直接影响着旅游景区的形象和客户的保有与流失。因此，负责接待游客电话咨询和投诉的工作人员，应当重视电话咨询服务中的语言艺术性。

### （一）电话咨询服务的基本要求

（1）在语言方面的要求有：口齿伶俐、发音清晰；语气要态度和蔼、耐心引导；语速适中、适时停顿；语调轻快、富有变化；要求使用礼貌用语。

（2）电话应答规范，回答内容准确、简洁明了，体现职业化。这就要求从事电话咨询服务的员工要熟练掌握工作所要求的相关知识，熟练使用游客中心的办公设备。

### （二）电话咨询服务的工作流程

景区咨询服务人员在提供电话咨询服务时通常按照五个步骤进行（见图2-6）。

图2-6 电话咨询服务流程

**1. 通话准备**

作为景区咨询服务人员，在上班后要先了解前一天的工作概况，并要熟悉景区的最新动态，为咨询工作做好准备。同时，在电话旁应该准备好一些常备的办公用品，如电话号码簿、电话记录本、记录用笔、计算器、景区相关资料等，确保工作需要时能够方便使用。

**2. 及时接听**

在电话铃响三声内用左手拿起电话（便于右手做记录），礼貌问候并报出景区名称。如"您好，欢迎致电××景区，很高兴为您服务"或"您好，这里是××景区，请问有什么需要帮忙的吗？"等。服务人员在电话铃响三声内接听电话能体现出效率及乐意服务的意愿，如果超过三声，拿起电话应先向对方致歉："对不起，让您久等了。"对于打错的电话，应礼貌对待："对不起，您打错了，这里是××景区。"切忌直接生硬地回绝："打错了！"

**3. 耐心应答**

在接听电话后，应主动询问对方的需求，热情、耐心地应答客户，谈话应围绕对方提出的问题或关心的事情进行。在特殊情况下，景区咨询服务人员接到咨询电话但不能马上予以答复的，应本着"首问负责制"的要求，帮助客人解决问题。如需咨询者等待较长时间方能答复，应问清楚情况后，建议对方暂时挂断电话，待有答复后第一时间给咨询者回电，切忌将对方晾在一边。

**4. 适当记录**

在耐心解答游客的提问后，应做好相关的电话记录（见表2-5）。如不能提供相应的帮助，应耐心询问是否需要留言或转达；如需要，应当详细记录相关信息，以便转达，并在记录后与对方重复核对一遍所记录信息，确保信息的准确性。

表2-5 电话咨询情况记录表

| 序号 | 日期 | 时间 | 来电人姓名 | 号码 | 公司名称 | 相关事项 | 接线员 | 备注 |
|---|---|---|---|---|---|---|---|---|
|  |  |  |  |  |  |  |  |  |
|  |  |  |  |  |  |  |  |  |
| 总结：今天总通话（　）通，接听到位（　）通，转呼（　）通，投诉（　）通。 ||||||||||

**5. 恰当结束**

在结束谈话前，应主动询问咨询者是否还有其他问题需要帮助，对对方的来电表示感谢，并欢迎其随时致电，同时等对方挂断电话后才可轻轻地放下电话。切忌对方话音未落，景区咨询服务人员就"啪"的一声扔下电话。

## 二、现场咨询服务

### （一）现场咨询服务的相关知识

**1. 现场咨询服务主要场所和设施**

提供形式多样、及时贴心的景区现场咨询服务，是每一个景区服务部门和岗位人员的职责，不过旅游景区一般都有一个专门提供景区现场咨询服务的场所设施——游客服务中心。

游客服务中心是在旅游景区内为游客提供信息、咨询、游程安排、讲解、教育、休息等旅游设施和服务功能的专门场所，属于旅游公共服务设施，所提供的服务是公益性的、免费的。

根据需要，在景区内游客较为集中的地方，增设游客咨询处（点），提供相应的信息咨询服务。

随着互联网与智能触屏技术的发展，还可以通过网络方式和多媒体智能触屏设备提供景区咨询服务。

**2. 咨询员**

游客中心中专门从事景区现场咨询服务的人员称为咨询员。咨询员应热爱游客服务工作，责任心强，熟练掌握工作范围所要求的相关知识，熟练使用游客中心的办公设备。

大型游客中心应配备四名以上工作人员，并保证有三名工作人员同时在岗进行旅游咨询工作，应提供普通话、英语或当地方言等语言服务。中型游客中心应配备三名以上工作人员，并保证有两名工作人员同时在岗进行旅游咨询工作，应提供普通话语言服务。小型游客中心应配备两名以上工作人员，并保证有一名工作人员在岗进行旅游咨询工作，应提供普通话语言服务。

有条件的景区，可建立相应机制，吸纳签约志愿者提供咨询服务。

除了咨询员，景区其他工作人员尤其是景区讲解员也为游客提供景区现场咨询服务。

**3. 景区现场咨询服务的范围与主要内容**

景区咨询员需要回答游客提出的有关旅行和旅游活动的问询，以及应游客要求提供有关旅行和旅游等方面的建议，为游客提供与旅行、游览等方面相关的信息资料，包括当地地图、导游图及景点介绍等，为游客提供反映旅游景区特色的纪念品和书籍。

现场咨询服务的主要内容包括景区及旅游资源介绍、景区形象展示、区域交通信息、游程信息、天气询问、住宿咨询、旅行社服务情况问询及应注意事项提醒。

### （二）现场咨询服务人员的基本素质

**1. 着装整洁、妆容得体**

作为一个成熟、规范的景区，应当为员工配备统一的工作制服，这样既可以提高景区的形象，也便于景区的管理，还有利于游客的识别。工作人员穿着制服容易让游客产生信任感。因此，工作人员要根据景区规定穿着工作制服、佩戴工作牌或者标志。工作制服要求整洁干净，服务人员化职业淡妆。

**2. 态度认真，掌握语言艺术**

（1）接受游客咨询时，应面带微笑，且双目平视对方，全神贯注，集中精力，以示尊重与诚意，专心倾听，不可三心二意。

（2）咨询服务人员应有较高的旅游综合知识，对游客关于本地及周边区域景区情况的询问，要提供耐心、详细的答复和游览指导。

（3）答复游客的问询时，应做到有问必答，用词得当，简洁明了。

（4）接待游客时应谈吐得体、谦和，使用敬语，不得敷衍了事，言谈不可偏激，避免有夸张论调。

### （三）现场咨询服务的接待流程

对于前来服务中心咨询的旅游者，接待流程通常采用6个步骤（见图2-7）。

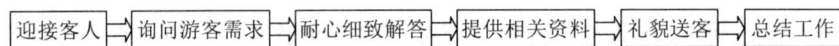

图2-7 现场咨询服务接待流程

**1. 迎接客人**

景区咨询服务人员在工作中看到游客时，应面带微笑、主动相迎。

**2. 询问游客需求**

热情地询问游客需求。如："您好，有什么需要帮助的吗？"或"您好，我可以为您做些什么？"并请游客入座或给游客提供茶水服务，让游客感受到温暖而亲切，感受到服务人员的热情与友好。

**3. 耐心细致解答**

在接受游客提出的服务要求时，要耐心细致地予以解答，遇到不能即时解决的问题，应问清细节，做好记录，及时向有关部门反映，并根据"首问负责制"的原则予以追踪回复。

**4. 提供相关资料**

如果能为咨询的游客提供资料进行说明的，应主动向游客提供相关资料。对于游客关于本地及周边区域景区情况的询问，应提供耐心、详细的答复和游览指导。游客总是本着效益最大化的原则，希望花最少的钱游览最多的景点，因此，会有顺便看看附近的一些景区或当地特色景区的想法。而现在不少景区间竞争越来越激烈，尤其是同类景区的竞争，因此服务人员被咨询到周边景区的情况时，往往就不太情愿介绍情况或有意无意地贬低对方。这样，可能适得其反。因为游客还可以通过其他途径获得相关信息，从而对你所在的景区产生不好的印象。如果景区之间能够合作，互相宣传，则会在竞争市场上实现双赢。

**5. 礼貌送客**

"出迎三步，身送七步"，送客时要等旅游者起身后再站起来相送。送客时要说"祝您游览愉快""欢迎您到我们景区游览"等礼貌用语。

### 6. 总结工作

（1）做好记录。在工作即将结束时，对于游客的咨询要做好记录，重点将问题以及解决方法记录清楚，对重复出现的问题需要多加注意，要检查景区的服务工作是否出现漏洞。

（2）及时反馈情况。对于无法当场解决的问题要及时向部门领导汇报，对于经常出现的问题也要及时汇总，并向部门领导反映，及时解决问题，避免出现大的隐患。

## 案例

### 竭尽所能为您服务是我们的宗旨

两位失望的游客来到景区接待服务中心，服务人员微笑着接待了他们。

服务人员："你们好，我能为你们做些什么？"

一游客："我们来了两天了，结果都是阴雨连绵，这里的景点都在室外，我们只能待在客房里睡觉。附近还有没有别的景区？我们要换地方了，不想在这里浪费时间了。"

服务人员听了游客的回答后说："女士，实在抱歉，天气原因给你们带来了不愉快，我们也实在遗憾。如果你们想换个游玩的景区，我可以给你们推荐，离我们景区30分钟路程的地方，新开发了一个乡村旅游的风景区，不过现在下雨，也有不便之处。另外，距我们景区1个小时路程的地方，有个地下溶洞。那里比较适合雨天游览。"

游客："那个地下溶洞怎么过去呢？"游客显然有些心动。

服务人员："如果你们对这个景区感兴趣，我们可以派专车送你们过去。不过我们还是真诚地希望您能留下来，因为根据天气预报，今天下午天气会由雨转为多云，到时，您就可以欣赏到我们这里宛如仙境的雨后飞瀑和云雾缭绕的山景，如果幸运的话，您还可以看到美丽的彩虹呢！"

游客："那……"此时游客开始犹豫不定。

服务人员："现在还下着小雨，我建议你们先去溶洞游玩，一个上午的时间足够了，游览完毕后我们派专车接你们。而且今天晚上，我们景区还特意为各位准备了大型的篝火歌舞联欢活动。"

游客："游览溶洞是免费的吗？"游客显然已经忘记了先前的抱怨，口气也有所缓和。

服务人员："溶洞景点门票50元一张，来回接送的车辆我们景区可以免费提供，除了这些，如果您不买东西的话，您在那儿基本上就没有什么额外花费了。"

游客："在哪里坐车呢？"

服务人员："您把您的电话号码留给我，等我联系好车辆，我通知您好吗？"

游客被景区咨询服务人员的真诚所打动，本来他们只是想来抱怨一下，没想到服务人员如此耐心、细致。他们在溶洞玩好后立刻返回，也欣赏了沿途美丽的风景，晚上的篝火晚会玩得也很尽兴，于是他们在景区内又多逗留了一天。当他们对服务人员表达谢意时，服务人员微笑着说:"竭尽所能为你们服务是我们的宗旨。希望你们在我们景区玩得愉快!欢迎你们再次光临!"游客返程后还把他们的游玩经历告诉了朋友。

资料来源:自编。

### 案例分析

案例中的游客因为天气原因对景区有些失望,打算转到别的景区。当他们把意图告诉服务人员后,服务人员友好地接待了他们,并向他们详细介绍了周围景区的概况。在赢得了游客的认同以后,服务人员将游客的想法重新拉回到本景区,告诉游客天气马上会好转,到时景区内的美景会尽收眼底。同时,工作人员还主动提出为游客提供去其他景区的交通工具。因此,游客被服务人员打动了,完全采纳了服务人员的建议,在景区和周围度过了美好的几天。

咨询服务人员是景区的窗口,与游客面对面的咨询服务是他们的日常工作。他们的服务态度和言谈举止代表着景区的形象。景区内除了要有专职的咨询服务人员外,其余所有员工同样都是兼职的咨询服务人员,也就是说每位员工都可能成为游客的咨询对象。

### 角色练习

请分小组根据以下场景进行角色练习。

1. 游客来电咨询本景区的"五一"节活动,请分角色设计对话进行角色练习。

2. 游客到服务中心进行景区参观游览路线、节目及游览重点的咨询,请分角色设计对话进行角色练习。

3. 请为在景区内随机遇到的游客指明洗手间的位置并介绍其功能。

4. 结合景区实地调研,分小组讨论:旅游景区的咨询服务都有哪些形式?请列举出游客咨询的典型问题,尝试自拟对话,进行情境展示,如游客现场咨询关于景区票价优惠规定。

### 视野拓展

## 旅游景区游客中心

旅游景区游客中心(Tourist centre)是旅游景区内为游客提供信息、咨询、游程安排、讲解、教育、休息等旅游设施和服务功能的专门场所,属于旅游公共服务设施,所提供的服务是公益性的、免费的。

一、选址和类型

旅游景区游客中心的选址应与已批复的景区总体规划协调,符合旅游景区总平面布局要求,不破坏景区景观,应设置在能直接进入主要景区、地质稳定、地势平坦、便于接入基础设施(如停车场、景区大门)的地区。

游客中心的配建设施,应与其服务质量等级相对应。

(1)大型游客中心:5A级旅游景区,年服务游客量60万(含)人次以上的游客中心。建筑面积应大于150m²。

（2）中型游客中心：4A级和3A级旅游景区，年服务游客量30万～60万（含）人次的游客中心。建筑面积不应少于100 m²。

（3）小型游客中心：2A和A级旅游景区，年服务游客量小于30万（含）人次的游客中心。建筑面积不应少于60 m²。

二、功能

旅游景区游客中心功能分为必备功能和指导功能。必备功能包括旅游咨询、基本游客服务和旅游管理；指导功能包括旅游交通、旅游住宿、旅游餐饮和其他游客服务。旅游景区游客中心应具备必备功能，可根据实际情况科学合理地引入指导功能。

（一）旅游咨询（Tourist consultation）

为游客提供相关的咨询服务，包括景区及旅游资源介绍、景区形象展示、区域交通信息、游程信息、天气询问、住宿咨询、旅行社服务情况问询及应注意事项提醒。

（二）基本游客服务（Basic tourist service）

基本游客服务主要指为游客提供免费的必要服务，包括厕所、寄存服务、无障碍设施、科普环保书籍和纪念品展示。

（三）旅游投诉（Tourist complaint）

旅游者向旅游行政管理部门提出的对旅游服务质量不满意的口头或书面上的表示。

（四）旅游管理（Tourist management）

对游客中心服务半径范围内的各类旅游事务及游客中心本身进行管理，包括旅游投诉联网受理、定期巡视服务半径范围、紧急救难收容及临时医疗协调，以及设置游客服务中心服务项目公示牌。

（五）其他游客服务（Other tourist service）

雨伞租借，手机、摄像机、照相机免费充电，小件物品寄存、失物招领、寻人广播服务；电池、手机充值等旅游必需品售卖服务；邮政明信片及邮政投递、纪念币售卖和纪念戳服务；公用电话服务，具备国际、国内直拨功能，移动信号全覆盖，信号清晰；有条件的，提供医疗救护服务，设立医务室，配专职医护人员，配备日常药品、氧气袋、急救箱和急救担架。

三、内部空间

游客中心应包括服务区、办公区和附属区。

（1）服务区应包括咨询处、临时休息处、展示宣传栏和信息查询设备、书籍和纪念品展示处及公共厕所。服务区建筑面积不应少于游客中心建筑面积的60%。

（2）办公区为工作人员办公、休息和资料储存的相应场所。办公区不对外开放，与服务区应相对分离，二者应既有联系又互不干扰。

（3）附属区应包括室外铺装、绿地和室外设施。

四、设施配备

（一）咨询设施

应配备咨询台和咨询人员，提供景区的全景导览图、游程线路图、宣传资料和景区活动预告及景区周边的交通图和游览图。游客中心应设置电脑触摸屏和影视设备，介绍景区资源、游览线路、游览活动，提供天气预报服务，并提供网络服务，有条件的宜建立网上虚拟景区游览系统。

（二）展示宣传设施

（1）应设置资料展示台、架，展示景区形象的资料，具有地方特色的产品、纪念品、科普环保类书籍。大型游客中心展示架不得少于四个，展示架所展示的资料应进行分类摆放，有明显的标志或文字。中小型游客中心展示架不得少于两个，展示架所展示的资料应进行分类摆放，有明显的标志或文字。

（2）设立主背景墙。在咨询台的背面墙上应设置所在旅游景区的照片或招贴画，并配合当地旅游活动不断更换。

（3）区域地图或旅游示意图，可置于室内显著位置或建筑物外墙，保持所展示的图件内容准确，查阅方便。

（4）大型游客中心应设置循环播放影视资料设备，可置于室内显著位置或建筑物外墙。

（三）休息设施

应设置游客休息区，面积及座椅数量适当，应能够满足高峰期游人的短暂休息需求。应注重休息区氛围的营造，与周边功能区要有缓冲或隔离，要求安静、视野开阔。室内应有适当盆景、盆花或其他装饰品摆放。应提供饮水设施。

（四）特殊人群服务设施

应提供轮椅、婴儿车、拐杖等辅助代步工具或器械。

五、人员服务

（一）咨询员

详见本教材项目二中任务二相关知识。

（二）服务方式

包括在游客中心当面接受来访者的咨询和提供相关服务；通过触摸屏、电脑等自助查询设备及视频播放系统，提供相应的旅游信息；根据需要，可派咨询服务人员到旅游者活动的现场提供流动性面对面服务；咨询服务人员可根据实际需要制作简单易行且直观效果好的便条或示意图，方便旅游者；提供咨询电话，为游客提供本景区及周边地域的旅游咨询服务。

（三）服务语言

汉语服务应使用标准普通话。根据地域特点，可提供当地方言的咨询服务。外语服务可使用英语提供咨询服务，也可根据当地客源的实际情况，提供其他外语语种的咨询服务。

六、服务时间

每天的开放时间应当根据旅游景区开放时间确定。夜间有专人值班管理。可以根据旅游季节的差异或重大节庆活动延长或缩减服务时间,并在醒目位置进行公示。

七、环保和环卫

(一)环保

应采用生态环保技术材料和设备。宜考虑太阳能设备和循环净水设备。应提供垃圾回收袋,坚持垃圾分类。

(二)环境卫生

游客中心室内外地面应无污水、污物。建筑物及各种设施设备应无污垢、无剥落。室内气味应清新、无异味,并设置禁烟标志。

八、管理和制度

(一)管理机构

游客中心主管部门应对游客中心的运行进行管理和监督。

(二)管理办法

游客中心的行政主管部门应制定相应的管理办法,根据管理办法对游客中心及其工作人员进行管理和业绩考核。

(三)服务规范

游客中心主管部门应制定详细的服务规范和程序,便于检查和监督。咨询人员所提供的信息应做到准确无误并及时更新。游客中心及其工作人员不能代理任何个人或商业机构从事商业性活动。

(四)管理制度

应制定值班负责人制度、值班日志制度、定期分析服务质量制度、重要情况汇报制度。

(五)监督与检查

游客中心应接受各级旅游管理部门和游客的监督和检查。

资料来源:摘自中华人民共和国文化和旅游部网站 https://www.mct.gov.cn/。

### 任务评价

根据上述相关知识和资料,个人和小组共同完成任务评价(见表2-6)。

表2-6 任务评价表

| 评价项目 | 具体要求 | 评价 | | | |
|---|---|---|---|---|---|
| | | 好 | 一般 | 差 | 建议 |
| 电话咨询服务 | 1. 电话咨询服务的基本要求 | | | | |
| | 2. 电话咨询服务的工作流程 | | | | |
| 现场咨询服务 | 1. 现场咨询服务的相关知识 | | | | |
| | 2. 现场咨询服务人员的基本素质 | | | | |
| | 3. 现场咨询服务的接待流程 | | | | |

续表

| 评价项目 | 具体要求 | 评价 | | | |
|---|---|---|---|---|---|
| | | 好 | 一般 | 差 | 建议 |
| 学生自我评价 | 1. 准时并有所准备地参加团队工作 | | | | |
| | 2. 乐于助人并主动帮助其他成员 | | | | |
| | 3. 遵守团队的协议 | | | | |
| | 4. 全力以赴参与团队工作并发挥了积极作用 | | | | |
| 小组活动评价 | 1. 团队合作良好，能礼貌待人 | | | | |
| | 2. 工作中彼此信任，互相帮助 | | | | |
| | 3. 对团队工作都有所贡献 | | | | |
| | 4. 对团队的工作成果满意 | | | | |
| 总计 | | 个 | 个 | 个 | 总评 |
| 在旅游景区咨询服务的学习中，我的收获是： | | | | | |
| 在旅游景区咨询服务的学习中，我的不足是： | | | | | |
| 改进方法及措施： | | | | | |

## 任务三　旅游景区投诉处理服务

### 任务描述

本任务要求学生学习并掌握旅游景区服务中的投诉处理服务，主要通过完成任务作业、实地考察、小组学习等方法，能正确地看待投诉事件，了解游客的投诉心理，掌握投诉处理服务的流程并进行学会实际应用。

### 情境导入

小明和父母到一景区游玩。到达后，大家被当地导游带进了一座景区内的寺庙。导游说，当天有个很出名的大师要在此"度化"有缘人，称游客们都很有"福气"，大师要送大家礼物。在导游和寺庙工作人员的诱导下，小明爸爸想用300元点一盏莲花灯"做功德"。在中职旅游专业学习的小明敏感地觉得这里面有问题，于是极力劝阻，并拿出手机要拨打景区投诉电话。爸爸疑虑道："这种事情景区不会管吧？"导游和寺庙工作人员也说:"这种事情投诉也没用,电话打完了不会有结果的。"那么,景区接受投诉的范围和内容都有哪些?面对游客的投诉,景区服务人员又该如何处理呢?

> **相关知识**

### 一、正确看待投诉

旅游景区的投诉是指由于景区工作人员工作上的失职、失误、失控,伤害了游客的自尊或利益,游客因而向管理人员或有关部门提出的口头或书面意见。景区希望能向旅游者提供完美的服务,但是也难免因为某些工作上的差错或失误而引起旅游者的投诉。不少管理者害怕接到游客的投诉,其实投诉是一个信号,表明景区服务和管理存在问题。投诉可能使被投诉者感到不快,甚至受罚;接待游客投诉也是一件令人不愉快的事,对很多人来说是挑战。但是游客的投诉是景区管理者与游客沟通的桥梁,因此对游客的投诉应有一个正确的认识,对投诉应给予足够的重视。既然投诉已经发生,那就要对投诉持欢迎的态度,让景区工作人员从一开始就站在顾客的一边,共同解决问题。

**(一)游客的投诉,使景区与游客有更多的沟通,从而了解游客的需求**

景区管理者获取信息、了解游客需求的方法很多,如聘请专业咨询公司进行市场调查,了解游客期望情况等,但这些做法既耗成本,又不能与游客直接沟通,游客直接向景区投诉,是景区获取信息、了解顾客需求最有效、最经济的方法。

**(二)游客投诉是建立游客忠诚度的契机**

有数据表明,在牢骚满腹的游客中,96%的游客都懒得投诉,只有4%的游客会投诉,事实上,其中的绝大部分游客是景区的忠实游客。也就是说,发出抱怨的游客,如果其抱怨的问题获得圆满解决,其忠诚度会比从来没有提出问题和发出抱怨的游客高。而景区迅速解决问题,会让游客更加信赖该景区;同时,在一定程度上这些游客也会成为景区的义务宣传员,帮助景区树立、巩固良好的企业形象。

**(三)投诉使景区工作人员有自省和改进的机会**

当游客不满意景区某种产品或服务时,他可以说出来,也可以一走了之。如果游客拂袖而去,景区连消除他们不满的机会都没有。如果景区给予投诉的游客以合理的解释或补偿,他们极可能会再次光临景区。所以,投诉使景区工作人员有自省和改进的机会。

### 二、游客投诉的原因

游客投诉的原因是多种多样的,有由服务方式引发的游客投诉,如在态度、言语、措施等方面不尊重游客,因工作不负责任而造成的疏忽;也有景区设施设备、商品本身问题等原因而引发的游客投诉,如景区、宾馆的照明灯损坏,儿童滑梯不结实,感应开关有漏电现象,清洁毛巾掉棉线,报警器失灵,发电机不能及时供电,空调机制冷效果较差等。旅游景区要善于总结游客投诉的原因,以便在景区服务中预先估计可能发生的问题,防患于未然。

（一）对景区服务人员的投诉

**1. 不尊重游客**

（1）接待态度不热情、不主动。有的服务人员态度不热情，不主动招呼游客，只顾自己聊天，或忙着接打私人电话等；对待游客询问时，爱搭不理；与游客谈话时，暗示出不耐烦或表现出将离开的样子；工作懒散、怠惰，不符合服务规范。

（2）不注意语言修养，有意无意冲撞游客。有的服务人员对游客态度生硬，甚至讽刺、挖苦、辱骂、责备游客；在讲解时，一味地讲述，不考虑对方的意愿，或不尊重游客的民族习惯；说话过于随便，不使用敬语，与游客开不恰当的玩笑等。如一位导游得知有位游客姓孙，便开玩笑地说："原来是孙猴子驾到啦！"导游的本意是希望能够通过玩笑来调节气氛，但不恰当的玩笑却让游客心生不满。

（3）动作粗鲁。如递送物品时，不是恭敬地递送，而是扔或者丢给游客。

**2. 工作不负责任**

（1）工作不主动、不认真。有的导游带团队时游而不导，不愿多开口讲解，或者只是干巴巴地背诵导游词；有的随意更改或取消游览活动中的日程安排而不做任何解释。

（2）忘记或搞错游客交办事宜。如游客请服务人员代订特色宴席、文艺表演等，服务人员忘记办理而耽误了游客的事情。

（3）损坏、遗失游客的物品。行李员在运送行李时损坏游客的物品，或损坏了行李箱，甚至丢失游客的行李等。在撤换床单时，粗心地将游客的衣服等卷在床单中送到洗衣房。餐厅服务员在上菜时不小心弄脏了游客的文件、衣物等。

（4）清洁卫生不达标。有的服务员个人卫生不整洁，仪容仪表不符合规定。提供的餐具、卧具等不干净；卫生间清洁不到位，留有积水，浴缸有头发丝；房间有蚊子、小虫等。

（二）对景区产品的投诉

**1. 质价不符**

旅游经营者没有提供质价相符的旅游服务，实际产品与宣传不符。有些旅游景区为招徕游客，夸大或发布不真实的旅游信息，误导消费者；或趁旅游旺季提高景区的价格，但没有提供相应的服务，令游客不满意。

**2. 收费不明**

收费价格虚高或收费项目不明，对景区内的一些活动项目强行收费，不按照承诺给予收费优惠等。有些旅游景区登出门票的优惠信息，但是不标明包含项目及使用条件等，等游客提出疑问时才发现此类优惠有诸多限制条件，或者本该包含的项目再另外收费。

（三）对景区硬件配套设施和环境的投诉

景区的配套设施不到位，如标识牌不完善，游览辅助设施不到位，设施设备陈旧等；环境方面存在隐患，景区内或周围卫生环境不好，如洗手间脏乱差；交通不便，景区可进入性差；景区内交通拥挤、等候时间过长等。

## 三、游客投诉心理分析

### （一）求尊重的心理

所有游客都希望景区对他们的投诉给予关注和重视，以达到心理上的被尊重，尤其是一些感情细腻、情感丰富的游客。在投诉过程中，服务人员能否对游客本人给予认真接待，以及能否及时表示歉意、及时采取有效的措施、及时回复等，都会被游客视为是否受到尊重的表现。如果游客确有不当之处，服务人员也应有策略地让游客下台阶，以满足游客受到尊重的心理需求。

### （二）求发泄的心理

游客遇到不满而投诉，一个最基本的需求是将不满传递给企业，把自己的怨气发泄出来。这样，游客不快的心情会得到释放和缓解，恢复心理上的平衡。服务人员耐心倾听是帮助游客发泄的最好方式，切忌打断游客的诉说，不能让游客的宣泄中断而淤积怨气。此外，游客发泄的目的在于取得心理平衡，服务人员在帮助他们宣泄情绪的同时，还要尽可能营造愉悦的氛围，引导游客的情绪。

### （三）求补偿的心理

有些游客投诉的目的在于要求补偿。因为游客觉得自己的权益受到了损害，值得注意的是，游客期望的补偿多指精神上的补偿。根据我国的法律规定，虽然绝大多数情况下，游客是无法获得精神赔偿的，而且实际投诉中提出要求精神赔偿的金额也不多，但是服务人员通过倾听、道歉等方式给予游客精神上的抚慰是必要的。

### （四）求认同的心理

游客在投诉过程中，一般都努力想证实他的投诉是对的和有道理的，希望获得景区的认同，所以服务人员在了解游客的投诉问题时，对游客的感受、情绪要表示充分的理解和同情，但是要注意不要随便认同游客的处理方案，不要轻易地提出处理方案，而是给出一个协商解决的信号，使游客期望认同的心理得到回应，有助于拉近彼此的距离，为后续的协商处理营造良好的氛围。

## 四、游客投诉受理

旅游投诉的处理视频

### （一）游客投诉处理的原则

**1. 时效性**

处理投诉的首要原则就是时效性，如果投诉处理不及时，事情就会逐步升级，由最初的不满，演变为严重投诉，旅游者会转向媒体、旅游监察部门、消费者协会甚至法庭，最后演变为一场危机。

**2. 移情性**

所谓移情，就是站在游客的立场上给予游客真正的关心和个性化服务，以我们所希望被对待的方式去对待游客。人们平常买东西都希望得到至上的服务，希望得到尊重和理解、及时的承诺和迅速的行动,所以景区工作人员在为游客服务的时候也要这样去做。

景区工作人员应该用更加体谅的态度对待游客投诉,消极对待投诉只会打击游客的积极性。如果让游客带着不愉快的情绪离开景区,可能这个游客从此对这个景区的信任感就没有了,即使景区的广告做得再好,旅游产品再好,服务再好,游客都会拒绝再次尝试,不愿再受伤害。

**3. 双赢互利**

游客投诉并不可怕,要学会将游客投诉转变为动力,作为企业服务的一种信息反馈,要正确看待、处理游客投诉,达到"客我双赢"的目标。

景区的服务人员在处理客人的投诉意见时,一定要正确地分析游客投诉是否成立,要注意尊重事实,既不推卸责任,也不要随意贬低其他部门或工作人员。游客的维权意识日益增强,但有些时候也会出现维权过度的情况。面对无理取闹或过度维权的游客,一定要委婉劝导,耐心解释,不要一味地无原则退让,要合理地维护景区的正当利益。

**(二)游客投诉处理流程**

**1. 旅游景区处理游客投诉的一般流程**

旅游景区游客投诉一般分为现场投诉、电话投诉、书面投诉、网络投诉等几种形式,一般处理流程见图2-8。

**2. 现场投诉的处理步骤**

对于现场投诉,接待服务人员可以按照以下五个步骤进行处理。

(1)倾听、记录。

在处理游客投诉过程中,第一步是倾听并记录游客的意见,让游客能够充分表达心中的不满。有许多景区员工在处理游客投诉时,往往还没有弄清楚游客抱怨的内容是什么,就开始与游客争吵,或者是挑剔游客的错误,强调景区没有错误。这种处理游客投诉的方式不仅不能解决投诉问题,相反还会让游客更加不满,让游客与景区的矛盾升级,有可能造成无法挽回的后果。

(2)平息怨气。

①游客在投诉时,多带有强烈的感情色彩,具有发泄性质,因此要平息他们的怨气。

②在游客盛怒的情况下,接待服务人员要当游客的出气筒,要安抚游客,采取低姿态,主动承认错误,平息游客的怨气,以让游客在理智的情况下,分析解决问题。

(3)澄清问题。

①要给游客一个宣泄不满和委屈的机会,来分散游客心里积压的不满情绪,如果放弃这个机会,就不利于投诉问题的最终处理。可以用提问题的方法,把游客的投诉由发泄情绪带入事件当中。

②通过提问题,用开放式的问题引导游客讲述事实,提供情况。当游客讲完整个事情的过程以后,接待服务人员要用封闭式的问题总结问题的关键。例如,"您刚才所说的情况是,您在进入景区后,因为景区大门口没有景区导览图及景区活动介绍,以致耽误了观

看您最喜欢的马戏表演，是这样的吗？"

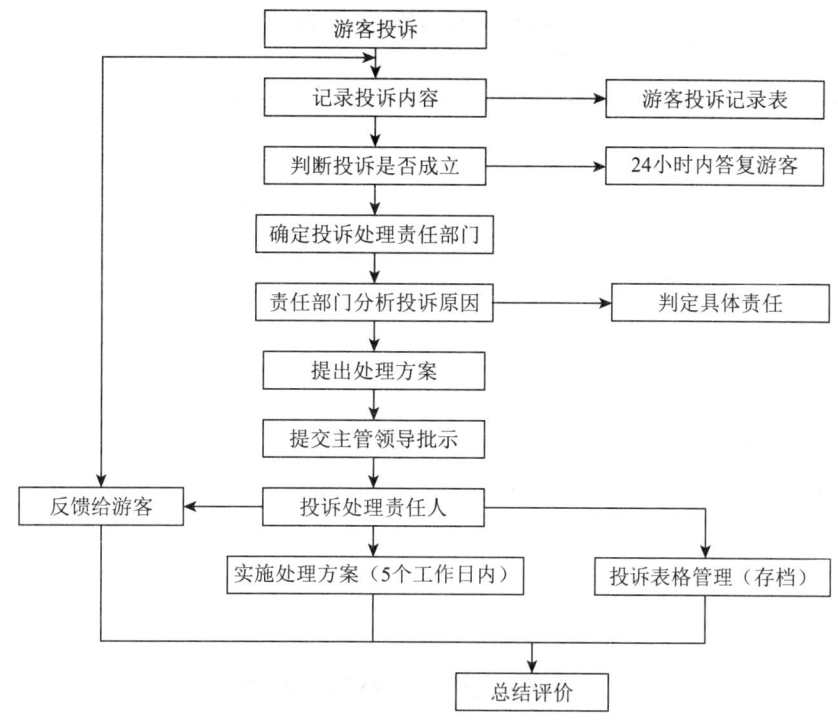

图 2-8 投诉处理流程

（4）探讨解决问题。

探讨解决问题是指，投诉怎么处理？游客投诉是否成立？是道歉还是赔偿？很多投诉接待服务人员往往是直接提出解决方案，而未考虑到当游客失去了选择的余地时，他会没有做上帝的感觉。真正优秀的投诉接待服务人员通过两步来做：第一步是先了解游客想要的解决方案，投诉接待服务人员主动提出："您觉得这件事情怎么处理比较好？"然后是第二步，提出解决方案，迅速对游客投诉的问题进行有效解决。这样一来，不管游客是否已有解决方案的腹案，景区在解决问题时都会居于主动地位。

（5）跟踪（回访）服务。

①当景区切实解决了游客投诉之后，还需要跟踪（回访）服务，以明确游客是否满意投诉解决方案，并对游客表示感谢。如果游客还有不满，景区仍然需要继续改进。

②跟踪（回访）服务是处理投诉关键的一步，这一步是维护客户的一个重要手段和技巧。投诉接待服务人员需要用下面四句话来表达四种不同的意思。

第一句话："再次为给您带来的不便表示歉意。"

第二句话："感谢您对景区的信任和惠顾。"

第三句话是向游客表达谢意，明确景区存在的问题和不足之处。

第四句话是向游客表决心，让游客知道景区服务人员会努力改进工作。

游客投诉记录表内容见表2-7。

表2-7 游客投诉记录表

NO.：

| 投诉游客姓名 | | 投诉日期 | |
|---|---|---|---|
| 投诉游客单位 | | 联系电话 | |
| 投诉内容 | | | |
| 情况核实 | | | |
| 处理意见 | | | |
| 处理结果 | | | |
| 游客回访 | | | |
| 经办人： | | 办结日期： | 主管领导： |

☞ **案例**

## 游客过桥受伤　景区排查隐患

一个风景区经过重新规划和建设，在景区内的小溪上新建了一座古朴别致的竹制小桥，吸引了很多游客拍照留念。一天，一位游客到投诉中心投诉，原因是她在经过小桥的时候被一个突出的楔子绊倒，手被划破了。

服务人员了解情况后，立即向游客道歉并带她到景区医疗服务中心去处理伤口。同时，派人去检查竹桥的情况，得知由于游客过多，超过小桥承载量，使竹楔子突出，并且发现整个桥体有些松动。幸亏这位游客的投诉，景区才发现存在的安全隐患。管理人员马上决定赔偿游客损失，并对其予以物质奖励，还对整个景区设施进行全面的排查。从此，该景区积极鼓励游客进行投诉，并认真对待游客的每一起投诉。因为他们知道，游客的投诉可以帮助管理人员发现他们无法发现的问题，避免发生事故。

☞ **案例分析**

这是一个景区投诉处理服务的典型案例。游客在景区内受伤，投诉到景区游客中心，相关人员经过调查后认为该游客的投诉为有效投诉，同时还发现了重大的安全隐患。因此，景区管理人员决定在赔偿游客的同时对其进行奖励。

美国运通公司进行的一项调查表明：

（1）96%的不满意的顾客不会投诉。

（2）65%~90%的不投诉的顾客不会再到你的企业内消费。

（3）54%~70%的投诉者如果感受到你的关注是可以再次光临的。

（4）95%的投诉者可以成为企业的忠诚顾客——如果你能及时有效地解决问题。

(5)一个有不愉快经历的顾客会将自己的经历告诉12个人，而一个有愉快经历的顾客只会告诉3个人。

(6)吸引一个新顾客的成本是留住老顾客的5倍。

看了这个调查结果，你对投诉是否有更为深入的认识呢？

资料来源：自编。

### 角色练习

先看一个情境：

"十一"黄金周期间，某主题公园为了吸引游客开展了很多表演活动。一天，游客中心服务人员小李接到了一个游客的投诉电话。

游客（激动、愤怒）："你们景区太差劲了！有哪些活动我们游客都不清楚。我们回到家以后听人家说才知道，好多表演都没有看到……"

小李（被对方情绪所感染）："是吗？我们在入口处有加印的宣传单，另外还有一块大的广告牌，上面有活动和时间表，你没有看到吗？"

游客（越发激动）："我们怎么知道？你们又没有跟我们说！谁知道在门口会有宣传单！我们大老远赶来，花了那么多钱买门票进去，结果光看到人头了，其他啥也没看见！"

小李（据理力争）："那你们进门怎么不问一下？我们一天到晚接待好几万游客，怎么可能一个一个去介绍？而且那么大一个广告牌在那儿，你们居然看不见。"

游客（更加愤怒）："你这是什么态度！我要去旅游局投诉你们！"

小李（很委屈）："是你们自己的原因，你要去投诉我也没办法……"

根据上述情境，请做以下练习：

1. 请以小李上级主管的身份，指出小李所犯的错误。
2. 如果你是小李，你会如何处理这个投诉？请扮演投诉接待人员角色进行练习。

### 视野拓展

## ××风景区管理处游客投诉处理程序

1. 投诉处理态度

正确对待游客投诉，主动、礼貌地接待投诉客人，不推托、不怠慢、不和客人争吵，以事实为根据，对不准确、不完全属实的投诉内容也应耐心解释，消除误解。

2. 投诉处理

（1）现场投诉。

①接到投诉，9688××××电话工作人员应立即联系相关部门负责人到现场，了解事实真相。纯属于误会、因不了解情况导致的，应耐心向游客解释，消除误解，事后9688××××电话工作人员需做好对投诉游客的回访及向管理处安全监察科上报的工作，

并做好投诉事件的记录汇总。

②接到投诉，9688××××电话工作人员应立即通知相关部门负责人到现场，在现场不能妥善处理投诉事件时，部门负责人应立即联系安全监察科及相关科室负责人，于第一时间到达现场，了解事实真相，协商提出解决办法后答复客人。事实不清或投诉不实的问题，向客人耐心解释，不和客人争辩，以得到客人的理解。

③如遇有重特大游客投诉时，9688××××电话工作人员应立即联系安全监察科，安全监察科及时向投诉处理领导小组报告，同时到达现场做好对游客的安抚解释工作，并根据领导小组商议后提出的意见，与游客达成协议，妥善处理，以减少游客损失，缩小负面影响。

所有现场投诉，应尽量在游客离开景区前解决，若游客已经离开景区，其投诉要在72小时内解决，做到处理及时。

（2）电话投诉。

接听及时，耐心听取游客投诉内容与要求，做好记录，及时向相关科室及部门负责人转达，并立即到现场进行调查，做出处理意见，其处理规范与现场投诉相同。

（3）书面投诉。

接到客人书面投诉，及时阅读投诉内容，及时和客人联系，了解客人要求，并由安全监察科牵头，和投诉涉及的相关科室及部门负责人对投诉事件进行调查核实，提出处理意见，并尽快将处理意见回复给客人。

（4）网络投诉。

由专人定期上网浏览，发现有投诉问题，及时由安全监察科牵头，和投诉涉及的相关科室及部门负责人对投诉事件进行调查核实，提出处理意见，将处理意见尽快回复给客人。

3. 投诉处理效果

（1）所有投诉问题处理要使游客满意，游客对处理结果无异议。

（2）涉及经济问题的游客投诉，事实调查清楚，风景区根据责任给予适当补偿。

（3）投诉问题处理效果好，员工受到教育，对服务质量引起普遍重视。

4. 后续工作

（1）投诉事件处理完毕后由安全监察科将处理结果上报给分管管理处副主任、主任，并做好游客投诉记录，负责建立游客投诉处理档案。

（2）对游客投诉要分析原因，找出倾向性问题，及时提出改进措施，不断提高景区服务质量。

××风景区管理处<br>2021年3月

资料来源：自编。

### 任务评价

根据上述相关知识要求和资料，个人和小组共同完成任务评价（见表2-8）。

表 2-8 任务评价表

| 评价项目 | 具体要求 | 评价 | | | |
|---|---|---|---|---|---|
| | | 好 | 一般 | 差 | 建议 |
| 正确看待投诉 | 1. 游客的投诉，使景区与游客有更多的沟通，从而了解游客的需求 | | | | |
| | 2. 游客投诉是建立游客忠诚度的契机 | | | | |
| | 3. 投诉使景区工作人员有自省和改进的机会 | | | | |
| 游客投诉的原因 | 1. 对景区服务人员的投诉 | | | | |
| | 2. 对景区产品的投诉 | | | | |
| | 3. 对景区硬件配套设施和环境的投诉 | | | | |
| 游客投诉心理分析 | 1. 求尊重的心理 | | | | |
| | 2. 求发泄的心理 | | | | |
| | 3. 求补偿的心理 | | | | |
| | 4. 求认同的心理 | | | | |
| 游客投诉受理 | 1. 游客投诉处理的原则 | | | | |
| | 2. 游客投诉处理流程 | | | | |
| 学生自我评价 | 1. 准时并有所准备地参加团队工作 | | | | |
| | 2. 乐于助人并主动帮助其他成员 | | | | |
| | 3. 遵守团队的协议 | | | | |
| | 4. 全力以赴参与工作并发挥了积极作用 | | | | |
| 小组活动评价 | 1. 团队合作良好，能礼貌待人 | | | | |
| | 2. 工作中彼此信任，互相帮助 | | | | |
| | 3. 对团队工作都有所贡献 | | | | |
| | 4. 对团队的工作成果满意 | | | | |
| 总计 | | 个 | 个 | 个 | 总评 |

在旅游景区投诉服务的学习中，我的收获是：

在旅游景区投诉服务的学习中，我的不足是：

改进方法及措施：

### 项目关键词

旅游景区　入门接待服务　停车服务　售票服务　验票服务　排队服务
咨询服务　投诉处理服务　投诉处理流程

## 课后练习

1. 分小组对市内旅游景区停车服务需求进行调查并写出调查报告。

调查参考提纲如下：

（1）游客对本市旅游景区停车服务的不满集中在哪几个方面？

（2）如何有针对性地改进该旅游景区的停车服务？

2. 请结合你到市内各景区考察的情况，写出游客入口导入服务各种队形的优缺点及改进方法（见表2-9）。

表2-9 游客入口导入服务队形类型和优缺点及改进措施

| 游客队形类型 | 优缺点及改进措施 |
| --- | --- |
| 单列单人队形（一名服务员） | |
| 单列多人队形（多名服务员） | |
| 多列单人队形 | |
| 多列多人队形 | |
| 主题或综合队形 | |

3. 接打电话的礼仪流程有哪些？怎样进行电话接转？记录电话内容的要点有哪些？请记录下来。

_____

_____

4. 通过收集媒体报道、查阅文献、采访当地旅游投诉部门、当地旅游景区实地调查等方法，分小组完成当地旅游景区投诉情况调查报告，并在班级内进行PPT汇报。汇报主要内容参考：当地旅游景区游客投诉和处理的总体态势；游客对当地旅游景区投诉的主要内容；当地旅游景区对投诉的服务与管理措施，存在的问题；旅游景区工作人员对游客投诉心理的调查。

# 项目三 旅游景区讲解服务

## 项目概览

旅游景区讲解是景区旅游服务和景区社会价值得以实现的主要环节。旅游景区讲解员是中职旅游专业毕业生的重要就职岗位。本项目通过景区讲解服务流程与规范、编写识记讲解词、讲解服务技能与注意事项及媒介讲解服务四个任务，使学生较为全面地学习旅游景区讲解服务的相关知识与技能，为将来作为导游员或讲解员从事景区讲解服务培养相关职业能力。本项目学习内容为本学科的核心重点内容。

## 任务导读

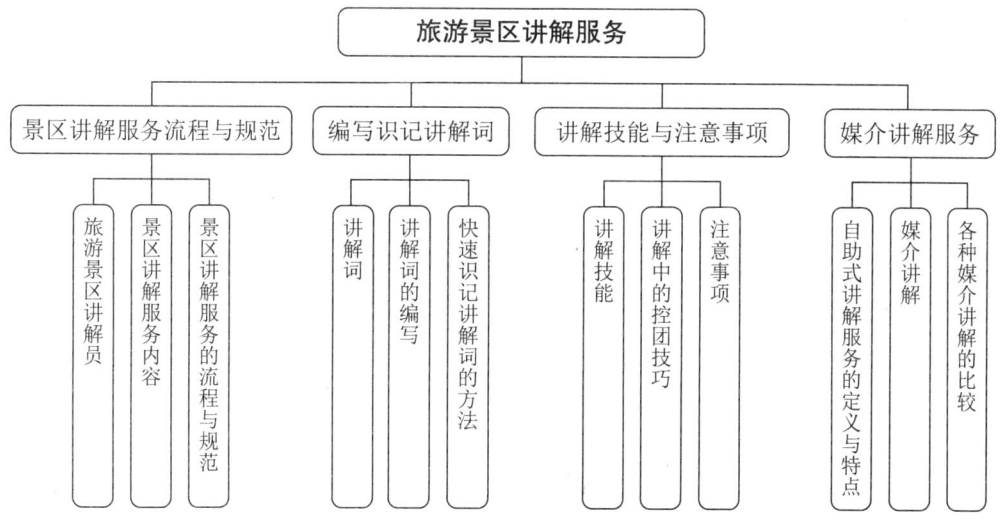

## 学习目标

1. 熟悉景区讲解服务的流程与规范，了解景区讲解媒介。
2. 掌握景区讲解服务的专业知识与服务技能。
3. 能编写旅游景区（点）讲解词并进行讲解。
4. 能在旅游景区（点）讲解服务过程中体现良好的服务意识，能独立处理常见问题。

# 任务一　景区讲解服务流程与规范

### 任务描述

本任务要求学生通过完成工作任务，在查阅资料、现场体验、模拟练习的基础上，了解、认知旅游景区讲解员的基本要求和主要职责，熟悉并掌握景区讲解服务的流程与规范，能针对不同的团队、根据不同类型景区的特点来进行讲解服务。

### 情境导入

小明在B景区度假时，看到景区正在搞一个"景区讲解员一日体验"招募活动，作为中职旅游专业的学生，他很想一试身手，于是就去报名了。填写完登记表后，招募方交给小明一个文件袋，说是讲解的材料，让小明好好准备。小明打开一看，里面只有一份接待任务书和景区内景点的讲解词。小明总觉得少了些东西。

你知道少了什么资料吗？景区讲解服务的接待流程和规范包括哪些内容？

### 相关知识

旅游景区讲解是景区旅游服务和景区社会价值得以实现的主要环节，是旅游景区服务的主体，具有不可替代的核心地位。

## 一、旅游景区讲解员

旅游景区讲解员（Tourist attraction interpreter）是受旅游景区委派或安排，为旅游团或旅游者提供讲解服务的专职人员和兼职人员。在旅游实践中，这一角色也常常由地陪导游承担。所以，对讲解员基本素质的要求，与对导游的基本素质的要求是完全一致的。

### （一）讲解员的基本素质要求

（1）在思想品德上，要时刻注意维护国家和民族尊严，努力学习、掌握并遵守国家和地方的有关法律和法规；遵守社会公德，爱护公共财物；尊重民族传统，尊重游客的风俗习惯和宗教信仰；对待游客谦虚有礼、朴实大方、热情友好，尤其注意对老幼病残孕等弱势群体的关照；维护旅游者的合法权益；热爱本职工作，忠于职守；增强服务意识，不断提高自己的业务能力；不得以暗示或其他方式引导游客为讲解员本人或相关群体牟取荣誉或物质利益。

（2）身体健康，无传染性疾病。

（3）能够使用普通话（或民族语言，或外语）进行景区内容的讲解，有较强的语言表达能力，做到口齿清晰、发音准确，逻辑表达清楚，用语礼貌自然，并努力实现语言的适度生动。

（4）具有相应的文化素养和较为广博的知识，并努力学习和把握与讲解内容有关的政治、经济、历史、地理、法律法规和政策等，熟悉相关的自然和人文知识及风土习俗，并将其运用于讲解工作中。

（5）具有相应的应变能力和组织协调能力。

### （二）讲解员的基本职能

#### 1. 导游解说

旅游景区讲解员主要负责所在景区的导游解说、解答游客问询的工作。导游解说，一是发挥对视觉的补充作用，让游客在观看实物和形象的同时，从听觉上得到形象的描述和解释，从而受到感染和教育；二是发挥对听觉的补充作用，即通过形象化的描述，使游客感知故事里的情境，如身临其境，从而达到情感上的共鸣。同时，由于景区主题突出，内容丰富，往往会引起游客的兴趣，游客也就常常有这样那样的疑问，景区讲解员还要善于积累一些与该景区相关的专业知识，正确回答游客提出的各种问题。

#### 2. 安全提示

在景区的讲解活动中，应充分注意安全。景区讲解员应提前了解讲解当天的天气和景区道路情况，以防患于未然。讲解活动应避开景区中存在安全隐患的地区；讲解中随时提醒游客注意安全（尤其是在游客有可能跌倒、碰头等的地带）；发生安全事故时冷静妥善对待，在积极帮助游人疏散的同时，及时通知景区有关部门前来救助。

#### 3. 宣传教育

景区讲解员是沟通景区与社会的桥梁和纽带，是景区的名片，担负着宣传和教育的职能，在讲解的过程中承担着宣传企业文化、宣传当地城市的发展及环保、可持续发展理念等一系列的任务。讲解服务的质量和水平直接影响着游客的旅游体验，影响着景区的窗口形象，甚至影响一个地区的形象。如宜将自然与人置于平等的地位进行解说，充分体现人类对自然的尊重。景区讲解员应在讲解中结合景物向游客宣传生态环境和文物保护知识，增强游客的环境保护和文物保护意识。

## 二、景区讲解服务内容

### （一）景区环境解说

景区环境解说主要是向游客介绍景区所在区域的自然、社会、文化、经济环境。景区类型不同，其解说的重点也就不同。环境解说能使游客更深入地了解景区资源的环境价值，实现旅游环境教育功能。

### （二）旅游吸引物解说

旅游吸引物解说是对景区内各类旅游景观的自然属性、文化属性的解说，包括自然景观解说、社会文化景观解说、节事活动解说。如对景区节事活动的成因、典故、活动项目、注意事项等的解说，以及对景区内的动植物的种类、分布、生长习性、观赏游乐价值等进行系统的、全面的介绍，可使游客更深入了解景区的各类景观及活动，获得更满意的旅游体验。

### （三）旅游设施解说

旅游设施解说包括对景区环境设施、配套设施、交通及基础设施等方面的解说。这些旅游设施功能的实现在一定程度上依靠清晰、准确、简洁的解说系统来完成。如各种路标以及停车场、洗手间的标识等。

### （四）旅游管理解说

景区在一定程度上，需要景区管理者和游客共同来面对并合理避免一系列的经营和管理风险，如景区安全管理、游客活动安全管理等，这就需要对景区的管理制度、管理规范以及对游客的管理措施等进行科学系统的解说，以加强对游客以及从业人员的教育。

### （五）资源保护解说

旅游景区资源的开发利用与保护，是关系景区生态平衡、景区可持续发展的重要问题。对游客进行资源生态属性、资源保护策略的解说，以使游客能深入了解并自觉遵守景区的资源保护政策。

## 三、景区讲解服务的流程与规范

景区讲解服务流程见图3-1所示。

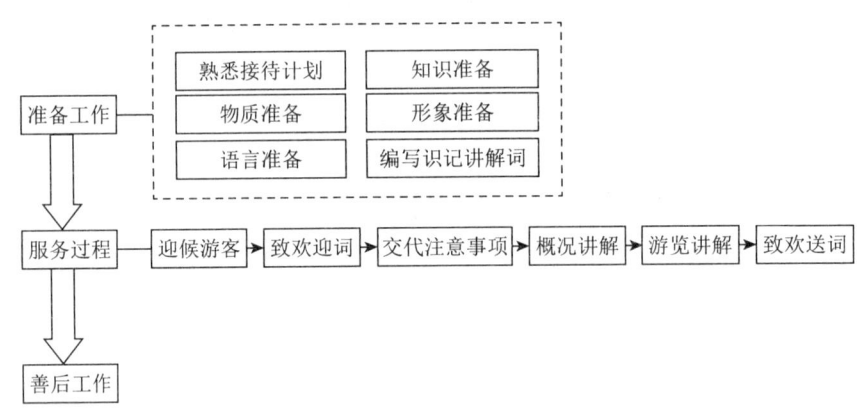

图3-1　景区讲解服务流程

### （一）景区讲解服务准备工作

**1. 熟悉接待计划**

（1）接待游客前，讲解员要认真查阅核实所接待团队或贵宾的接待计划及相关资料，熟悉该群体或个体的总体情况，如人数、年龄、职业、客源地、停留时间、游程安排、有无特殊要求等诸多细节，以使自己的讲解更有针对性。

（2）对于临时接待的团队或散客，讲解员同样也应注意了解游客的有关情况，一般应包括游客的来源、职业、文化程度及停留时间、游程安排、有无特殊要求等，以便使自己的讲解更能符合游客的需要。

**2. 知识准备**

（1）熟悉本景区的情况并掌握本景区讲解内容所需的知识。基于景区的差异，知识可分别包括自然科学知识，历史和文化遗产知识，建筑与园林艺术知识，宗教知识，文学、美术、音乐、戏曲、舞蹈等知识，以及必要时与国内外同类景区内容对比的文化知识。

（2）基于游客对讲解的时间长度、认知深度的不同要求，讲解员应针对讲解内容做好两种或两种以上讲解方案的准备，以适应旅游团队或个体的不同需要。

（3）预先了解游客所在地区或国家的宗教信仰、风俗习惯，了解客人的禁忌，以便能够实现礼貌待客。

（4）对特殊需要的讲解内容或第一次讲解的线路，要事先踩点和准备。

**3. 物质准备**

（1）佩戴好本景区讲解员的上岗标志。

（2）如有需要，准备好无线传输讲解用具。

（3）准备好需要发放的相关资料。

（4）准备好接待团队时所需的票证。

**4. 形象准备**

（1）着装整洁、得体。有着装要求的景区，也可以根据景区的要求穿着工作服或指定服装。

（2）饰物佩戴及发型，以景区的要求为准。女讲解员一般以化淡妆为宜。

（3）言谈举止应文明、稳重，自然而不做作。

（4）讲解活动中可适度使用肢体语言，避免无关的小动作。

（5）接待游客热情诚恳，符合礼仪规范。

（6）工作过程中始终做到情绪饱满，不抽烟、不进食。

（7）注意个人卫生。

**5. 语言准备**

（1）景区讲解，应以普通话为普遍使用的语言。

（2）位于民族地区的景区，宜根据客源情况提供民族语言和普通话的双语讲解服务。

（3）有条件的景区，宜根据客源情况提供多语种的讲解服务。

**6. 编写识记讲解词**

提前编写识记讲解词，是景区讲解服务准备工作的重中之重。编写识记讲解词的相关知识在本项目任务二中与讲解技能一起介绍。

**（二）景区讲解服务过程**

**1. 迎接旅游团队或游客**

地点：景区大门口。

要求：在接到讲解接待任务并做好讲解接待准备工作后，讲解员应提前到岗，在景区入口大门显眼位置候客，态度要热情认真。

### 2. 致欢迎词

地点：景区大门口。

时间：景区讲解员第一次面对旅游者时。

（1）欢迎词的内容：代表本景区对游客表示欢迎；介绍本人姓名及所属单位；表达景区对提供服务的诚挚意愿；了解游客的旅游需求；表达希望游客对讲解工作给予支持配合的意愿；预祝游客旅游愉快。

欢迎词视频

（2）自我介绍是游客接受讲解员的最重要的一个环节，是拉近相互间距离的一个重要举措，不可把自我介绍单纯地看作是基本礼节。游客能从简短的自我介绍中初步判断该讲解员的语言表达能力，如是否能做到言简意赅、重点突出，语言是否有吸引力等。

☞ **案例**

**青秀山风景区导游的欢迎词**

各位游客，早上好！欢迎大家来到青秀山风景区，我是今天的景区讲解员周围，大家可以叫我周导。我诚挚地希望能在此次的游览中为你们提供周到的服务。大家如果有什么问题，请随时提出来，我将尽我所知为各位解答。我的服务宗旨是：你快乐所以我快乐！祝大家旅游愉快并喜欢我的讲解。

资料来源：自编。

### 3. 交代游览路线及注意事项

地点：景区大门口的导览图前。

内容：讲清景区的构成部分、游览线路、所需时间、游览注意事项，并提醒游客保管好自己的贵重物品等。尤其要提醒团队游客注意自己团队原定的游览计划安排，包括在景区停留的时间，主要游览路线，以及参观游览结束后集合的时间和地点。

### 4. 讲解景区概况

地点：景区大门口的导览图前或景区观景台或游客中心。

内容：景区名称的来历、背景、历史沿革、主要特色、价值、景区品位及主要景点概况等。

景点讲解概况视频

### 5. 沿旅游线路带游客游览并提供讲解服务

（1）游览中的讲解服务要求。

①将沿途景点全面介绍给旅游者。

②讲解时，等游客集合聚拢后再开始。

③讲解中注意语音、语速的控制。

④景点讲解完后留出观赏和拍照的时间。

⑤在讲解过程中,应自始至终与游客在一起活动;随时留意游客动向,避免游客走失;注意游客的安全,随时做好安全提示,以防意外事故发生。

⑥要针对不同游客的需要,因人施讲。对老幼病残孕游客给予合理关照。

⑦要安排并控制好讲解时间,以免影响游客的原有行程。

⑧讲解活动要自始至终使用文明语言;回答问题要耐心、和气、诚恳;不冷落、顶撞或轰赶游客;不与游客发生争执或矛盾。

(2)做好与游客的沟通工作。

①旅游讲解也是沟通,讲解员在讲解中应注意平等沟通的原则,注意客人与自己在对事物认知上的平等地位。

②在时间允许和个人能力所及的情况下,宜与游客有适度的问答互动。

③要意识到自己的知识盲区,虚心听取游客的不同意见。

④对游客的批评和建议,应该礼貌地表示感谢,并视其必要性即时或在事后如实向景区有关部门反映。

**6. 致欢送词**

欢送词的内容包括:对游客在参观游览过程中的合作表示感谢,诚恳征求游客对本次讲解工作、景区建设与保护等方面的意见和建议;表达祝福,欢迎游客再度光临。

欢送词视频

☞ **案例**

各位游客,景区的游览到此就结束了。在跟大家道别之时,我对大家的合作和配合表示由衷的感谢!你们的耐心和友善,让我的工作变得更加从容;你们的配合和理解,使得今天的游览特别愉快;你们的珍惜和爱护,使得我们的景区更加美丽。在此,我想用本地的一曲山歌——《多谢了》来表达我的谢意。(唱山歌)我们虽然只是短暂地相识,但这次相识给我留下了最珍贵的回忆。我将永远珍藏这份美好的情谊。我期待着能再次见到你们。最后,预祝大家旅行愉快,万事如意!

资料来源:自编。

☞ **案例点评**

在讲解词中加入山歌的元素,令讲解词具有了本地特色,给游客留下深刻的印象。

**(三)景区讲解服务的善后工作**

在游客离开景区后,或当天工作结束前,讲解员应按照景区的规定,及时认真地填写工作日志或本单位规定的有关工作记录;如有特殊情况,及时向景区有关方面如实反映。

## 案例

### 一次失败的导游讲解

李想是广东某景区的兼职讲解员，有一天他接待了一个来自广西的暑期旅游团。因为太阳太大，他在离景区大门几十米远的树荫下等待旅游团的到来。结果有三个团同时到达，李想看到另外两个团的讲解员已经在接团了，他就等那两个团离开后才往大门走去。他想广西很多人也是讲广东话的，所以，他一上来就用广东话和大家打招呼，然后就说："你们既然是来自广西的，两广一家亲啦！所以大家不介意我说广东话吧？"结果没想到这个团大多数是来自广西桂林地区的游客，他们不讲广东话。李想只好用并不标准的普通话开始了讲解服务。

游览活动开始了，第一个景点，李想就开始滔滔不绝地进行讲解，过了5分钟后，围在他身边的游客越来越少；过了10分钟后，他身旁的游客已是寥寥无几。这时，有几位站在附近树荫下的游客大声叫起来："导游先生，差不多就好了，有人要中暑了！"李想感觉很郁闷。后面有些景点，他心有余悸，索性不做讲解。

游览结束了，有游客对李想的讲解极不满意，事后向当地旅游质监部门投诉，要求该景区退回导游讲解服务费。该景区又以被游客投诉为由，拒绝支付李想报酬，并明确表示以后不再委派他担任导游工作。对景区的做法，李想十分不满，于是双方产生了纠纷。李想在写给旅游行政管理部门的信中指出：此次带团讲解，是受景区的委派，景区应该按照事先约定支付导游费用，并且承担相应的赔偿责任。而景区得知这一情况后，更是大为不满，并以李想未与景区签订合同为由，拒绝了这一要求。

资料来源：自编。

### 案例讨论

1. 请说说案例中导游李想为何会被投诉，你认为游客投诉的理由是什么？李想究竟存在哪些问题？

2. 导游李想与景区的纠纷该如何处理？双方各执一词，如果你是旅游行政管理部门负责人，该怎么来处理？

## 角色练习

1. 设定以当地某大型景区、不同的旅游团或游客情况为情境，组织学生以小组为单位，分析相关信息（如人数、年龄、职业、客源地等），填写接待任务单，并依此制订游览线路和计划，模拟讲解准备工作。

2. 请根据以下不同的接待对象和接待时间，每人练习创作一篇特色欢迎词。

（1）学生；（2）企业老总；（3）春天；（4）秋天；（5）老年人；（6）雨天；（7）护士。

以小组为单位进行模拟解说，然后推出一名代表在全班模拟解说，大家讨论、分析其特点。

3. 你会唱歌吗？能否将演唱融入你的讲解中？请设定一个当地景区情境，你作为讲解员，编写欢送词并进行讲解练习。

4. 设计问路和指路这一生活中常见的场景，在角色扮演中提高向导服务能力。

5. 以景区讲解员的角色定位，组织一次校园实地接待，规范地模拟练习（解说词可统一由教师提供）。

（1）进行校园参观游览的讲解，作为讲解员你需要完成哪些步骤？请将步骤写下来并逐一完成。

（2）分小组利用课余时间进行自主练习。

（3）每小组推荐一人，进行一次全程实地讲解练习。

## 视野拓展

### 为游客开启感官的另一扇门

旅游景区讲解员作为游客与景区的桥梁，必须对景区整个领域有全盘的认识，必须了解景区自然及人文的历史及意义，必须掌握自然科学及人文科学方面丰富的知识。更重要的是只有在实地才能获得第一手知识。

有些景区有微妙的信息。一群从没看过盐水沼泽的人需要一些引导才能够欣赏它。如果没有专业解说员的带领，他们真的能看见灯芯草吗？他们会了解灯芯草扮演着固定底泥的功能吗？他们知道是灯芯草在确保沼泽中其他草的生存吗？

无人带领的游客能够完全了解蚀刻在大峡谷岩壁上的地质故事吗？一位博学的解说员会为游客开启感官的另一扇门。

资料来源：自编。

## 任务评价

根据上述相关知识和资料，个人和小组共同完成任务评价（见表3-1）。

表3-1 任务评价表

| 评价项目 | 具体要求 | 评价 | | | |
| --- | --- | --- | --- | --- | --- |
| | | 好 | 一般 | 差 | 建议 |
| 旅游景区讲解员 | 1. 讲解员的基本素质要求 | | | | |
| | 2. 讲解员的基本职能 | | | | |
| 景区讲解服务内容 | 1. 景区环境解说 | | | | |
| | 2. 旅游吸引物解说 | | | | |
| | 3. 旅游设施解说 | | | | |
| | 4. 旅游管理解说 | | | | |
| | 5. 资源保护解说 | | | | |

续表

| 评价项目 | 具体要求 | 评价 | | | |
|---|---|---|---|---|---|
| | | 好 | 一般 | 差 | 建议 |
| 景区讲解服务的流程与规范 | 1. 景区讲解服务准备工作 | | | | |
| | 2. 景区讲解服务过程 | | | | |
| | 3. 景区讲解服务的善后工作 | | | | |
| 学生自我评价 | 1. 准时并有所准备地参加团队工作 | | | | |
| | 2. 乐于助人并主动帮助其他成员 | | | | |
| | 3. 遵守团队的协议 | | | | |
| | 4. 全力以赴参与团队工作并发挥了积极作用 | | | | |
| 小组活动评价 | 1. 团队合作良好，能礼貌待人 | | | | |
| | 2. 工作中彼此信任，互相帮助 | | | | |
| | 3. 对团队工作都有所贡献 | | | | |
| | 4. 对团队的工作成果满意 | | | | |
| 总计 | | 个 | 个 | 个 | 总评 |
| 在景区讲解服务流程与规范的学习中，我的收获是： | | | | | |
| 在景区讲解服务流程与规范的学习中，我的不足是： | | | | | |
| 改进方法及措施： | | | | | |

# 任务二　编写识记讲解词

**任务描述**

本任务要求学生掌握讲解词编写与识记的基本知识，能独立编写简单的景区（点）讲解词，并能分析、识记景区讲解词。

**情境导入**

小明一家在B景区度假时，发现该度假景区有一片规模不小的休闲观光茶园。喜爱喝茶的爸爸妈妈带着小明兴致勃勃地到茶园游览参观，小明则利用在学校学习的旅游专业知识和技能,充当"讲解员",像模像样地给爸爸妈妈讲解了茶的种类、产地、种植、采摘、加工和品饮的常识,爸爸妈妈则扮演忠实的"游客",不停地问小明问题,一家人有问有答不亦乐乎。

到了茶园的品茶室,走累了的一家人迫不及待地坐下来要品一品茶园的茶,在茶艺师泡茶的过程中,意犹未尽的小明还和茶艺师"切磋"起来。爸爸忽然想考考自己的"讲解员"儿子,于是问小明:"你说说看,为什么中国人喜欢以茶待客呀?"小明没料到爸爸会提出这样的问题,这个问题学校的课程中也没有啊!他脱口而出:"因为中国人都爱喝茶,所以也就以茶待客啊!"妈妈扑哧一笑,说:"你这是把结果用另一种说法当原因啦!等于没回答呀!那中国人为何爱喝茶啊?"小明愣住了,一时语塞……

面对这样的情况,一个经验丰富、称职的讲解员会怎么回答呢?

### 相关知识

编写识记讲解词,是景区讲解服务的基本工作,是景区讲解员或导游核心的职业技能之一,也是景区讲解服务准备工作阶段的重中之重。

## 一、讲解词

景区讲解词是景区讲解员对游客进行讲解、说明、介绍的一种应用性文体,是讲解员向游客传播旅游有关信息和文化知识、传递激发旅游审美情感、同游客交流互动的工具,也是吸引和招徕游客的重要手段。讲解词一般都需要事先根据游览路线和计划、模拟游览活动编写准备好或者识记好,当然在讲解服务过程中,还需要讲解员根据现场情况临场发挥。

### (一)讲解词的分类

旅游讲解词按照解说对象的不同,大致可以分为以下几种。

**1. 以人物解说为主的旅游讲解词**

这种对人物进行解说的讲解词,一般要介绍人物的身份、经历、性格特征、贡献及社会评价等。

**2. 以事物解说为主的旅游讲解词**

这种对事物进行解说的讲解词,一般要根据事物的情况、解说目的等,说明事物的性质、特征、功能、成因及与人类或社会的关系等。

**3. 以景物解说为主的旅游讲解词**

这种对景物进行解说的讲解词,一般要根据解说对象的情况,说明其特点、价值、有关传说、史实、成因、影响等。以景物为主的讲解词在旅游行业中应用最为广泛。本节主要介绍景物讲解词。

### (二)讲解词的结构

讲解词的内容因景区景点不同而不同,但在行文结构上有一定的规范要求,一般应包括前言、总说、分述及后语几部分。

**1. 前言**

前言即欢迎词，是在游览正式开始前对游客表示欢迎、问候、介绍及提醒注意事项等。

**2. 总说**

总说即整体介绍，是对游览对象的概览介绍，主要包括游览地的概况和旅游价值、将要游览的内容等。

总说部分的作用在于使旅游者对所游览的景区（点）有个全面的认识，并引起游览的浓厚兴趣，旅游者可以对将要进行的游览过程做好精神、物质准备。

**3. 分述**

分述即重点介绍，是一篇讲解词的主体部分。

这一部分是对游客所要观赏的旅游客体的具体解说。其结构安排一般是按照游览路线的先后顺序，对各个景观一一报名称做解说。在对各个景观进行解释说明时，应详略得当、突出重点。

同时，对各个景观的解说要有相对的独立性，解说完一个，再解说下一个。书面写作时要用段落或小标题明显地标出来。有时，前后两个景观的解说之间还可以用一两句话衔接起来过渡一下，使后一个景观的解说介绍不显得突兀，也使游客在思想上有所准备。

这一部分内容的解说一般应首先指明实物，说出名称，有的还要对名称简单地做些必要的解释和说明。

在讲解完名称后，要紧紧围绕这个景观，根据它的不同情况进行进一步的解说，介绍其产生、历史发展及其他有关知识、掌故等。我国各地名胜古迹、河流山川、古塔庙宇等往往有一些共同之处，因而解说时要着重介绍其个性特色，解说出其独特韵味。

**4. 后语**

后语即欢送词，是在游览结束后总结的话，其内容不固定，或总结游览的景观，或是请游客留下宝贵意见，或是说些告别与祝福的话，或是介绍一下与游览有关的其他活动。

前言和后语一般会使用相对固定的行文与习惯用语。

**（三）讲解词内容的选取原则**

（1）有关景区内容的讲解，景区应有统一的总体要求。

（2）内容的取舍应以科学性和真实性为原则，民间传说应有故事来源的历史传承，任何景区和个人均不得为了景区经营目的而随意编造。

（3）有关景区内容的讲解应力避同音异义词语造成的歧义。

（4）使用文言文时需注意游客对象；需要使用时，宜以大众化语言给以补充解释。

（5）对历史人物或事件，应充分尊重历史的原貌。如遇尚存争议的科学原理或人物、事件，则宜选用中性词语予以表达。

（6）讲解内容如系引据他人此前研究成果，应在解说中给予适度的说明，以利于游客今后的使用和知识产权的保护。

（7）景区管理部门应积极创造条件，邀请有关专家，实现对讲解词框架和主体内容的科学审定。

## 二、讲解词的编写

### （一）编写讲解词的程序

**1. 熟悉游览行程**

讲解员要对景区的游览行程了然于胸，能根据景区的规模、布局及旅游者的心理需求，掌握游览行程，串联游览线路。能根据不同的线路、场景、环境，采用多样化的解说方法，努力提高服务水平。

**2. 构思提纲**

将整篇讲解词的主干构思好，可以提纲挈领，从整体上对讲解词进行准确把握。

**3. 收集资料**

"巧妇难为无米之炊"，只有在大量资料的基础上，才能加工、去粗存精，才能进行再创造，编写出有自己特色的讲解词。

**4. 甄别考证**

资料收集来，还需要进行科学考证与比较甄别，尤其是在涉及历史事件、人物时，评价一定要客观公正，切不可道听途说、以讹传讹。在传说、引用等方面，更需要有一定的依据，不能根据自己的需要凭空臆造。

**5. 突出重点**

突出介绍游览线路中的主体景观。主体景观是一次游览活动的主要内容，因而也应该是讲解词的重中之重。应在掌握大量资料的基础上，做到突出重点、点面结合，围绕主题、善于取舍。

**6. 修改完善**

根据实际情况对讲解词进行修改，并在以后的讲解过程中不断对讲解词进行完善、丰富。

### （二）讲解词编写的要领

总体而言，讲解词编写的基本要求是结构严谨、层次清晰、主次分明、文字流畅。而一篇优秀的讲解词，则还应追求内容丰富、底蕴厚实、形象生动、活泼有趣，达到用语言营造身临其境感受的艺术意境，实现激发共鸣的旅游审美情趣。

如何才能写出优秀的讲解词呢？这就要求在编写讲解词时，注意以下要领。

**1. 要有丰富的知识性**

讲解词的第一要素是"言之有物"。好的讲解词都具有知识丰富、旁征博引、融会贯通、准确无误、令人信服的特点，这样才能吸引游客的注意力，满足旅游者求知、求美的心理需求。

（1）要写出具有丰富知识性的讲解词，首先至关重要的是掌握丰富的资料和素材，经过加工整理，去伪存真、去粗取精；其次要挖掘景区景点的内涵，如通过历史渊源、比较鉴赏、诗词点缀、名家评论、自身感受等，写出深层次的内容；最后还要注意与时俱进，有创新，带有鲜明的时代气息。

（2）讲解词在追求丰富知识性的同时，注意不要犯常识性错误，更要切忌胡编乱造，生搬硬套。

比如下面案例中引用的泰山讲解词的例子，就反映出编写者掌握了丰富的资料和素材，运用了五岳对比鉴赏，引用杜甫诗词和孔孟名家点评，以文字与长城这两个中国最具代表性的文化符号述说历史渊源，结合自身感受等多种手法，写出了泰山景区的内涵；同时点出泰山为世界文化与自然遗产，从中国走向世界等，又体现了鲜明的时代气息。其中难能可贵的是编写者指出了"登泰山而小天下"是孟子语，说明编写者没有不求甚解，体现了编写者钻研求真的态度。

### 2. 要有浓厚的趣味性

旅游景区讲解词还应写得引人入胜，用词丰富多变，将知识性的内容生动、形象、有趣地表达出来，以提高游客的浓厚兴趣，使他们获得精神享受，满足旅游者求乐的心理需求。

（1）恰当地运用比喻、比拟、摹绘、象征等手法，可以使静止的化成活动的、无生命的变为有生命的、抽象的变为具体的，从而产生浓厚的趣味性。

（2）善于引用或编织故事情节，可以激发游客的兴趣和好奇心，达到引人入胜、趣味无穷的效果。

（3）幽默风趣是讲解词艺术性的重要体现，可以使讲解词锦上添花，让游客会心一笑，既活跃了气氛，又平添了游兴。

在案例二泰山讲解词例子中，就运用了多种修辞手法，穿插了"苛政猛于虎"的故事，并使用了"中国最著名的老人家""杜甫很忙""世界那么大，我想去看看"等幽默词句和网络语言，增添了讲解的趣味性。

### 3. 要有灵活的多变性

讲解词必须适应不同对象的不同要求，并且根据景区景点的实际情况，结合季节变换及天气、节日等变化，在内容和形式方面具有灵活性和多变性，才能取得良好效果。

比如案例二的泰山讲解词，请大家细细品味，推测一下这篇讲解词可能针对的游客是什么群体，如果是面对一个老年农民旅游团，应该怎样修改才合适？

### 4. 要有亲切的礼貌性

旅游景区讲解词还要注意亲切、有礼貌。旅游讲解词要特别注意用语的热情、谦虚，不要夸夸其谈、不懂装懂，也不要用指挥人、教育人的口吻，如"我告诉你们""大家应该如何理解"等，仿佛游客都不懂。不尊重游客，缺乏礼貌，会令游客产生反感，影响游览的兴致。

比如案例"泰山讲解词"中，经常使用"您""大家都知道""大家都认识""想必您一定知道""我想大家也都会觉得"等亲切礼貌的用语,加上通篇娓娓道来,因此毫无盛气凌人之感。我们可以假设,如果在指出"登泰山而小天下"是孟子而不是孔子之语的那一部分,讲解词改成这样:"因为讲的是孔子登泰山,所以很多人认为这句话是孔子说的,这真是井底之蛙想当然了。我告诉你们,其实这句话根本不是孔子说的……"可想而知,游客会对哪一种讲解词满意。

**5. 要有品位的口语化**

旅游景区讲解词是一种具有丰富表达力、生动形象的口头语言,这就要求讲解员在讲解词的口语化上下功夫。在创作中注意多用口语词汇和浅显易懂的书面语词汇,避免难懂拗口的词汇;多用短句,少用令人喘不过气来的长句;减少华丽的文学辞藻的堆砌。

强调讲解词的口语化,并不意味着就不要语言的规范化,而是讲究有品位的口语化。编写讲解词必须注意语言的品位,去低俗化。这就要求讲解词的编写要强调思想文化品位,而不是为了口语化而摒弃景区讲解服务必须具备的思想文化传播和教育的基本要求。

比如案例二泰山讲解词,通篇是很有品位的,但前半部分就在口语化上稍显不足,后半部分则很好体现了有品位的口语化的要领。

请仔细品读,并尝试将案例的前半部分做适当修改,使之达到有品位的口语化要求。

## 三、快速识记讲解词的方法

每个景区讲解员都会经历识记讲解词的过程,每个人都会有自己的记忆方式。根据讲解词的结构,可以通过以下五个步骤来快速识记讲解词。

讲解词识记五步法:

(1)明景点——阅读导游词,明确都有哪些景点。
(2)理游踪——理清游览线路。
(3)抓重点——抓住景区中每个景点的重点或特点。
(4)展联想——展开联想。
(5)串成文——将每个景点的讲解串成一篇导游词。

☞ **案例**

### 案例一:令人叹服的讲解

在本任务的情境导入中,小明被爸爸妈妈这两个"特殊游客"给难住了,无法再继续"讲解"下去。这时,正在泡茶的茶艺师接过话头:"这位先生,一看您就是喜爱喝茶的,对吧?"

小明爸爸点点头,回答了一声"是的",大家都把目光转到了茶艺师身上。茶艺师微笑着娓娓道来:

"先生您一定知道,中国是茶的故乡,据记载中国人喝茶有3000多年的历史了。茶这个字很有意思，您看它由草、木、人组成，表达了中国古代农耕社会中人与自然和谐相处的信仰与美好愿望。茶象征着大自然对人类的珍贵馈赠，所以秉持好客之道的中国人，也喜欢以茶待客赠人。中国的茶叶种类繁多，但无论什么茶，入口都有点苦涩，但回味却又是甘甜清醇、齿颊留香，这不正是中国人相信天道酬勤、苦尽甘来的极好的注解吗？其实，学习、事业、生活，又何尝不是如此？所以，中国人品茶就是品人生。以茶待客不正体现中国人对待人生的态度吗？"

看到小明一家人赞许的目光，茶艺师一边给大家斟茶一边继续说道：

"中国人以茶待客还有一层更深的含义。茶树是靠茶子繁殖的，据说茶子一经种下，落地生根，是不能移栽的。因此在中国古代，茶树又称'不迁'和'不移'。因为茶的这种品性，唐代以来，男方聘妇，必在聘礼中附上茶叶，以示从一而终、白头偕老之意；女方接受聘礼，被称为'受茶'。《红楼梦》里王熙凤就以此开林黛玉的玩笑，说她既吃了他们家的茶，怎么还不给他们家做媳妇？可见茶在中国传统文化中的重要性。茶树对生养它的土地的那种深沉执着、至死不渝的爱，不正是中国人的爱国情操与优良传统文化道德的写照吗？所以对中国人而言，品茶即为品自然、品人生、品情操，以茶待客正体现了中国人交友重交心、重相知、重人品的精神！"

茶艺师精彩的讲解让小明一家忍不住鼓起掌来。

资料来源：自编。

### 案例分析

在景区讲解服务过程中，游客经常会提出一些难度较高、不易回答的问题。其实游客的这种提问，往往不是在刁难讲解员，反而恰恰可能是讲解员之前的讲解激发了游客的求知欲、好奇心，这说明讲解员与游客之间关系融洽。所以，面对这种情况，讲解员首先要做到的就是不排斥，冷静沉着，即使一时答不上来也不必难为情，而是要想方设法运用丰富的知识储备和讲解技巧，灵活地继续讲解。

当然，案例中茶艺师能如此机敏和流畅应对，说明该茶艺师平日里对所要讲解的对象研究非常深入，掌握储备了丰富的资料和素材，并做好了在岗位上随时提供讲解服务的心理准备。因此讲解员必须做好充分的讲解准备。

## 案例二：泰山讲解词

某讲解员编写的泰山讲解词，较为完整和典型地体现了讲解词的要求，请认真品读，细细回味：

中国历史上有"东岳泰山之雄，西岳华山之险，中岳嵩山之峻，北岳恒山之幽，南岳衡山之秀"的说法，概括而生动地描述了中国五岳各领风骚的景致。世界那么大，我想去看看。您要看，就一定要看看泰山！大家都知道杜甫很忙，但他再忙也要到泰山看看。他来到泰山就忙着作诗了："造化钟神秀，阴阳割昏晓。""会当凌绝顶，一览众山小。"大家都认识的中国最著名的老人家孔子更是"登泰山而小天下"。其实这句话不是孔子自己说的，而是孟子说的。孔子自己说过的与泰山有关的一句话来源于《礼记》所记载的一个故事：孔子从泰山旁边路过，有一位妇女在坟头旁痛哭哀号。孔子就派他的弟子去问问缘故，妇女说她的公爹被老虎吃了。孔子让弟子再问："那你为什么不离开这个地方呢？"妇人回答道："因为这里没有苛捐杂税的暴政。"孔子对随从的弟子们说："你们记住：暴政对人的危害，比猛虎还厉害啊！"这就是孔子经过泰山时发出的"苛政猛于虎"的警句。想必您一定知道，孔子创立的儒家学说，成为中国古代治国安邦的正统思想，对世界也产生了深远的影响，这不也从另一个角度佐证了"登泰山而小天下"的说法吗？其实，我想大家也都会觉得这话说得很对啦！因为您看：泰山，盘亘齐鲁，高瞻东海，它像一尊巍然雄壮的巨狮镇守东方。泰山是中华民族的神圣之山，历史悠久，文化内涵极为丰富，早在5000多年前，泰山地区就成为华夏民族文化的发源地之一。比如中国最早的图形文字就是在这里发现的，这个文字符号由"日、火、山"组成，专家认为这是最早记录泰山封禅的图形文字。再比如中国最早的长城——齐长城，横亘泰山，直达东海。泰山，它的自然神韵得天独厚，它的文化遗产独树一帜，它被联合国认定为第一批世界文化与自然遗产之一，成为世界人民心目中的大山。

资料来源：自编。

### 角色练习

你的校园或家乡一定很美吧？假如你是讲解员，请编写一份你们校园或家乡某景区（景观）的讲解词。要求：

1. 不能照抄照搬网络或文献中现成的讲解词，而是应按照讲解词编写的程序自行完成。
2. 注意讲解词的结构和编写的要领。
3. 识记讲解词并在小组内进行交流和点评，然后每小组选出两篇最佳讲解词向全班进行汇报。

### 视野拓展

1. 国家旅游局2000年组织编写的《走遍中国——中国优秀导游词精选》系列丛书中，收集了我国各地景区（点）的众多优秀讲解词，这些讲解词内涵丰富，思想健康，形式活泼多样，艺术上有许多创新之处，非常值得我们学习。请同学们重点学习。

2. 阅读与分享：查找一篇著名景点导游词，分析其特点及新意，说说这篇导游词你最喜爱的段落（景点），并与全班分享。尝试给大家讲解一下这个景点。

### 任务评价

根据上述相关知识和资料，个人和小组共同完成任务评价（见表3-2）。

表 3-2　任务评价表

| 评价项目 | 具体要求 | 评价 | | | 建议 |
|---|---|---|---|---|---|
| | | 好 | 一般 | 差 | |
| 讲解词 | 1. 讲解词的分类 | | | | |
| | 2. 讲解词的结构 | | | | |
| | 3. 讲解词内容的选取原则 | | | | |
| 讲解词的编写 | 1. 编写讲解词的程序 | | | | |
| | 2. 讲解词编写的要领 | | | | |
| 讲解词的识记 | 快速识记讲解词的方法 | | | | |
| 学生自我评价 | 1. 准时并有所准备地参加团队工作 | | | | |
| | 2. 乐于助人并主动帮助其他成员 | | | | |
| | 3. 遵守团队的协议 | | | | |
| | 4. 全力以赴参与团队工作并发挥了积极作用 | | | | |
| 小组活动评价 | 1. 团队合作良好，能礼貌待人 | | | | |
| | 2. 工作中彼此信任，互相帮助 | | | | |
| | 3. 对团队工作都有所贡献 | | | | |
| | 4. 对团队的工作成果满意 | | | | |
| 总计 | | 个 | 个 | 个 | 总评 |
| 在编写识记讲解词的学习中，我的收获是： | | | | | |
| 在编写识记讲解词的学习中，我的不足是： | | | | | |
| 改进方法及措施： | | | | | |

# 任务三　讲解技能与注意事项

**任务描述**

本任务的学习内容是景区讲解服务中的讲解技能与注意事项，重点介绍了掌握讲解技能的八个方法，要求学生能掌握其中的一两个方法进行讲解。

项目三 | 旅游景区讲解服务

> **情境导入**

小明在某岩洞景区实习。一天，他接了一个散客团。开始游览后，他发现无论他怎么解说，总是会有游客大声喧哗，声音盖过了他的解说；还有的游客抢着拍照，根本就没有跟上他的脚步。岩洞内光线又比较昏暗，小明走着走着，发现他带领的团队队员基本上都走散了，只有五六个人跟着他……

小明很苦恼，他不明白，产生这种现象的原因是什么？应该怎样避免？

> **相关知识**

作为景区讲解员，除了要具备基本职业素质，熟知与遵守景区讲解服务的流程与规范，能编写、识记讲解词外，还要掌握一定的服务技能，知晓重要的注意事项，这样才能为游客提供优质的景区讲解服务。

## 一、讲解技能

讲解技能是景区讲解员或导游必须掌握的核心职业能力。"祖国山河美不美，全凭导游一张嘴"，充分说明了讲解技能的重要性。富有经验的导游或讲解员，总能够触类旁通、融会贯通、扬长避短、随机应变，形成自己自然熟练的风格，获得不同凡响的导游效果。

要练就高超的讲解技能，首先是靠平时的积累和磨炼。同时，讲解技能还是有章可循的。前辈同行们总结出了许多行之有效的讲解方法和技巧，现主要介绍八种常见的讲解技能。

### （一）讲解技能八法

#### 1. 分段讲解法

对比较小的、次要的景点可采用"一气呵成法"进行讲解，但对规模较大的重要景点就不能用一气呵成的方式介绍，而应采用分段讲解法。

所谓分段讲解法，就是将一处大景点分为前后衔接的若干部分来讲解。首先在前往景点的途中或在景点入口处的示意图前用概述法介绍景点的历史沿革、占地面积、欣赏价值等，并介绍主要景观的名称，使旅游者对即将游览的景点有个初步印象，达到"见树先见林"的效果，进而产生一睹为快的渴求。然后沿着现场游览，移步换景，顺次进行讲解。在讲解一区的景物时注意不要过多涉及下一区的景物，但在快结束这一区的游览时要适当地讲一点下一区的内容，目的是引起游客对下一区的兴趣，使讲解一环紧扣一环。

#### 2. 突出重点法

所谓突出重点法，就是在讲解时避免面面俱到，而是突出某方面的讲解方法。一般可以从以下四方面进行突出讲解。

（1）突出大景点中具有代表性的景观。

游览规模大的景点，讲解员必须做好周密的计划，确定重点景观。这些景观既要有自己的特征，又能概括全貌。到现场游览时，讲解员主要讲解这些具有代表性的景观。例如游览广西柳州大龙潭公园，大龙潭公园占地面积544公顷，比北京的颐和园大一倍，如果要处处游遍，是绝对不可能的；所以，讲解员就应该选择雷塘部分、侗寨建筑及仙女照镜这三个主要部分作为游览的重点和讲解的中心。旅游者通过讲解员对雷塘柳宗元遗迹轶事，侗家风雨桥、鼓楼，侗寨歌舞及龙潭公园内自然山水的介绍，就会充分了解这个融喀斯特自然山水景观、南方少数民族风情文化和亚热带岩溶植物景观为一体的大型风景游览区。

（2）突出景点的特征及与众不同之处。

旅游者在游览过程中会参观许多同类的景观景物，例如可能会参观很多宗教建筑，但它们中有佛教寺庙、道教宫观、伊斯兰教寺院，各具特色。即使同为佛教寺院，即便是同一宗派的寺院，其历史、规模、结构、建筑艺术、供奉的佛像等也各不相同。讲解员在讲解时必须通过对比的方法讲清其特征及与众不同之处，尤其在同一地区或同一次旅游活动中参观多处类似景观时，更要突出其特征，这样才不会使旅游者产生雷同之感。

（3）突出旅游者感兴趣的内容。

①旅游者的兴趣爱好各不相同，但从事同一职业的人、文化层次相同的人往往有相同的爱好。讲解员在研究旅游团的资料时要注意旅游者的职业和文化层次，以便在游览时重点讲解旅游团内大多数成员感兴趣的内容。

②投其所好的讲解方法往往能产生良好的导游效果。例如，游览桂林七星岩公园，讲解员不但要用生动优美的语言描述园内山水之妙，还要突出讲解花桥的灵巧奇特、七星岩的悠久开发历史、骆驼山的惟妙惟肖。如果旅游者的文化层次较高，则应加游桂海碑林。面对年轻人居多的团队时，可迎合他们的口味，结合眼前景物多讲讲幽默风趣、具有时代感的话题。总之，讲解的时候切忌蜻蜓点水、浮光掠影，一切视景区的特点和旅游者的兴趣而定。

（4）突出"……之最"。

旅游者一般都有猎奇心理，没有特点、泛泛而过的讲解肯定不能满足他们的好奇心。所以讲解员在自己的讲解中引入诸如"这是中国最大的铜鼓""北海音乐喷泉在亚洲是最大的"之类的讲解语言，一定会激发旅游者的游兴，使他们产生一种要"看个究竟"的冲动。再如，讲解靖江王陵，只有突出它"是全国保存最完好的古代藩王陵墓"才有魅力；讲解桂海碑林，只有突出它"是全国保存宋代碑文最丰富的碑林"才会引起旅游者的向往。毕竟"……之最"不是很容易就能得来的，当然讲解员不能信口雌黄、张冠李戴，如果"之最"算不上，第二、第三也值得一提，不能为了追求效果胡编乱造。

**3. 问答法**

问答法就是在讲解时讲解员向旅游者提问或启发他们提问题的导游方法。使用问答法的目的是活跃旅游气氛，激发游客的想象思维，促使游客、导游之间产生思想交流，使旅游者获得参与感或自我成就感；也可避免讲解员唱独角戏的灌输式讲解，加深旅游者对所游景点的印象。

问答法有多种形式，其中主要形式有以下三种。

（1）自问自答法。

讲解员自己提出问题，并做出适当停顿，让旅游者猜想，但并不期待他们回答，只是为了吸引他们的注意力，促使他们思考，激起他们的兴趣，然后做简洁明了的回答或做生动形象的介绍；还可借题发挥，给旅游者留下深刻的印象。

（2）我问客答法。

①讲解员要善于提问，但问题要从实际出发，适当运用。希望旅游者回答的问题要提得恰当，估计他们不会毫无所知，也要估计到会有不同答案。

②讲解员要诱导旅游者回答，但不要强迫他们回答，以免使旅游者感到尴尬。

③旅游者的回答不论对错，讲解员都不应打断，更不能取笑游客，而要给予鼓励。最后由讲解员讲解，并引出更多、更广的话题。例如，在游漓江时介绍九马画山，讲解员便可采用我问客答的方式。

（3）客问我答法。

①讲解员要善于调动旅游者的积极性和他们的想象思维，欢迎他们提问题。旅游者提出问题，证明他们对某一景物产生了兴趣，进入了审美角色。

②旅游者提出的问题，即使是幼稚可笑的，讲解员也绝不能置若罔闻，千万不要笑话他们，更不能显示出不耐烦，而是要善于有选择地将回答和讲解结合起来。不过，对旅游者的提问，讲解员不要他们问什么就回答什么，一般只回答一些与景点有关的问题，注意不要让旅游者的提问冲击你的讲解，打乱你的安排。

在导游实践中，讲解员究竟采取怎样的问答方式应根据具体情况而定。

**4. 类比法**

所谓类比法，就是以熟喻生、以浅喻深，达到类比旁通的导游手法。就是用旅游者熟悉的事物与眼前景物比较，便于他们理解，使他们感到亲切，从而达到事半功倍的导游效果。

（1）同类相似类比。即将同类两物的相似性进行联系比较，便于旅游者理解并产生亲切感。例如，旅游者到越南旅游，"海上桂林"下龙湾这个名字就会让他们倍感亲切；介绍广西三江侗族的鼓楼，可把它比作古代侗乡的城市议会（作用相同）。

（2）同类相异类比。即将同类两物的不同点进行差异对比。例如，陪广西旅游者到云南西双版纳或者丽江，可将两地民族风情民俗进行差异比较。但是，这个方法使用时要谨慎，绝不能因为不恰当的比照伤害了旅游者的自尊心。

（3）纵向时代类比。旅游者如果初次来到中国历史文化名城、广西工业重镇柳州，听导游这样介绍柳州历史——"柳州始建于西汉武帝元鼎六年"——估计会晕。因为即使是资深历史达人，在"元鼎六年"这个年号面前，恐怕也要换算半天，才搞得清楚它在公元纪年中的具体年份——公元前111年。

"其实咱们可以这样推算：秦灭六国达成统一大业是在公元前221年（敲黑板！同学

们记住这个年份！)。等过了15年（时间真短啊），刘邦的军队就灭了秦；等又过了95年，也就是公元前111年，刘邦的重孙子汉武帝刘彻才腾出手来，平定了南越，统一了岭南，设立了潭中县——今天的柳州。"

这样讲解不仅方便旅游者记住柳州城市的设立年代，还会让他们有一种深刻印象：古时被称为南蛮之地的广西还有这么历史悠久的城市啊。

#### 5. 制造悬念法

这是常用的一种导游方法。通常是讲解员先提起话题或提出问题，激起旅游者的兴趣，但却故意"制造悬念"，不告知下文或暂不回答，让他们去思考、琢磨、判断，最后才讲出结果。这是一种"先藏后露，欲扬先抑，引而不发"的手法，一旦"发"出来，会给旅游者留下特别深刻的印象，而且讲解员可始终处于主导地位，成为旅游者的注意中心。

#### 6. 角色导引法

角色导引法就是利用所见景物制造意境，引导游客进入角色，使旅游者产生联想，从而领略其中之妙趣。例如讲解桂林大榕树景点，讲解员在介绍到电影《刘三姐》中的阿牛哥和刘三姐就是在这棵大榕树下定情时，就可以用角色导引法让游客把自己想象成阿牛哥或刘三姐，从而领略到大榕树景点独特的魅力。

#### 7. 典故烘托法

典故烘托法就是在讲解中将典故、传说与景物介绍有机结合，即编织故事情节的导游方法。例如漓江，几乎每一个景点都有一段美丽的传说，如斗米滩的望夫仙石、九马画山的神奇造化、黄布倒影的七仙下凡等。

#### 8. 画龙点睛法

用凝练的词句概括所游览景点的独特之处，给旅游者留下突出印象的导游方法称为画龙点睛法。如旅游团游览桂林之后，讲解员可用"山清、水秀、洞奇、石美"来概括美丽的桂林风光；参观柳州柳侯祠之后，介绍"三绝碑"绝在"柳诗、韩文、苏笔"，着实乃天下之奇；又如为了突出南宁青秀山的苍翠，用"绿肺"来形容它。

### (二) 讲解中的灵活应变

景区讲解应因人而异、因时而变、因地制宜。"到什么山头唱什么戏""见什么人说什么话"是景区讲解员的基本功之一。

#### 1. 因团而异，灵活运用讲解技巧

导游人员应该针对不同旅游者的文化层次以及旅游者的兴趣爱好来选择好讲解内容，做到因团而异。例如，针对文化层次比较高的游客，可以适当加深讲解深度，运用导游讲解技法中的画龙点睛法、制造悬念法、巧妙穿插法及含蓄幽默法等技法来讲解；而针对一般旅游者，导游人员则可以运用典故烘托法、问答法、借用故事法等方法来将景点中所包含的各种人文历史知识通俗化、风趣化，使游客更容易接受。

#### 2. 动静结合，巧妙结合体态语言

景区讲解员在讲解的时候应面带笑容；在讲解的过程中可以根据情况灵活运用一些手

势等体态语言来引导、吸引旅游者的注意力。

**3. 把握时机，适时变化音量和位置**

旅游行程中游客要跟随景区讲解员从一地到另一地，在行进过程中较容易产生厌倦感，注意力较容易分散，故在景区（景点）内，讲解员就需要不断地变换音量和位置，从而更好地吸引游客注意力。

（1）解说的音量。

①讲解时的音量应该根据当时景区内的实际环境来定。在旺季旅游景区旅游者拥挤的情况下，对于面积不大、内容相对集中的景点，讲解人员可以灵活地在景点旁寻找一个较为安静的地方给旅游者讲解。

②如果可以，最好用扩音器，以保证旅游者都可以听到讲解，然后再带旅游者参观该景点，给予旅游者适当的自由参观的时间，以免和其他的团队挤在一起影响讲解效果。

（2）解说的站位及组织。

讲解员在解说的时候，还需要找到最佳的讲解位置，面向旅游者进行解说。通常在景区内的讲解，一是选择时机站在台阶上，使自己由于站立的高度成为游客注意的中心；二是设法让游客站成半圆形，围在自己面前，可以有效地使游客集中注意力听清内容，减少干扰；三是不要一味地讲解，可以结合实际情况和客人做一些互动游戏，让客人的游兴更浓。

## 二、讲解中的控团技巧

### （一）控制团队前进的速度

由于景区讲解员需要在团队的最前面带领团队在景区内游览，因此若团队行走速度控制不当，很可能会引发落在后面的旅游者脱离团队的事故。不少新讲解员带团在景点内游览时，往往会出现带领体力较好的旅游者走在前面而忽略了走在团队后面的旅游者的情况，这样容易造成后面旅游者的走失，同时容易引起后面旅游者的不满，造成导游控团障碍。因此，在带领游客进入景区游览的时候，可以根据团队中年龄比较大、体力较弱的旅游者来设定自己的前进速度。由于这些行进慢的旅游者多为需要特别照顾的人群，这样做一来可以让行进速度快的旅游者很难赶超到讲解员前面，二来能给需要照顾的旅游者提供更多的服务。

如果团队中有年龄较大的旅游者，讲解员在景点讲解的时候可以靠近年纪大的旅游者，以他们为中心，给予他们更多的照顾。同时，讲解员带领团队在景区内游览时，如果遇到岔路、十字路口等地方，需要做适当停留，等候后面的旅游者，在确认团队旅游者都到齐后再继续前进，避免后面的旅游者因为看不到团队走错路而引起麻烦。

### （二）巧妙运用团队旗帜来控团

团队的旗帜是旅游团在游览过程中，旅游者寻找导游人员或自己团队的一个标志，但是不少讲解员人员都忽略了团队旗帜的正确用法。一些导游人员只是把旗帜往头上一举或肩上一搭，旗帜没有展开。在旅游旺季或者旅行团数量增多的时候，景区内会出现若干颜色一致的旗帜，这样团队的旗帜并不能起到帮助旅游者辨认团队的作用。

一般团队的旗帜会选用比较鲜艳的颜色,在旗帜一面或者双面会印有团队的名称或旅行社的名称,因此,导游人员在使用旗帜的时候,应该在高举旗帜的同时让旗帜保持一定的角度,让旗帜完全展示出公司或团队的名字,方便旅游者辨认。导游人员需要提醒团队后部旅游者及时跟上团队时,只需要停下并面向旅游者,将旗帜举至一定高度,保持与自己身子的水平角度并作适当倾斜让其完全展开,旅游者便能清楚看到并及时靠拢。

### (三)用生动精彩的讲解吸引住旅游者

讲解员的讲解生动有趣,是旅游者紧紧跟随其后在景区内游览的关键因素。因此,讲解员首先需要丰富自己关于景区景点的历史文化等背景知识,同时结合自己的理解,根据旅游者的兴趣爱好,风趣地、有的放矢地进行讲解。当旅游者被讲解员的讲解吸引时,自然会时刻围绕在讲解员身边,而不会随便离团自行游览。因此,讲解员生动精彩的讲解是在景区内控团的关键。

## 三、注意事项

### (一)乘车(乘船)游览的讲解服务要求

景区讲解如果是在乘车(乘船)游览时进行,讲解员应做到以下几点。

(1)协助司机(或船员)安排游客入座。

(2)在上车(船)、乘车(船)、下车(船)时提醒游客有关安全事项,提醒游客清点自己的行李物品,并对老幼病孕弱势群体给予特别关照。

(3)注意保持讲解内容与行车(行船)节奏的一致,讲解声音应设法让更多的游客都能听见。

(4)努力做好与行车安全(行船安全)的配合。

### (二)游客购物时的讲解服务要求

游客如需购物时,讲解员应做到以下几点。

(1)如实向游客介绍本地区、本景区的商品内容与特色。

(2)如实向游客介绍本景区合法经营的购物场所。

(3)不得强迫或变相强迫游客购物。

### (三)游客观看景区演出时的讲解服务要求

如游客游程中包含在景区内观看节目演出,则讲解员的服务应包括以下几点。

(1)如实向游客介绍本景区演出的节目内容与特色。

(2)按时组织旅游者入场,倡导游客文明观看演出。

(3)在游客观看演出过程中,讲解员应自始至终坚守岗位。

(4)如个别客人因特殊原因需要中途退场,讲解员应设法予以妥善安排。

(5)不得强迫或变相强迫游客增加需要另行付费的演出项目。

### (四)讲解活动中的安全要求

在景区的讲解活动中,应充分注意安全。

（1）提前了解讲解当天的天气和景区道路情况，以防患于未然。
（2）讲解活动应避开景区中存在安全隐患的地区。
（3）讲解中随时提醒游客注意安全（尤其是在游客有可能跌倒、碰头的地带）。
（4）发生安全事故时冷静妥善对待，在积极帮助游客疏散的同时，及时通知景区有关部门前来救助。

## 案例

### 超常规的讲解方法

旅游旺季到了，某景区游人如织、人山人海。景区讲解员小张有一天接待了三个团，下班后她坐在办公室里休息。这时领导过来又交给她一份接待任务书，原来是后天有一个VIP团预订下午两点到达景区游览，领导希望小张负责接待讲解。小张看了一下台上的日历，后天正好是星期六，游客将会比平日更多。小张立即与领导商量，希望景区与旅行社联系，能否请VIP团更改到达景区时间，要么提前到上午8点半，要么推迟到下午4点半，以避开人流高峰。领导赞成小张的意见，可是沟通的结果是时间不能更改。

星期六到了，景区果然人潮汹涌。小张做好一切准备，特意从景区大门走到贵宾停车场等候游客。游客还没下车，小张就在车上致欢迎词，把应该注意的问题、必要的措施等向游客交代清楚，特别强调大家要遵守紧急应变的规定，做到"人人清楚、个个明白"。小张开始带团从停车场往景区大门走。一路上小张开始介绍景区概况、游览路线与重要看点。团队成员艰难地挤进景区大门后，小张让游客在大门区域稍作停留，补充了一两句话后，就直接带领游客上景区的观光车往下一站出发了。

在车上，小张开始介绍下一个景点的详细情况，特别突出讲解了该景点与众不同之处和最具有代表性的景观，还将该景点与游客家乡的某景点进行了类比，穿插了很多典故。有的游客因还未见到实景，有些疑惑，小张就大方地让客人把问题提出来，给予耐心解释和讲解。她还采用自问自答的方式，激发游客的想象力。

景区观光车到达景点后，小张提醒游客戴好胸卡和旅游帽，要求游客紧跟团队不要自由走动，并向游客讲清楚了停车地点、车牌号、车型、集合时间以及该景点的游览时间和开车时间，并提醒游客保管好自己随身携带的物品，如果万一有人走散，请走散的客人自行按时到停车地点等待。

下车后，小张高举团旗，行走速度快慢得当，每隔一段时间就清点一下人数，聚拢一下逐渐拉长的队伍。在景点中她灵活处理游览路线，尽量避免走入十分拥挤的通道，一有机会就向游客介绍景点内容，但由于游客很多，她只能简洁地讲解，更多的是让游客自己观看、体验。在讲解过程中，小张眼观六路、耳听八方，随时注意游客周围的动向。一个景点游完，在往停车场去的路上，小张鼓励大家谈谈感受，并适时回答游客关于景点的问题。

就这样，小张顺利完成了接待讲解任务。道别时游客们纷纷表示：本来以为游人多，只能看人头，肯定游玩不好，没想到如此顺利，而且重要景点一个也没落下，小张的讲解也完整到位，内容丰富，他们对这一次的游览非常满意。

看到游客们心满意足，疲惫的小张脸上露出了会心的笑容。

资料来源：自编。

☞ 案例分析

1. 面对特殊的环境和特殊的团队，还要接待、讲解好，确实不易。为了保证团队"走得进、拉得出、讲得佳、游得好"，小张采取了超常规的接待讲解办法。你能总结一下，在案例里，小张都有哪些地方是做得超常规的呢？这样做的好处是什么？

2. 超常规不是没有常规。请你总结小张的讲解、带团技能，并说说案例里小张都做到和注意了哪些接待讲解的规范与注意事项。

### 角色练习

1. 问答法训练：创设不同的情境，分别扮演"游客"和"讲解员"，进行随机提问，训练回答提问的能力。

2. 景点讲解训练：利用学校实训室设备，组织学生在实训室进行景点讲解，或以校园某处为景点，进行实地讲解。

3. 请选择当地一景区（或公园），完成一篇有特色的导游词，分角色实地进行讲解练习。

4. 录像点评：对以上训练均进行全程录像，组织学生讨论和相互点评。

### 视野拓展

## 几种景区类型及其讲解服务

一、自然观光型景区导游解说服务技巧

（一）选准看点

一个观光型景区，会有很多看点。景点讲解员在带团与解说的时候，要根据不同的旅游者、不同的季节，甚至是不同的天气，选取最恰当的看点。

1. 画龙点睛，提炼精华

桂林漓江风光见图3-2。

图3-2 桂林漓江风光（摄影：谢杰民）

"桂林的漓江山水有四大特点：山清，水秀，洞奇，石美，除此之外，漓江还有瀑布、流泉、险滩、竹林四绝。有人说，漓江不仅有这四绝，而且还有怪、谜、奇、绝四大特点，那就是古榕之怪，冠岩之谜，画山之奇，半边渡之绝。凡此种种，不一而足，真是仁者见仁，智者见智。下面就请大家跟随我，来领略一下桂林神姿仙态的山，漓江如情似梦的水……"

2. 适当引导，观赏自然

观赏自然景观要以情观景。首先要综合感受；其次要发挥想象；再次要移情于景，情景交融；最后要登山涉水，求质求真，追求精神上的升华。

九寨沟树正群海风光见图 3-3。

图 3-3  九寨沟树正群海风光（摄影：胡千山）

"首先，我们来到树正群海景区参观。树正群海景点是九寨沟秀丽风景的大门。树正群海沟全长 18.3 千米，共有各种各样的湖泊 40 余个，40 多个湖泊犹如 40 多面晶莹别透的宝镜，顺沟绵延五六千米。树正群海由大小不一的 19 个海子所组成，大家看！19 个海子就如 19 块碧绿的翡翠镶嵌在这深山幽谷之中，中间由绿树、银色的小瀑布相连，如同给树正戴上了一条翡翠项链。海子、浅滩、栈桥、瀑布、磨坊及转经房，正合'小桥、流水、人家'的意境，构成了一幅恬静、纯朴的田野画面。"

（二）动静相宜，体验自然

在自然观光型景区中，山水结合的游览方式很多，要将静态观赏与动态观赏有机结合，从不同的距离、角度、时间来积极引导游客游览，体验大自然的鬼斧神工。

大理苍山洱海风光见图 3-4。

"各位朋友，让我们再次登船，到洱海中去遨游。但我先要向大家介绍的却是苍山。先前，我们在大理城，在苍山脚下的公路上，没能很好地端详苍山雄姿，正如古人所说：'不识庐山真面目，只缘身在此山中。'在洱海公园望海楼，视角偏斜，也只能看到苍山末端。现在，随着游船不断前行，我们眼中的苍山是不是更真切些？有人说，横断山脉像一只巨臂，从"世界屋脊"西藏高原向南伸到了云南西部，苍山就是这支世界著名山脉中云岭的一个分支……"

图 3-4 大理苍山洱海风光（摄影：梁小桥）

（三）突出人与自然的关系，尊重自然

自然保护是旅游景区解说的核心功能之一，作为旅游景区与旅游者之间互动的主要方式的解说服务应体现自然保护这一核心功能，要将自然与人置于平等的地位进行讲解，充分体现人类对自然的尊重。

神农架风光见图 3-5。

图 3-5 神农架风光（摄影：梁秋萍）

"今天我们将去参观游览的是神农顶景区，就在神农架自然保护区内。神农架自然保护区是全人类的共同财富。在进入自然保护区后，我们要爱护里面的一草一木和洁净的生态环境。我们的口号是'除了脚印什么也不留下，除了照片什么也不带走'。在自然保护区大门口我们每人将领到一个方便袋，请大家将自己在旅途中的垃圾放入袋中，并在游程结束后，交给自然保护区的工作人员，让我们也做一次保护环境的使者，履行一次关爱生态的行动吧。"

二、人文体验型景区导游解说服务技巧

人文体验型景区是指以人文景观为主要吸引物，以观赏、考察等为主要旅游方式的景区，如博物馆、文化遗址、历史城镇等。

人文体验型景区主要景观为人工建造，讲解员在讲解这些景观时，要求体现出人造景观的美感（如建筑美）、历史特征、地域特征、文化特征。

人文体验型景区一般都有其独特之处，在景区解说的时候，要善于抓住重点，隆重推出本景区独特的景观，同时能设置一些互动活动，改变单一的解说模式，游客的兴致将会大大提高。

1. 古今结合，引人入胜

广西壮族自治区博物馆馆藏文物汉代羽纹铜凤灯见图 3-6，广西南宁吴圩机场新航站楼俯瞰图见图 3-7。

图 3-6　广西壮族自治区博物馆馆藏文物——汉代羽纹铜凤灯

图 3-7　广西南宁吴圩机场新航站楼俯瞰图

"汉代羽纹铜凤灯是中国古代的环保灯具，设计巧妙，降低了烟尘对室内环境的污染。整个灯具可以自由拆卸，便于清洗。

新投入使用的南宁吴圩国际机场航站楼，整体造型大气优美，曲线鲜明。其造型创意源自铜凤灯。新航站楼的两个垂直指廊相当于一对铜凤灯的凤头，而东西水平指廊则相当于一对铜凤灯的翅膀；候机大厅则相当于凤灯的凤体。两只凤凰比翼双飞，成就了兼具浓郁广西本土特色和现代气息的南宁机场新航站楼。铜凤灯就这样从汉墓走进博物馆，再从博物馆融入广西人民的生活，在科技飞速发展的今天依然散发着独特的魅力。"

2. 突出特色，互动体验

广西三江程阳风雨桥见图 3-8。

图3-8 广西三江程阳风雨桥（摄影：牛爱红）

"大家请看，映入我们眼帘的这座桥就是'世界十大最壮观桥梁'之一的三江程阳风雨桥。侗族同胞将风雨桥称作'花轿''虹桥''福桥'，而其学名为永济桥、盘龙桥，是目前全国保存最好、规模最大的风雨桥，是中国木结构建筑中的艺术珍品，也是世界历史名桥之一。风雨桥始建于1912年，历时12载方竣工，桥长77.76米、宽3.75米、高11.52米。风雨桥由三大部分组成，底部为5个青石垒砌成的桥墩，中部为木质桥面，上部是亭廊，飞檐高翘，犹如羽翼舒展。它的建筑惊人之处就在于整座桥梁不用一钉一铆，大小条木全部以衔接、斜穿直套方式，纵横交错，一丝不差。大家可以检查一下桥梁上有没有钉子，要是找到了钉子，有礼品奖赏哦！"

这篇讲解词突出了风雨桥的几个特色："世界十大最壮观桥梁"之一，保存最好、规模最大的风雨桥，中国木结构建筑中的艺术珍品，世界历史名桥之一，整座桥梁不用一钉一铆。同时，讲解词设计了互动环节，使游客参与度大大提高。

### 三、度假养生型景区讲解服务技巧

度假养生型景区是指以特殊的地理自然条件为基础，以度假养生产品为主，以观光、休闲、回忆、餐饮等为辅的景区。度假养生型景区往往具有独特的自然资源，这些自然资源是开发度假养生产品的基础。如低纬度景区适合开发冬季度假产品，高海拔景区适合开发夏季度假产品，景区的负氧离子含量高、水质特殊等都利于开发相应的旅游度假养生产品。度假养生型景区在设计时注重人性化规划，配套设施比较完善。比较成熟的度假养生型景区，旅游产品开发挖掘比较充分。

1. 数据说服，深入人心

"广西巴马（见图3-9）是我国著名的长寿之乡。在这片充满传奇色彩的土地上，蕴藏着无数的宝藏，构成了以盘阳河、百魔洞、百鸟岩、赐福湖、弄友原始森林、江河地下漂流、天坑地下森林、巴马猿人遗址等连成一体的自然、人文景观，也孕育了罕见的寿星群体。

图3-9 广西巴马风光（摄影：周刚刚）

经国际自然医学会考察和科学测验，确认巴马处在热带、亚热带的重要地理分界线上，属于亚热带季风气候。受高原气候和海洋气候的双重影响，巴马冬无严寒，夏无酷暑，四季如春，形成了一个独特的小气候区，空气中每立方厘米含负氧离子高达2万个以上。据近年有关部门统计，巴马全县有常住人口24万人，百岁以上老人达74人。其中，被誉为'长寿村'的甲篆乡平安村巴盘屯仅有人口515人，百岁老人就有7人，百岁老人占全村人口的1.36%。

按照国际自然医学会长寿地区的标准，每10万人中，百岁老人超过7名即为人类长寿地区，巴马高居世界五大长寿区之首。"

度假养生型景区，因为独特的资源性质，对度假养生有独特而切实的作用，其资源是景区最有价值的旅游吸引物。这篇讲解词以大量准确真实的数据描述了巴马独特的资源与作用，不但强化了吸引物，也增加了旅游者的满意度。

2. 巧联游客，体验养生

"巴马人长寿，山水也传情，巴马好地方，风土最宜人！

记不得第一位到巴马养生度假的外地人是什么时候来的了，但现在外地中老年人到巴马养生度假、颐养天年已不是什么新鲜事了，并且来巴马养生度假的外地人越来越多，他们已成为人类的一个新品种——'候鸟人'。

如《河池日报》就对此做过报道：新疆伊犁州的一名69岁退休小学教师程女士，退休后和女儿、女婿一家在深圳生活，儿孙绕膝，生活幸福。但近年来，程女士发现自己患了轻度高血压，并不时有腰痛现象。2010年，在中央电视台看到介绍巴马的新闻后，程女士夫妇俩来到巴马，住进了甲篆乡坡月村，吃住在农家。本来想住一个月体验一下巴马的生活环境，谁知这一住下，睡眠比以前好，吃饭比以前香，气候很宜人，感觉很不错，相比深圳不知好了多少倍。就这样，两位老人一住就是半年，一直住到临近春节才回深圳和女儿过年。回到深圳一检查，老人的身体各项指标已恢复了正常。过完年，两位老人又来到巴马，至今一直住在巴马。程女士还开玩笑地说：'现在巴马是我的家乡，我打算在巴马终老了。'

亲爱的游客,是不是也有这样那样的不适困扰着您呢?不妨像程女士那样,到巴马来体验养生(见图3-10)。巴马神奇的山、神奇的水、神奇的空气、独特的生活方式会对您的身体有极大益处。欢迎您到巴马来!"

图3-10 体验养生(摄影:周刚刚)

这篇讲解词以普通游客来巴马养生度假为例,把关心自己身体和讲究养生的游客自然而然地吸引了过来,从而激起他们求健康的欲望,激发出他们强烈的旅游动机。

3. 倡导"慢生活"

因选择度假养生型景区的游客时间安排上通常比较充裕,因此在度假养生型景区解说的导游,可以将游览节奏适度放慢,倡导"慢生活"。把平常忙碌紧张的生活抛弃掉,让人们在生活中找到平衡,张弛有度,劳逸结合,提高生活质量,提升幸福感。

资料来源:自编。

### 任务评价

根据上述相关知识和资料,个人和小组共同完成任务评价(见表3-3)。

表3-3 任务评价表

| 评价项目 | 具体要求 | 评价 | | | |
|---|---|---|---|---|---|
| | | 好 | 一般 | 差 | 建议 |
| 讲解技能 | 1. 讲解技能八法 | | | | |
| | 2. 讲解中的灵活应变 | | | | |
| 讲解中的控团技巧 | 1. 控制团队前进的速度 | | | | |
| | 2. 巧妙运用团队旗帜来控团 | | | | |
| | 3. 用生动精彩的讲解吸引住旅游者 | | | | |

续表

| 评价项目 | 具体要求 | 评价 | | | |
|---|---|---|---|---|---|
| | | 好 | 一般 | 差 | 建议 |
| 注意事项 | 1. 乘车（乘船）游览的讲解服务要求 | | | | |
| | 2. 游客购物时的讲解服务要求 | | | | |
| | 3. 游客观看景区演出时的讲解服务要求 | | | | |
| | 4. 讲解活动中的安全要求 | | | | |
| 学生自我评价 | 1. 准时并有所准备地参加团队工作 | | | | |
| | 2. 乐于助人并主动帮助其他成员 | | | | |
| | 3. 遵守团队的协议 | | | | |
| | 4. 全力以赴参与团队工作并发挥了积极作用 | | | | |
| 小组活动评价 | 1. 团队合作良好，能礼貌待人 | | | | |
| | 2. 工作中彼此信任，互相帮助 | | | | |
| | 3. 对团队工作都有所贡献 | | | | |
| | 4. 对团队的工作成果满意 | | | | |
| 总计 | | 个 | 个 | 个 | 总评 |

在旅游景区讲解服务技能的学习中，我的收获是：

在旅游景区讲解服务技能的学习中，我的不足是：

改进方法及措施：

# 任务四　媒介讲解服务

**任务描述**

本任务主要介绍媒介在旅游景区讲解服务中的作用和形式，让学生了解景区通过媒介提供讲解服务的主要类型与基础知识，要求学生熟悉自助式讲解服务的类型与特点。

**情境导入**

小明在某溶洞景区实习，在讲解中遇到了游客带不好、讲解不顺利的情况，小明很苦恼。景区讲解员老张建议小明，一方面加紧学习培训、总结经验，另一方面多利用景区媒介讲解。那么，景区媒介讲解是怎么一回事？

**相关知识**

旅游景区讲解服务是一种信息传递服务，除了人员服务外，还可以运用牌示、视听设备、设施等媒介，将景区的信息视觉化和听觉化，其目的在于告知游客并加深游客的游览感受，引导游客的游览行为，这统称为景区媒介讲解服务，从游客的角度，又称自助式讲解服务。

## 一、自助式讲解服务的定义与特点

### （一）定义

自助式讲解是由各种印刷品、音像制品、标示牌、展板、显示屏幕、触摸屏、音频播放器等媒介设施和设备，向游客提供被动的、静态的信息服务，是一种单向性的信息传播方式。

自助式讲解是和讲解员讲解相对应的一种景区讲解服务形式。

### （二）特点

（1）被动性、单向性。

（2）受众范围广。

（3）游客自主使用或接受，不受人为因素和周围环境因素干扰。

（4）由于是事先制作或录制，解说内容相对具有较强的科学性和权威性；形式也可多样化，艺术水准较高。

（5）服务内容和质量标准统一，不受人为因素影响。

（6）信息量有限，提供方式相对固定，更新不便捷，缺乏灵活应变，较难提供个性化服务。

## 二、媒介讲解

### （一）电子音像解说

**1. 电子导游器**

电子导游器是借助通信、无线调控技术、微电脑、数码语音技术开发制作的自助式讲解服务设备（见图3-11），其特点是：具有较强的智能化，对旅游者的参观游览线路、速度没有严格的限制；旅游者在游览过程中，可自行操作控制，选择收听相应的景观展品介绍。

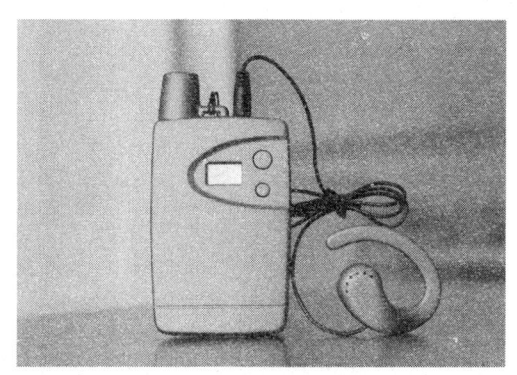

图 3-11 电子导游器

**2. 影像放映厅**

旅游景区一般将 DVD、VCD、CD 形式的旅游景区风光资料片、艺术片等通过影像放映厅不间断地展示给旅游者。其特点是：旅游者通过欣赏旅游景区的内容，可以达到加深印象、娱悦身心的效果。

**3. 电子滚动屏幕**

主要有 LED、液晶显示屏等，以图文、影像、声音的形式循环播放旅游景区的介绍、代表景观的图片等。其特点是：通俗易懂，丰富多彩，令游客悦心悦目、流连忘返，从而达到最佳的欣赏效果。

**4. 幻灯片**

将景区主体景观、代表景观的最佳景象配以文字解说，向旅游者展示。其特点是：属于静态景观，展示景区主体景观的特写和细节，有良好的传播效果。展示地点比较灵活，可以设置在游客中心以触摸式电脑显示，也可以选择在景区重要区域设置大屏幕，由电脑或人工控制并连续播放。

**5. 广播及背景音乐**

景区广播传递信息的形式主要通过语言和音乐，向游客传递景区概况、配套设施、游客须知、背景音乐欣赏等。其特点是：游客在游览的同时得到听觉上的享受，并且能加深对景区的印象。

**（二）网络讲解服务**

网络讲解服务指的是在网络环境下，以景区主题解说内容为中心，充分发挥网络的各种功能和丰富的网络资源优势，向游客提供一种自助式解说的网络环境，传递数字化内容，开展以为游客讲解服务为中心的非面授活动。例如手机软件（APP）、微信导览（见图 3-12）等。

网络讲解服务的主要内容包括：旅游景区概况，旅游景区新闻，旅游景区景观，旅游景区线路，旅游景区服务设施等。

图 3-12 微信导览牌

## (三) 印刷品

**1. 旅游地图**

展示景区的地理位置、景观景点分布情况、景区旅游线路等，还附有景区概况、景区特色、景区景点简介等相关文字介绍。其特点是：简单实用，游客明白自己在游览过程中所处的位置，并顺利指导游客进行其他游览活动，满足游客不同类型的需求。

**2. 旅游指南**

展示景区概况介绍、游客须知、旅游服务设施、景区特色景点介绍、景点游览路线图、旅游咨询服务等。其特点是：内容翔实、图文并茂，富有浓郁地方特色与文化气息。

**3. 旅游风光画册**

把旅游景区的风光照片、景观特写、独特景象等图片制作成精美的画册。其特点是：突出文字的典雅、图片的优美，给人以美的享受。

**4. 门票**

普通印刷门票可印景区主要景点，如苏州拙政园的门票，也可印游览图或游览须知等。其特点是：直观简单展示了景区概况、景点线路图、景点主题及特色景点的图片、价格信息、投诉热线等。

**5. 景区图文展示**

其特点是：直观性强，展示方式灵活，可以展示在室内的展台、陈列柜、展示墙上，也可以在室外宣传栏、展示架上进行展示，方式比较灵活。

**6. 景区出版的书籍**

详细描述景区及当地的历史沿革、民俗文化、政治经济、生态环境等，以及有关景区的建筑、园林、文物、生物知识等。其特点是：注重趣味性、生动性，吸引大众读者；专业性、知识性强，吸引具有专业素养要求的读者。

**7. 刊物**

包括定期刊物或不定期刊物。其特点是：通过旅游刊物，读者足不出户，既可先行了解景区，还可以更加具体、深刻地了解景区的建筑结构、地质构造、物种类别、景观价值、历史条件及发展趋势等，加深对景区的印象。

**8. 报纸**

其特点是：通过报纸方式刊登景区概况、独特景观、最新配套设施、最新主题活动等，提升了景区的旅游形象，宣传景区动态、优惠政策、发展趋势等。

**（四）标识牌讲解服务的主要类型和特点**

**1. 主要类型**

（1）吸引物标识牌，设施设备标识牌，环境路线标识牌，管理标识牌。

（2）景区户外标识牌和室内标识牌。

（3）解说介绍标识牌，引导指示标识牌，安全警示标识牌，服务说明标识牌。

（4）木质印刻标识牌，塑料标识牌，玻璃压花标识牌，金属压膜标识牌，易拉宝标识牌，竹编标识牌等。

（5）单板和多板式标识牌。

**2. 特点**

标识牌直观且形象，形式简便而实用，文字简洁且易懂。

## 三、各种媒介讲解的比较

景区讲解服务需要选择最适合主题、资源和旅游者的传播介质。各种解说媒介都有自己的特点（见表3-4）。选择了合适的讲解媒介，才能更好地将解说信息传达给游客。

表3-4 景区讲解媒介的比较

| 媒介 | 优点 | 缺点 |
| --- | --- | --- |
| 标识牌 | 耐久性、稳定性强，使用不受时间限制；一般设立于被解说物旁，对照性强，可供多人同时使用，方便参观 | 一次性投入大，启动成本高，文字有限，信息易陈旧化；若无人管理，易受外界因素的破坏；观看时间长，易导致游客疲倦 |
| 陈列室 | 真品实物配以照片、图表，容易理解；受天气等外界因素干扰小 | 吸引力随陈列项目的增多而递减 |
| 语音 | 效果增强，减少周围干扰；能实现音响效果戏剧化，吸引力较高 | 音响效果受设备影响，成本高；一次只供一位游客使用，互动性差 |
| 幻灯片 | 制作简单，内容更换相对容易；重点突出，可同时展示摄影艺术 | 受拍摄、配音制作水平的制约，呈现非动态的视觉效果 |
| 影视 | 可视性强，故事性强，景区内外使用均可；效果好且持久，适合特定主题的解说，使用时间长，具有纪念价值 | 制作难度大，修改困难，成本高；互动性差，对游客的文化水平要求较高 |

续表

| 媒介 | 优点 | 缺点 |
|---|---|---|
| 出版物 | 可用多种语言撰写，适合国际游客的需要；效果好且持久，适合特定主题的解说，使用时间长，具有纪念价值 | 易被丢弃，易损坏，空间有限；需要一定的分发系统支持 |
| 人员解说 | 面对面的交流，具有亲切感，信息接收快；适时调整，能动性与互动性强 | 人员招聘、培训的成本高；讲解时间受限，服务人数有限 |

☞ **案例**

## 游览无障碍 景区更有爱

2023年5月30日，南京玄武湖无障碍花园正式建成开放。不少特殊人群闻讯赶来，他们有的走上盲道，有的坐着轮椅，在紫金山—玄武湖的青山绿水之间，感受大自然。《"十四五"旅游业发展规划》中提出的要将"旅游无障碍环境建设和服务进一步加强"作为"十四五"旅游业的发展目标，在这里已经落地见效。

位于南京玄武湖东岸情侣园内的无障碍花园，由著名的园林设计大师朱有玠规划设计，东枕紫金山，西望玄武湖，以"远山近水、鸟语花香"为主题，根据残障人士、老年人等特殊人群的游园需要，规范设置各种无障碍设施，如全程盲道、扶手护栏、盲文标识，配建了鸟类科普廊、智能语音提示、植物触摸讲解等服务设施。

花园由外延区和核心区组成，总面积约8000平方米。外延区由情侣园水花园的一部分改造而成，核心区域无障碍步道体系被延伸至景区主入口，无缝对接城市无障碍体系，还设置了寻味园、水语台等景点。核心区以视障人群为主要服务对象，以420米的无障碍环形步道和扶手栏杆为主体，配建了爱心小筑、棋艺廊等设施。

玄武湖无障碍花园标识牌在一般的图文介绍基础上，增添了触摸盲文和语音讲解相结合的方式，便于视障人士等特殊群体使用。无障碍花园在建设中既需要考虑为不同残障人群服务，也要为普通游客、市民提供服务，标识牌要具备引导、讲解、提示的功能，并结合语音讲解、中英文介绍。

建设无障碍花园彰显了社会博爱，促进健残融合，共享自然之乐。无论是出于社会责任感还是企业美誉度的需求，现在很多景区都在自动自发地进行适老化和无障碍设施提升改造，这也说明，大家越来越认识到，旅游是一种普适的生活方式。

资料来源：邓敏敏.游览无障碍 景区更有爱[EB/OL].中国旅游新闻网，[2023-06-20].http：ctnews.com.cn/jqdj/content/2023-06/20/content_143683.html.有改写。

**思考：**

2023年4月，全国旅游标准化技术委员会发布行业标准《无障碍旅游线路设计指南》（征求意见稿），请查阅学习并尝试着给当地的无障碍旅游景区建设提出合理化建议。

> **角色练习**

1. 请你以当地旅游监管部门的角色，到当地某一景区（公园）对该景区（公园）的讲解媒介做一个调研，并形成工作报告向上级做出汇报。

2. 某景区聘请你为该景区的讲解媒介做全面规划设计，但景区希望你能提供尽可能丰富的参考案例。请你尽可能搜集不同景区标识牌、旅游画册、旅游指南、门票、网页等，并用 PPT 归纳汇总，做出汇报。

3. 作为某景区游客中心的咨询员，有几个外国游客向你咨询景区服务情况，但景区英语讲解员正好已经有任务全部派出了，你应该如何处理？请模拟这一咨询过程，把台词编写出来，然后找伙伴分角色进行模拟练习。

> **视野拓展**

### 解说功能标志牌

解说功能标志牌，简称解说牌，是景区内除了人员解说和电子导游外最重要最常见的一种讲解方式了。在某些科学性、学术性较强或带有科普功能的景区，如博物馆、艺术展览馆、植物园、动物园，解说牌的作用甚至超过人员讲解。

一、解说牌的功能及内容

（1）指导功能：出入口标志、欢迎标志、指示标志（指引方向、距离）等。

（2）管理功能：如法规或规章的明示、警告、限制或禁止游客的活动。

（3）教育功能：自导式步道解说牌、一般解说牌、树木名牌、艺术品解说牌、动物解说牌等。

二、解说牌的设置

解说牌的设置应遵循以下原则：

（1）选择最能代表该地区特色，包括能够反映某一重要主题或故事的自然及历史地点、物体或结构。

（2）应该设置在游客容易发现、方便使用的地方，能够使游客易于辨认。

（3）如果有多处适合的设置地点，应该选择能够吸引最多游客的那一处。

（4）选择最需要解说的地点并合理配置解说牌，避免造成过度拥挤的现象，避免可能对游客和设施造成危害的因素。

（5）要避开可能发生自然灾害（如落石、洪水、大风、陡坡和悬在头顶的树木，以及未做保护措施的悬崖、因潮湿或结冰而溜滑的步道等）及交通和其他的人为灾害（如眼睛看不清楚的道路拐弯处等）的地方。

（6）应当选择游客较多的地点，但也不要放弃在具有特色而游客稀少的地点设立解说牌。

（7）选择游客在欣赏景色时能得到最大舒适感的地点，尽量避免可能降低游客游览体验的地点。

### 三、解说牌的材料

解说牌材料的选择主要受预算的限制，否则可以使用各式各样的材料来制作。一般采用防水纸（布）、塑胶、金属、木材、漆画文字等，也可以做成精细且耐用的展板。

适当地使用当地材料，有助于增进环境和解说主题的整体协调感。如海岸上的解说牌，用预制水泥构成的解说牌色彩与周围的岩石景观相融，不但美观，并且可以抵挡海水的侵蚀；同时，用坚实的木材铺板作为步道，使游客能够接近并阅读解说内容。

同样，使用当地植物做背景，能够使解说牌很自然地融入周围环境。

### 四、解说牌的大小和设置高度

（1）牌面的大小以能让游客清晰看见为首要条件。

（2）游客与牌面的距离，最远的距离是牌面全部的文字均能被游客判读，通常游客与牌面的距离是牌面宽度的3倍；最近的距离是以整个牌面均在同一视野之内为宜，游客与牌面的距离应是牌面宽度的1.2倍；适合游客阅读的最远距离为牌面宽度的2.6倍。

一般来说，将林道拓宽成简易广场做解说牌地点时，游客离牌面的距离是4~6m，牌面大小以长175cm、宽85cm为标准。

（3）通常解说牌设置在离地面45~60cm高度的位置，偶尔必须使用高一点的支柱，以便游客能够从停着的汽车或其他障碍物上方看到解说牌，但这一情形应尽量避免。

（4）室内墙面的展示，以下端离地面95cm为宜，牌面中心配合中学生或成年人的视平线高度，以130~150cm为宜。

### 五、解说牌的文字的形象设计

为使解说牌易于理解和接受，其文字大小、字间距离、颜色、字体、说明文字的长度、是否使用插图、图的大小和色彩、图中文字的大小等均须注意。

文字大小及字间距离：当文字高度为H，游客至牌面的视距为L时，则解说牌容易阅读的距离为L=110H，可以识读的距离为L=200H。根据视点适合区域的最远距离为牌面宽度的2.6倍，文字字符高度H一般为牌面宽度的0.024。

解说牌整个牌面上下左右以各留10%的空白为佳。如180cm×90cm的牌面，一行约可容纳28个字，共可容纳10行，计280个字；如留三行为标题，则最多可容纳196个字。说明文字的长度，一般对中小学生以100字左右为宜，对一般人以150~200字为宜。

### 六、解说文字的内容准则

（1）文字设计应力求简洁、清晰、易识、悦目、精确、有条理，让游客能清楚地看到解说内容。

（2）尽量以日常生活用语来表达要传达的信息，即使极专业的内容也要使用平易的语言文字表述，尽可能避免使用学术名词。

（3）文字内容应在游客看完"大标题"及"副标题"后即能了解解说的主题。

（4）可能的话，鼓励游客参与（如以提问或建议方式引导游客做某事或寻找某物）。

（5）字体应当尽量使用印刷体，如果使用英文则不可全部用大写字母。

七、颜色

应当选择能配合环境而不是与环境竞争的颜色。除了警告及管制标志（警告、禁止、限制等）常使用较醒目的颜色外，所选择的颜色必须使解说牌更容易被看见，但又不会破坏整体环境的协调感。

如果使用一种以上的颜色，那么在选色上必须十分小心，以免压过该地区的特点。特别要注意的是约有10%的人是红/绿色盲，所以在使用红绿颜色时要确定颜色的对比足够清楚。许多权威专家曾经比较过各种颜色组合的能见度和可读性，建议选用的颜色组合依次为黄底黑字、白底绿字、白底红字、白底蓝字、白底黑字、黄底红字、蓝底白字、红底白字、绿底白字和黑底白字。

如果配合图画、地图等较复杂的图示，则宜选用较浅的底色，如白色、乳白色、淡绿色等。但在耀眼的阳光下，应避免选用白色为底。应避免使用超过三种的色彩混用，五颜六色的解说牌只会给人不协调的视觉感受。

资料来源：摘自《公共信息导向系统 设置原则与要求 第9部分：旅游景区》（GB/T 15566.9—2012）、《公共信息图形符号 第2部分：旅游休闲符号》（GB/T 10001.2—2021）。

## 任务评价

根据上述相关知识和资料，个人和小组共同完成任务评价（见表3-5）。

表3-5 任务评价表

| 评价项目 | 具体要求 | 评价 | | | |
|---|---|---|---|---|---|
| | | 好 | 一般 | 差 | 建议 |
| 自助式讲解服务的定义与特点 | 1.定义 | | | | |
| | 2.特点 | | | | |
| 媒介讲解 | 1.电子音像解说 | | | | |
| | 2.网络讲解服务 | | | | |
| | 3.印刷品 | | | | |
| | 4.标识牌讲解服务的主要类型和特点 | | | | |
| | 5.各种媒介讲解的比较 | | | | |
| 学生自我评价 | 1.准时并有所准备地参加团队工作 | | | | |
| | 2.乐于助人并主动帮助其他成员 | | | | |
| | 3.遵守团队的协议 | | | | |
| | 4.全力以赴参与团队工作并发挥了积极作用 | | | | |

续表

| 评价项目 | 具体要求 | 评价 | | | |
|---|---|---|---|---|---|
| | | 好 | 一般 | 差 | 建议 |
| 小组活动评价 | 1. 团队合作良好，能礼貌待人 | | | | |
| | 2. 工作中彼此信任，互相帮助 | | | | |
| | 3. 对团队工作都有所贡献 | | | | |
| | 4. 对团队的工作成果满意 | | | | |
| 总计 | | 个 | 个 | 个 | 总评 |
| 在旅游景区媒介讲解服务的学习中，我的收获是： | | | | | |
| 在旅游景区媒介讲解服务的学习中，我的不足是： | | | | | |
| 改进方法及措施： | | | | | |

### 项目关键词

旅游景区　讲解员　讲解服务流程与规范　讲解词讲解服务技巧
自助式讲解服务

### 课后练习

1. 旅游景区讲解员的基本要求和职责是什么？
2. 简述讲解服务工作流程、规范要求和注意事项。
3. 讲解词的结构由哪几个部分组成？
4. 怎样快速识记讲解词？
5. 举例说明讲解常见的八种方法。
6. 以熟悉的某景区为例，说说自助式解说的优势与不足，提出建议和改进措施。
7. 为某个景区设计自助式讲解词（景点说明）。

# 项目四 旅游景区商业服务

### 项目概览

旅游景区是旅游者进行旅游活动的主要场所,景区服务除了要满足旅游者观光游览的核心需求之外,还需提供餐饮、住宿、购物、交通等功能完善的商业配套服务,以满足旅游者在旅游过程中多样化的需求。在教师的引导下,学生通过收集资料、小组讨论、案例分析、角色扮演、实地调查等方式,了解景区的商业服务主要类型和特点,掌握景区商业服务的工作要求、工作流程,并能运用服务技巧为游客服务。

### 任务导读

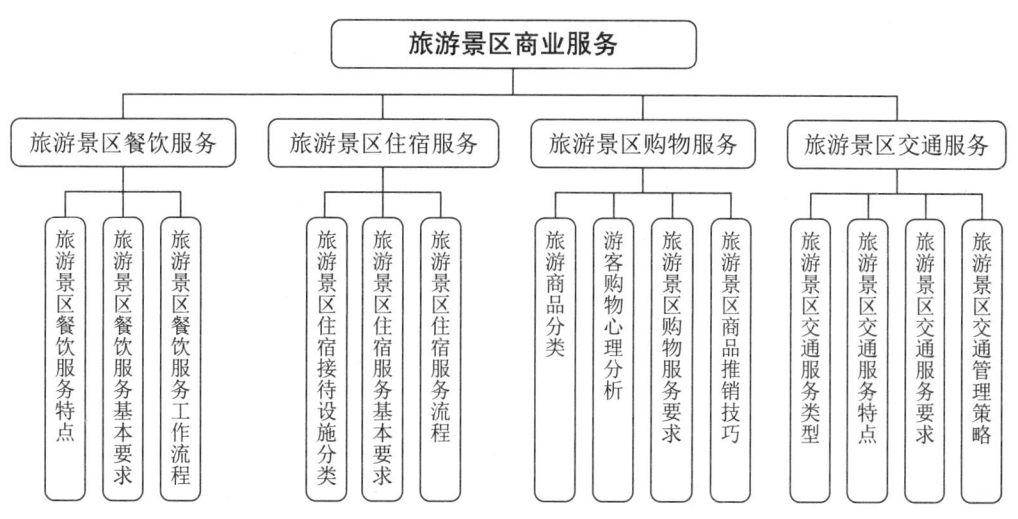

### 学习目标

1. 了解景区商业服务的主要业务,熟悉景区各种商业服务的类型和特点。
2. 掌握景区商业服务的工作要求、工作流程。
3. 熟练掌握景区商业服务的服务技巧。

# 任务一 旅游景区餐饮服务

**任务描述**

本任务要求学生了解景区餐饮服务特点，熟练掌握景区餐饮服务工作要求及流程，能完成景区餐饮服务接待任务，主要通过课堂学习、小组讨论、案例分析、角色扮演等方法，对学生餐饮服务技能进行训练。

**情境导入**

小明和朋友一起去某景区游玩，他邀请朋友在景区餐厅吃饭。点菜时，小明因到外面接电话，便让大家轮流点菜。几分钟后，服务员陆续将菜端了上来。席间，小明发现其中一道菜上了两份，两者只是在烧法上稍有不同，小明虽然心中有疑惑，但因为是请朋友吃饭，他也不好意思开口问。过了一会儿，上菜的女服务员慌慌张张地跑进来，原来她把别人点的菜端到了小明这儿，但这时桌子上的那盘菜已经被吃得差不多了。

如果你是餐厅服务员，你将如何处理？该不该让客人付这个菜钱？你认为景区餐饮服务和其他餐饮服务（如酒店、餐馆等）有什么不同？

**相关知识**

## 一、旅游景区餐饮服务特点

旅游景区餐饮服务是景区服务的重要组成部分，它是景区向游客提供优质服务的基础和保障，也是宣传地方特色美食文化的窗口。餐饮消费是旅游者享受旅游过程中必不可少的部分，景区的餐饮服务水平很大程度上反映了景区的整体服务水平，其具有以下特点。

### （一）消费层次高

由于景区地理位置、食品供应渠道、旅游淡旺季等因素，景区内整体消费水平偏高。随着休闲旅游的观念日趋成熟，很多旅游者更注重旅游的品质，消费层次也有所提高，旅游者在用餐时会更多地倾向于选择营养健康的地方特色食品，也愿意为适合自己口味和有兴趣的餐厅承担相对高的价格。

### （二）受季节性影响大

旅游景区餐饮的客源以游客为主，一年之中随着季节的变换，景区游客量呈现出明显的差异。每逢节假日或特色活动时期，景区客流量就增多，餐饮消费需求也随之增长，但到了非节假日期间各餐饮点就较为冷清。

### （三）餐饮类型多样

景区游客来自四面八方，人员流动性大，客人用餐时间不统一、不固定，每个人的消费习惯和消费水平也截然不同。为了满足不同客人的需要，景区提供的餐饮类型也是多样化的，既有可以品尝当地特色食物的各种小吃店，也有价格低廉、花样繁多的大排档和方便快捷的快餐店，还有就餐环境和服务相对好的中高档饭店。

### （四）监管困难

旅游景区餐饮因其经营方式灵活，餐饮类型多样，所以在管理上有一定难度。景区内既有现代化饭店，也有大量低水平的小餐馆、小吃店、小冷饮店、小摊点，甚至还有很多无证经营的摊贩，一些餐饮服务的从业人员食品安全意识不强，服务水平参差不齐，给景区餐饮监管工作带来了严峻的挑战。

## 二、旅游景区餐饮服务基本要求

### （一）安全卫生

景区的用餐点无论档次高低，对于需要就餐的旅游者来说，他们最关心的是食品安全卫生问题。安全卫生是旅游者选择餐厅服务要求的首要条件，也是旅游者对安全需要的一种反映。旅游者对餐厅的要求主要体现在环境、餐具、食品、服务人员操作等方面，只有在清洁卫生的就餐环境中，旅游者才能安心愉快地品尝各种美味佳肴。

### （二）快速有序

旅游者来到景区餐厅就餐，一般不希望等待太长时间。客人一进餐厅，服务员应该尽快安排座位，递上菜单给客人点菜，迅速供应食品，用餐结束后及时为客人结账，不耽误客人后续的行程安排。餐厅还要准备快餐食品，为那些急于就餐者提供快捷服务。即使是不赶时间的旅游者也不会希望把时间消耗在等候上，过长时间的等待会让旅游者难以忍受，影响旅游心情。

### （三）公平合理

旅游者在日常生活中积累了丰富的消费经验，所以不能容忍消费过程中的欺诈和不公平现象。景区餐厅在制定食品价格上应做到质价相符、价格合理。服务员在接待服务中要一视同仁，公平对待每一位客人，不以貌取人，不以消费金额区别对待客人。

### （四）尊重客人

尊重客人体现在客人用餐服务的各个环节，如微笑迎送客人，热情领座，及时进行茶水服务，尊重客人风俗习惯和宗教信仰等。不同类型的客人，在不同场合和时间，对服务的要求是不一样的。旅游者在景区用餐，不仅为了解决温饱，更是追求一种比日常生活更高标准的享受，他们希望得到良好的服务，受到应有的尊重。服务员应该站在客人的角度去思考问题，设身处地地为客人着想，要明白客人需要什么样的服务，要充分满足客人要求受尊重的心理。

### （五）特色创新

旅游者在景区内对特色餐饮、风味小吃最感兴趣。特色餐饮不仅能满足旅游者求新、求奇的消费心理，也是弘扬地方饮食文化的需要。景区应该根据自身特点，在确保景区环境不受到破坏的前提下，将当地特色餐饮、特色小吃引入景区，并在保持传统特色基础上，结合现代消费需求大胆创新，引导客人消费。

## 三、旅游景区餐饮服务工作流程

### （一）餐前准备

（1）参加班前会，按规定着装，佩戴工作牌，仪容整齐，化妆得体。
（2）查看餐厅门窗、保险柜、验钞机等设备及餐厅内餐桌椅子是否正常。
（3）搞好餐厅内外的清洁卫生工作。
（4）根据需要到财务部兑换钱币，保证每日所需的零钞。

### （二）就餐服务

（1）做好就餐预订工作。
（2）礼貌迎接顾客，做好引领工作。
（3）礼貌询问，送茶递巾，准备免费食物。
（4）介绍菜点，当好参谋。
（5）接受点菜，开单下厨。
（6）补撤餐具，送上酒水。
（7）按序上菜，介绍菜点。
（8）餐间服务，热情周到。
（9）客人结账，迅速办理。
（10）用餐完毕，礼貌送别。

### （三）餐后工作

（1）立即收拾餐桌。
（2）临近下班仍有客人时，不能提前清扫地面、整理柜台，以免让客人产生被驱赶的感觉。
（3）做好每日每月盘点工作，保证账、款相符，做到准确无误，并认真填写报表。
（4）营业结束后，将当日报表及钱款交给景区财务部门。
（5）做好工作日志，搞好卫生，关闭门窗，检查保险柜，切断电源，下班。

☞ 案例

### 江先生扫兴而归

"十一"黄金周的某天，江先生带着一家人出门游玩，由于一家人很久没有聚在一起了，大家玩得很开心，随后他们来到景区餐厅用餐。点完菜后，服务员端上了凉菜，但等了很久也不见热菜上来，于是江先生忍不住催问。服务员告诉他，今天顾客太多，实在太忙，请再等一下，马上上菜。江先生又等了近半个小时，仍不见上菜。一家人肚子饿得不行，但菜还迟迟上不来。江先生感到非常生气，他带着全家人准备离开。

正走出门口的时候，服务员追出来让他买单，江先生没好气地说："我们根本就没吃上饭，埋什么单？"服务员解释道："先生，实在对不起！今天的确太忙了，要不然您再等一会儿？"江先生听后更生气了："什么？还等！再等就该吃晚饭了！我们可不想等了！""那请您先把账结了吧！"服务员着急地说。江太太在一旁说："我们不是不想结账，可你们只给我们上了冷菜，让我们怎么吃呀！"尽管如此，江先生还是和服务员一同回到餐厅，把账结了。临走的时候江先生对服务员说："你们这样的店我再也不会来了！"

资料来源：自编。

### 案例分析

由于餐厅上菜速度慢，又没有及时采取补救措施，使高兴而来的江先生一家扫兴而归，把第一次光临变成了最后一次光临，造成了餐厅经济上和名誉上的损失。上菜速度是客人非常在意的，上菜速度的快慢直接关系到客人对餐厅的评价，关系到餐厅的利益。如果店里客人太多，就需要服务员密切与后厨配合，及时与客人沟通。

### 角色练习

1. 如果你是上述案例中的餐厅服务员，你会怎么处理？分小组进行讨论，然后分角色练习，进行自评和互评。

2. 学生模拟表演客人用餐接待服务。

情境：一家四口，丈夫、妻子、老人还有一个5岁的孩子来用餐，客人在点了其他菜后还点了一条红烧鲤鱼。

要求：

（1）学生分角色扮演，5~6人一组。

（2）扮演服务员的学生进行引领宾客、点菜、上菜、就餐等服务。

（3）扮演客人的学生咨询服务员，提出一些用餐要求。

（4）表演结束后学生进行自评和互评。

### 视野拓展

**餐饮业新风尚——职业点菜师**

"点什么菜好呢？"现在很多消费者用餐时，感觉点菜是一件很困难的事。以前餐饮业的点菜工作都是由服务员来完成的，随着社会的发展进步，人们生活水平的提高，国内外食材原料的流通，越来越多的新食品走进人们的视野，需要有更高水平的服务人员去引导消费者接受新食物。而且，很多人患有慢性病，对饮食也有特殊需求，这就要求餐饮业必须培养一批具备营养、养生、食疗、保健知识的人才，为消费者提供更精准的配餐服务，这样就催生了"点菜师"这一新职业。

王平，是某酒店的店长，也是一名专业的点菜师。

要想成为一名合格的点菜师并不容易。王平在北京参加了3个多月的培训才通过考试，最终拿到了"点菜师资格证"。点菜师资格考试分为笔试和现场问答两个科目，笔试主要考营养学和人体营养摄入等内容。现场问答是由考官出题，考生根据假定人群，现场制定出相应菜单。

点菜师和普通服务员到底有什么区别？王平认为，点菜其实也是一门学问。1~2个人用餐，一个荤菜、一个素菜，再加一小份汤就可以了；老年人不能食用油腻且不易消化的东西，应该多吃豆腐、蔬菜和稀饭；小孩子喜欢吃香脆酸甜的食物；南方人口味偏淡，本地人喜欢吃酸辣的食物……这些都是最基本的。

职业点菜师专职为顾客介绍菜品种类、推荐冷热菜肴搭配，同时为健康就餐、营养就餐提供合理化的建议，并在顾客点菜时友情提醒客人"适可而止"，避免"舌尖上的浪费"。与传统的餐厅服务员相比，职业点菜师的服务更具针对性、专业性。他们了解餐厅特色，能根据不同用餐人员的特点和要求，运用烹饪原料学、营养学、菜肴知识、服务技能等进行餐饮产品的组合，量身定制一套适合客人的菜单。因为点菜师并不额外收取服务费，而且还能帮食客吃得健康、吃得经济，所以受到了不少人的欢迎。

点菜师是一个朝阳职业，其以专业的知识、优良的服务向整个行业展示积极成功的一面，带动普通服务员不断提高专业技能和服务水平，最终促进餐饮行业的持续增长。

资料来源：自编。

### 任务评价

根据上述相关知识和资料，个人和小组共同完成任务评价（见表4-1）。

表4-1 任务评价表

| 评价项目 | 具体要求 | 评价 | | | |
| --- | --- | --- | --- | --- | --- |
| | | 好 | 一般 | 差 | 建议 |
| 旅游景区餐饮服务特点 | 1. 消费层次高 | | | | |
| | 2. 受季节性影响大 | | | | |
| | 3. 餐饮类型多样 | | | | |
| | 4. 监管困难 | | | | |
| 旅游景区餐饮服务基本要求 | 1. 安全卫生 | | | | |
| | 2. 快速有序 | | | | |
| | 3. 公平合理 | | | | |
| | 4. 尊重客人 | | | | |
| | 5. 特色创新 | | | | |

续表

| 评价项目 | 具体要求 | 评价 | | | |
|---|---|---|---|---|---|
| | | 好 | 一般 | 差 | 建议 |
| 旅游景区餐饮服务工作流程 | 1. 餐前准备 | | | | |
| | 2. 就餐服务 | | | | |
| | 3. 餐后工作 | | | | |
| 学生自我评价 | 1. 准时并有所准备地参加团队工作 | | | | |
| | 2. 乐于助人并主动帮助其他成员 | | | | |
| | 3. 遵守团队的协议 | | | | |
| | 4. 全力以赴参与团队工作并发挥了积极作用 | | | | |
| 小组活动评价 | 1. 团队合作良好，能礼貌待人 | | | | |
| | 2. 工作中彼此信任，互相帮助 | | | | |
| | 3. 对团队工作都有所贡献 | | | | |
| | 4. 对团队的工作成果满意 | | | | |
| 总计 | | 个 | 个 | 个 | 总评 |

在旅游景区餐饮服务的学习中，我的收获是：

在旅游景区餐饮服务的学习中，我的不足是：

改进方法及措施：

# 任务二　旅游景区住宿服务

## 任务描述

本任务要求学生了解景区住宿服务的类型及要求，熟练掌握一般住宿接待流程，主要通过任务驱动、课堂学习、小组讨论、案例分析、角色扮演等方法，对学生住宿接待服务技能进行训练。

## 旅游景区服务
LÜYOU JINGQU FUWU

### 情境导入

小明和同学们在黄金周坐高铁来到桂林某 5A 级景区游玩。该景区是一个以大型游乐主题公园为特色的旅游度假区，配套的住宿类型多样化，有五星级宾馆、森林度假村、青年小屋、野营帐篷基地等，面对如此众多的住宿选择，小明和同学们感到无从选择。

如果你是该景区的服务人员，你会怎样向小明他们进行推荐呢？推荐理由是什么？旅游景区住宿服务都有哪些类型和特点？要注意什么？

### 相关知识

#### 一、旅游景区住宿接待设施分类

为满足不同消费层次、消费偏好的游客住宿需求，旅游景区提供的住宿接待服务也是形式多样的，主要划分为以下几种。

##### （一）星级酒店类

一般规模较大的景区都设有较高档次的星级酒店，并按照国家星级酒店标准建设，严格执行标准化服务。这种类型的酒店在硬件设施和软件服务上都较为完善，周围环境也不错，能满足客人多种需求，相应的消费水平也要高一些。

##### （二）小型旅馆类

小型旅馆虽然没有中高档星级酒店的豪华设施，但客房配备基本齐全、价格亲民，如家庭旅馆、青年客栈等都属于这类住宿。比起一般星级酒店，小型旅馆的服务相对简单，但服务质量不低，并且更有特色。旅馆的从业人员多为当地人，可提供许多额外无偿服务，例如为住客充当导游，邀请客人一同体验民风民俗等。

##### （三）特色小屋类

特色小屋是根据旅游景区的自然和人文环境设计的具有当地特色的住宿场所。这类设施为旅游者提供住宿服务的同时，让旅游者感受旅游景区特有的自然和文化氛围。如具有民族特色的吊脚楼、竹楼、木屋等，大多建在环境优美、视野良好的观景点，不仅给旅游者带来独特的居住体验，还成为景区的一道风景线。

##### （四）露营类

露营作为一种目前较为前卫的户外旅游方式，已经受到越来越多人的喜爱。露营式的住宿设施是旅游景区住宿服务中最为简易的，景区专门开辟一块环境良好、较为安全的野外营地作为旅游者夜间休息的场所，包括露营营位、房车营位和自驾车营位，旅游者可自带或租用景区的露营装备完成住宿。

## 二、旅游景区住宿服务基本要求

### （一）干净整洁

客房是供客人休息的地方，拥有一间干净整洁的客房是客人最基本的要求。客人对客房清洁的要求包括客房周围环境、房内所有设施、食品和服务员个人卫生。客房服务员每天应认真检查、清扫和整理客房，不能有丝毫马虎。干净整洁的住宿环境，不仅使客人拥有美好、舒畅的心情，也会使客人对住宿的场所、服务人员产生良好印象。

### （二）舒适安静

客人在结束游览活动后，身心非常疲惫，需要有一个安静舒适的场所休息。客房的隔音如果处理不好，客人的休息受到干扰，会产生烦躁、不满的情绪，进而影响客人的消费行为。服务员在进行各项服务时要做到敲门轻、说话轻、走路轻，在服务过程中，不得大声喧哗、吵闹。保持客房区域范围的安静气氛，是客房优质服务的体现。

### （三）方便安全

旅游者外出旅行是一件十分惬意的事情，但随身携带着不少钱财物品，会让他们感到紧张与不安。为了满足客人的安全需要，住宿管理应该采取有效的安全措施，以确保客人的人身、财产、物品安全。旅游者身在异地，客房就是他们临时的家，在住宿期间他们希望客房内的生活起居能像家里一样的安心和方便。客房配备的用具齐全、使用方便、质量有保证，客人就会感到愉悦和安慰。只有旅游者住得安心、住得放心，他们才能放松心态，全身心地投入欣赏美景、享受度假的休闲生活。

### （四）亲切温馨

旅游者入住酒店，花钱消费图的是舒适享受，渴望得到关怀和尊重。服务员必须为客人提供优质的服务，尊重客人的风俗习惯、宗教信仰和隐私。服务员对待客人亲切和蔼，报以真诚微笑，会让客人感到如亲人般温暖。为了接待好客人，服务员还需要根据客人需求提供一些细致入微的温馨服务，这些服务内容不能用金钱来衡量，但会让客人感到浓厚的人情味，使客人对酒店有信赖感。

## 三、旅游景区住宿服务流程

旅游景区客房的客源集中在景区观光、游览、度假的客人上，客源相对较为单一，而且容易受到旅游淡旺季影响，因此，如景区客房的规模相对较小，功能也不齐全，需借助景区其他部门（如餐饮部、娱乐部等）进行弥补和配合。景区客房服务部门在业务和内部管理上与饭店管理差别不大，下面就以总台接待服务和客房服务为例介绍相关服务程序和要求。

入住服务视频

### （一）总台接待服务

宾馆酒店的总台是一个综合性部门，主要承担着宣传和销售客房，为客人办理入住手续、分配房间，协调景区各部门工作等任务。

**1. 掌握客房预订信息**

核对用房状态，了解客情，掌握当天及未来几天的客房预订和特殊要求；热情接待并明确答复预订者（包括来人、来函或电话预订）提出的要求，做出妥善安排。如果客满不能接待住宿者，应表示歉意，并协助联系其他的住宿单位。

**2. 验证登记**

客人走近柜台，登记人员应微笑迎候，介绍客房种类、位置、条件及房价，征求客人住宿意见。办理手续时，一律要查验客人的有效证件，验证要仔细，登记要迅速，语气应和蔼可亲。接待团体客人应预先把客房分好，并请陪同人员协助安排，统一登记。对特殊客人可以让其先进入房间，后办理手续。

**3. 分配客房**

全面掌握客房的方位及档次条件，分配时尽量满足客人要求。如不能满足客人要求时应耐心解释，并表示歉意，有条件时再进行适当调整。

**4. 办理账目结算**

审核填写时应认真仔细，发票字迹清楚，收找款时应唱收唱付。结账后，向客人道谢，并请客人再次光临。

**5. 应对客人咨询**

礼貌应对客人咨询，不清楚时，应向有关部门查询，不能用"大概""也许""可能"等含糊不清的语言回答，更不能敷衍了事。

**6. 处理代办事项**

客人函电、留言应及时传递，叫醒服务应准时无误。客人委托代办事宜，要认真办理，做到及时准确。

**7. 做好交接班手续**

值班期间认真填写记录，仔细办理交接班手续，交接工作清楚、准确、无差错。

**（二）客房接待服务**

客房是旅游者外出旅行下榻或暂时居住的场所。客房服务的目的是努力为客人营造一个清洁、美观、舒适、安全的理想住宿环境。客房一经出租就属于住客的私人居所，因而进房及整理房间时必须严格按照规程操作，任何疏忽过失都可能造成很坏的影响。整理客房时，如遇到客人门口挂有"请勿打扰"牌或亮"请勿打扰"灯，服务员不得敲门进入房间打扰客人休息，可先整理别的房间，但要做好记录，并过一段时间再去查看。正常情况下服务员进入客人房间需要注意以下几个方面。

服务员进入客人房间步骤视频

**1. 敲门**

敲门时手指弯曲，以中指第二关节轻敲两次，每次三下，两次间隔3秒，并报称"客房服务"。

### 2. 按铃

按铃同时清晰地报称"客房服务",等候客人反应,一般有间隔地按两下。

### 3. 客人回应

当客人回应时,服务员应答:"我是客房服务员,请问我能现在进来为您清洁房间吗?"并等候客人开门。如房内无反应,服务员方可用钥匙开门,并再次报称"客房服务"。

### 4. 开锁

当使用磁卡或钥匙开锁时,注意开门后必须将磁卡放回裤袋或将钥匙挂在身上,以免丢失。在开锁过程中,身体与门保持30厘米左右的距离。

### 5. 开门

开左边门用左手,开右边门用右手,把门轻轻推开。

### 6. 挂牌

打开房间后,把"正在清洁"的牌挂在门把手上,然后巡视一遍房间,以确定房间是否有人或其他特殊情况。

### 案例

#### 值班员小明的一次失误

盛夏,正值旅游旺季,某酒店客房经常爆满。这时一位张先生打电话要求预订4间标准间,并将房间保留到晚上11点。值班员小明查看了房态,正好有客人需要的房间,就接受了预订。后来又来了许多客人,但由于没有房间,小明都婉言拒绝了客人。离张先生预订留房的时间还有几分钟,这时又来了一批客人要求住店。看着眼前很着急的客人,小明看了看时间,觉得之前预订的张先生及客人应该不会来了,于是就把那4间客房租出去了。可就在这时,原预订客房的张先生带着朋友来到前台要求住宿。此时酒店已经客满,当小明将情况如实告诉张先生之后,张先生愤怒地指责酒店不讲信用,明明还没有到预订时间却把客房给了别人,要求小明给予解决,否则就要投诉。

资料来源:自编。

#### 案例分析

旅游景区的住宿服务有其特殊性,大多是作为游览的配套服务,是为游览服务的。因此在旅游旺季,景区的住宿一般都会非常紧张。很多景区为避免纠纷,在实践中都采用了旺季或节假日取消客房网络或电话预订,只接受现场订房的政策。即使没有停止预订,也一般会有相应的旺季或节假日特殊规定,比如要求客人采用信用卡担保,留房时间和处理比较严格等。这些政策应该在客人预订时向客人强调清楚,同时,接受客人预订时一定要留下客人的手机号码,这样遇到案例中的情况时,服务员可以按照相关规定,先给预订客人去电确认对方是否会准时入住,然后再予以处理。

## 角色练习

1. 如果你是上述案例的服务员，出现纠纷后，你会怎样处理？请进行角色练习。

2. 情境：

一位成功商人来到一家旅游景区的五星级酒店，住宿要求特殊。请分角色进行模拟表演住宿接待服务。

要求：

（1）学生分角色扮演客人和服务员，两人一组，进行对客服务。

（2）扮演服务员的学生要为客人办理入住、客房接待服务，注意应对客人的特殊要求。

（3）扮演客人的学生向服务员提出各种比较典型的住宿要求。

（4）表演结束后学生进行自评和互评。

## 视野拓展

### 贵州黄果树瀑布景区打造国际标准房车营地

贵州黄果树风景名胜区设立了黄果树房车营地，营地配备10辆国外进口的房车，让游客在黄果树的休闲度假多了一种选择。

黄果树房车营地紧靠黄果树大瀑布景区，在有的房车内从窗口就可以看到黄果树大瀑布，游客可枕着瀑布声入梦。房车为拖挂式，分标准型、家庭型、豪华型三种配置，车上设施一应俱全，除有客厅、卧室、开放式厨房、卫生间、淋浴房等生活设备外，还配备有空调、电视、电冰箱、微波炉、热水器等生活电器。

据景区负责人介绍，营地内为房车提供了安全可靠的水电供应，铺设了齐备的污水管网，房车卫生间淋浴房产生的生活污水排放口直接连通地下的污水管网。

黄果树房车营地管理借鉴了美国先进的营地管理经验，旨在打造国际标准的房车营地，规避营地可能对景区环境带来的不良影响。下一步黄果树房车营地可向自驾房车开放，让黄果树真正成为国际知名、中国一流的旅游目的地和休闲度假胜地。

资料来源：贵州省文化与旅游厅公众号。

> 任务评价

根据上述相关知识和资料，个人和小组共同完成任务评价（见表4-2）。

表4-2 任务评价表

| 评价项目 | 具体要求 | 评价 | | | |
|---|---|---|---|---|---|
| | | 好 | 一般 | 差 | 建议 |
| 旅游景区住宿服务 | 1. 旅游景区住宿接待设施分类 | | | | |
| | 2. 旅游景区住宿服务基本要求 | | | | |
| | 3. 旅游景区住宿服务流程 | | | | |
| 学生自我评价 | 1. 准时并有所准备地参加团队工作 | | | | |
| | 2. 乐于助人并主动帮助其他成员 | | | | |
| | 3. 遵守团队的协议 | | | | |
| | 4. 全力以赴参与团队工作并发挥了积极作用 | | | | |
| 小组活动评价 | 1. 团队合作良好，能礼貌待人 | | | | |
| | 2. 工作中彼此信任，互相帮助 | | | | |
| | 3. 对团队工作都有所贡献 | | | | |
| | 4. 对团队的工作成果满意 | | | | |
| 总计 | | 个 | 个 | 个 | 总评 |

在旅游景区住宿服务的学习中，我的收获是：

在旅游景区住宿服务的学习中，我的不足是：

改进方法及措施：

## 任务三　旅游景区购物服务

**任务描述**

本任务要求学生了解旅游商品相关知识及客人购物心理，掌握一般购物服务流程及推销技巧，主要通过任务驱动、小组讨论、案例分析、角色扮演等方法，对学生购物服务技能进行训练。

**情境导入**

在三亚亚龙湾的一个购物商店里，小明正领着一家人在挑选岛服。"这些岛服很有热带海岛气息，来三亚度假必须得买一套穿上才应景啊。"小明笑着说。海南岛岛服是海南省最流行的海南旅游衫，人们来海南旅游，色彩浓烈的岛服是很多游客必买的旅游商品。

你喜欢在旅游中购买旅游商品吗？什么样的旅游商品会吸引你？

**相关知识**

### 一、旅游商品分类

购物是旅游活动中必不可少的一个重要组成部分，绝大多数旅游者都希望在旅游过程中能购买到一些比较有特色的旅游商品。旅游商品是旅游者在旅游过程中为满足需要而购买的一切有形商品。根据旅游者购买的实际用途情况，旅游商品主要分为以下几种。

（一）旅游工艺品

旅游工艺品主要是指用本地特色材料制作的，具有独特工艺、精美制作、新颖设计的艺术品，旅游工艺品是传统文化艺术宝藏的重要组成部分。旅游工艺品主要有雕塑、刺绣、蜡染等艺术品。

（二）旅游纪念品

主要是指以旅游区的人文景观和自然景观为题材，体现地方特色、传统风格、带有纪念性的工艺品。这类商品品种多，题材丰富，数量多，纪念性强，具有很强的艺术性、收藏性和使用价值。

（三）文物古玩及其仿制品

主要指国家允许出口的古玩、文房四宝、仿制古字画、出土文物复制品、仿古模型等。这类旅游商品真品比较昂贵，适宜于有较强消费能力的游客购买；而仿制品价格适宜，受到普通游客欢迎。

## （四）土特产品

这类旅游商品种类十分丰富，而且具有很强的地方特色，深受旅游者喜爱，成为旅游者出门旅游必购的自用品和礼品。

## （五）旅游日用消费品

旅游者在旅游活动中所购买的生活日用品，如旅游服装、鞋帽、器械、洗涤用品、化妆品、防寒防暑用品等。

## 二、游客购物心理分析

### （一）满足纪念需求

旅游者习惯购买一些具有民族特色或地方代表性的旅游商品，以作为曾经到过某地旅游的纪念或凭证。一方面是为了纪念，日后可以据此回忆这段难忘的旅程；另一方面可作为曾经到过某地的证明。

### （二）满足馈赠需求

人们外出旅游购买商品，其中很重要的一个原因是想作为礼品赠送给朋友。人们在日常交往中，免不了礼尚往来，在外出旅游时从当地购买一些商品，归来后赠送给亲朋好友和同事，表达自己的一份心意，可以增进彼此之间的感情。

### （三）满足实用需求

一些旅游者追求旅游商品的实用价值，注重商品的实用性和实惠性。这类旅游者往往不太注重旅游商品的包装和外观，而特别看重商品的质量、效用和方便，价格上要经济实惠。

### （四）满足品牌需求

一些旅游者在选购旅游商品时喜欢购买品牌产品，追求商品的档次，以显示自己的身份和地位。这种类型的旅游者在购买时往往不太注重商品的价格和效用，而重视商品的社会声誉、象征意义和纪念意义。

### （五）满足审美需求

一些旅游者追求商品的欣赏价值和艺术价值，他们不太在乎商品的使用价值本身，而是重视商品本身的造型美、色彩美、艺术美。这类旅游者把商品对人体的美化、对环境的装饰、对其精神的陶冶等作用放在突出的位置，追求商品的美感，从中获得美的心理享受。

### （六）满足获利需求

一些旅游者追求商品的物美价廉。他们在购物时，十分注重价格变动，往往希望能花最少的钱获得最好的商品。这类旅游者喜欢和卖家讨价还价，喜欢选购优惠价、特价、折扣价的商品，而对商品的质量、花色、造型、包装不太挑剔。

### （七）满足趣味需求

对于旅游者来说，由于生活经历、宗教信仰、受教育程度、家庭背景等方面的不同，其兴趣和爱好也各不相同。在旅游的过程中，旅游者一般会购买自己感兴趣的旅游商品。

### （八）满足求新求异需求

一些旅游者喜欢新颖、奇特、时尚的旅游商品。这类型旅游者好奇心强，喜欢标新立异，追求自我价值，他们不太重视商品的实用性和价格高低，更多地关注商品的色彩、式样、外观等，容易受到广告宣传和社会潮流的影响，易产生冲动的购买行为。

### （九）满足尊重需求

旅游者在购物过程中希望人格受到尊重。这种需要表现在很多方面，比如希望景区服务人员能热情服务、笑脸相迎、接受询问时有耐心、在游客挑选商品时不怕麻烦等，同时尊重游客的个人爱好、民族习俗、生活习惯。

## 三、旅游景区购物服务要求

### （一）合理布局旅游购物网店

根据旅游者的购物消费习惯，购物区和购物点应该设在客流相对集中的地方，如景区的入口和出口处是最合适的。景区内应该有一个或几个集中购物区，有不同类型的旅游商店，有各种各样的旅游产品，提供给游客自由选择。

### （二）塑造良好的景区购物环境

景区内旅游购物环境的好坏，直接影响着旅游者是否会在店里消费。购物场所应该环境整洁、秩序良好，无尾随兜售、强买强卖现象，周围没有杂乱的摊点。购物店室内装修协调，明亮舒适，商品陈列合理，要把最有地方特色和最具吸引力的商品摆放在橱窗或商店内最显眼的位置，吸引旅游者进店选购。

### （三）把好景区旅游商品质量关

景区在选售旅游商品时，应该充分考虑旅游者消费心理，经销的种类要丰富，包装设计要有地方特色。此外，还应该加强旅游商品质量的审查力度，杜绝"三无"产品在景区内销售，及时清退过期的或不合格的、质量低下的商品，同时所有商品都要货真价实，明码标价。

### （四）耐心细致地做好销售服务

景区购物店的工作人员要全面掌握店铺内出售的所有商品情况，在为游客介绍商品时，能清晰地向客人介绍旅游商品的性能、特点、用途、产地等有关信息；要尊重客人，对客人提出的问题耐心解答，无论游客咨询还是购物，都应该提供热情周到的优质服务。

### （五）完善旅游购物售后服务

景区购物商店应该要提供健全、高效的售后服务，如大件商品的邮寄、托运，回访旅游者对商品的满意度，回答游客对商品问题的咨询，及时处理游客购物的投诉等。

## 四、旅游景区商品推销技巧

### （一）抓住时机，善于沟通

景区商品部的工作人员要善于与游客沟通。一般来说，游客刚进店，工作人员不可过早同游客打招呼，因为过早接近游客并提出询问，会使游客产生戒心，而过迟则使游客觉得工作人员缺乏主动和热情，使游客失去购买兴趣。接触游客的最佳时机，是在游客认知与喜欢商品的时段。通常表现为：游客突然止步盯着看某一商品，或者长时间凝视某一商品，或者用手触摸某一商品，或者从注意的商品上抬起头来，或者像是在寻找什么，或者游客的眼光和自己的眼光相碰的时候。工作人员一旦发现这样的时机，应马上微笑着向游客打招呼。

商品部的工作人员必须善于察言观色，通过对游客的言行、年龄、穿着、神态表情等外部现象的观察，揣摩游客的心理，分辨游客性格类型与购物喜好，有针对性地为其服务。如对于目光集中、步子轻快地直奔某个商品柜并主动提出购买要求的游客，工作人员要主动热情地接待；对于神色自若、脚步不快、无明显购买意图的游客，工作人员应让其在轻松的气氛下自由购物。

### （二）展示商品特征，激发客人购买兴趣

接近游客之后的重要工作就是向游客展示商品，让游客观看、触摸、嗅闻，目的是使游客了解商品特征，对商品质量产生信任感，引起其购买欲望。

展示商品是一项技术性较高的工作，需要工作人员具有丰富的商品知识和熟练的展示技术。在展示时工作人员的动作要敏捷、稳当，拿递、搬动、摆放、操作示范时动作不可粗鲁、草率，否则会显得对工作不负责，对商品不爱惜，对游客不尊重。

### （三）热情介绍商品，增进客人信任

游客对某一商品产生喜欢情绪并对商品进行比较、评价的时候，工作人员应适时地向游客介绍商品知识，如名称、特性、产地、品牌、种类、价格、原料、式样、颜色、大小、使用方法、流行性等。

所谓适时介绍，就是在分析游客心理要求的基础上，有重点地说明商品，以便"投其所好"。事实表明，工作人员积极热情、详细生动地介绍商品，可以激发游客的购买欲望，做成生意。有时，游客不一定要买什么，但由于工作人员的主动热情、多方介绍，使游客对商品有了更多认识，或因盛情难却，最终达成了交易。反之，工作人员要是漫不经心，不主动介绍商品，就可能失去成功交易的机会。

☞ **案例**

**一位热情的茶叶销售服务员**

几位客人来到某旅游景点的商场购物处，径直走到茶叶专柜，看了看标价，便议论

道:"这儿东西贵,我们还是去外面买吧!"这时一位服务人员走上前,关切地说:"先生们去外边买茶叶一定要去大型商场,因为市场上以次充好的茶叶很多,一般是很难辨别的。"客人立即止步问道:"哪家商场比较好?茶叶怎么选呢?"于是服务员小姐便告诉了他们茶叶等级的区分,如何用看、闻、尝等几种简易区分茶叶好坏的方法,又介绍了本商场特级龙井的特点,价格虽略高于市场,但对游客来说,买得称心、买得放心是最重要的。几位客人听了服务员的介绍,都爽快地买了几盒茶叶。

资料来源:自编。

### 案例分析

案例中服务员并未向客人直接宣传本商场商品的优势,而是从客人的角度出发,中肯地对他们选购商品提出建议,适当地分散了客人的注意力而减弱了客人的心理防御倾向,这是一种高明的促销方法。服务员并不急于促成客人购买,而是旁敲侧击,首先争取客人的心理认同,使客人觉得在这里购买放心,值得信赖,然后便自然地做出购买行为。

### 角色练习

1. 情境:

年轻的客人来到旅游商店选购旅游商品,学生模拟表演旅游商品导购服务。

2. 道具:

2~3件旅游商品。

3. 要求:

(1)学生分角色扮演客人和服务员,2~5人一组。

(2)扮演服务员的学生为客人耐心讲解商品,为客人挑选商品。

(3)扮演客人的学生向服务员提出各种比较典型的购物要求。

(4)表演结束后学生进行自评和互评。

### 视野拓展

#### 景区发展旅游购物要慎重一点

游客对景区最不满意的地方有三:一是二次门票,即买了景区门票之后,进景点还需要单独购票;二是景区购物场所过多、过滥,在一些景区里到处是购物店、亭、摊,有些甚至高声吆喝,招呼游客购买商品,游客不胜其烦;三是旅游商品千篇一律,质次价高。

在一些景区旅游购物规划、策划中,在景区旅游商品的宣教中,经常有人把迪士尼主题乐园、大英博物馆等著名主题公园和博物馆作为所有景区旅游购物和旅游商品开发的典范,并把其作为标准,要求所有景区都按照同样的比例和内容去开发、销售。这种忽视不同景区差别的做法,即使投入再大的人力、物力、财力,搞出来的也只能是一堆荒唐的笑话。

景区旅游购物和旅游商品的服务标准可以相同,但不同的景区需要结合自身的情况发展旅游购物和开发旅游商品。

虽然要提高旅游购物收入在旅游收入中的比例,但景区的条件不同,游客的需求不同,这些都决定了景区是否适合进行大规模的旅游商品开发,是否适合开设大量旅游购物店。

游客愿意购物的景区,从类别看可以包括:主题公园景区、博物馆、工业旅游景区、农业休闲景区、文化艺术景区等。但即使适合开展旅游购物,也不一定就能成功,景区发展旅游购物和旅游商品开发要注意以下几个问题。

一是所在的景区适合发展旅游购物吗?多大规模合适?需要结合景区的特点、旅游购物和旅游商品的规律做出科学的判断,避免出现花费了很大力气游客还不买账的情形。

二是在哪里卖旅游商品?一定要结合景区的布局安排适量符合景区游览、休闲的购物场所。

三是卖什么旅游商品?要销售适合该景区的商品,但不一定是景区自己开发的商品。

四是开发什么旅游商品?要开发有景区特色的旅游商品,但不限于纪念品、工艺品,应把特色理解到位。如一些皇帝陵墓,如果只是把随葬品开发出来,很少有游客喜欢购买。对于皇帝陵墓特色的理解应该是那个朝代的皇家文化,甚至是那个朝代的文化,绝不能把特色片面地理解为"坟头文化"。

五是什么时候开发旅游商品?一些适合旅游购物和旅游商品开发的新建景区,不能等建成以后,再去想开发什么旅游商品,而是在设计时就要把旅游购物、旅游商品开发融入进去。

景区旅游商品开发不能一厢情愿,不能一刀切,要按景区不同的规律、不同的特点、不同的规模、不同的游客、不同的消费,选择不同的旅游购物模式和旅游商品开发方式。总之,景区发展旅游购物和旅游商品开发千万不能盲目,要慎重一点。

资料来源:陈斌.景区发展旅游购物要慎重一点[N].中国青年报,2016-08-25(08).

### 任务评价

根据上述相关知识和资料,个人和小组共同完成任务评价(见表4-3)。

表4-3 任务评价表

| 评价项目 | 具体要求 | 评价 | | | |
| --- | --- | --- | --- | --- | --- |
| | | 好 | 一般 | 差 | 建议 |
| 旅游景区购物服务 | 1. 旅游商品分类 | | | | |
| | 2. 游客购物心理分析 | | | | |
| | 3. 旅游景区购物服务要求 | | | | |
| | 4. 旅游景区商品推销技巧 | | | | |

续表

| 评价项目 | 具体要求 | 评价 | | | |
|---|---|---|---|---|---|
| | | 好 | 一般 | 差 | 建议 |
| 学生自我评价 | 1. 准时并有所准备地参加团队工作 | | | | |
| | 2. 乐于助人并主动帮助其他成员 | | | | |
| | 3. 遵守团队的协议 | | | | |
| | 4. 全力以赴参与团队工作并发挥了积极作用 | | | | |
| 小组活动评价 | 1. 团队合作良好，能礼貌待人 | | | | |
| | 2. 工作中彼此信任，互相帮助 | | | | |
| | 3. 对团队工作都有所贡献 | | | | |
| | 4. 对团队的工作成果满意 | | | | |
| 总计 | | 个 | 个 | 个 | 总评 |

在旅游景区购物服务的学习中，我的收获是：

在旅游景区购物服务的学习中，我的不足是：

改进方法及措施：

## 任务四　旅游景区交通服务

### 任务描述

本任务要求学生了解旅游景区交通服务类型及特点，掌握景区交通服务要求，主要通过任务驱动、小组讨论、案例分析等方法，对学生的交通服务能力进行训练。

### 情境导入

春节期间，小明一家自驾到海南某景区游玩。由于正值旅游高峰期，景区里人山人海，每个项目都要排很长的队。半天游览下来，小明一家已经是精疲力竭。于是他们一致决定乘坐景区交通电瓶车前往下一景点。小明在电瓶车售票处排了很长时间的队，才终于买到了票。可是等了近半个小时都没有见电瓶车来。好不容易来了电瓶车，到站了却不停。车上坐满了乘客，所有的乘客都异口同声地说："我们不下车了，直接到景区门口。"小明一家只好在烈日下继续等电瓶车……

随着旅游旺季的到来，景区内的交通问题给游客带来诸多不便，你认为景区应该如何应对？在你过去的旅游经历中，遇到过什么样的旅游交通问题？

> **相关知识**

### 一、旅游景区交通服务类型

旅游景区交通服务是指景区向旅游者提供的各种交通服务，以实现游客从一个地点到达另一个地点的空间位移，具体有道路、工具、站点、引导等方面的服务，主要可分为以下几种类型。

#### （一）陆路交通服务

**1. 车行道**

车行道是景区连接各景点、旅游服务区、住宿区之间的道路，按等级可分为主行道和次行道。车行道要求配备的设施有停车场、交通标志牌、站牌等。景区内使用电瓶车、马车、轿子、观光小火车等环保交通工具实现游客的运送。一些富有特色的交通工具，增加了景区吸引力。

**2. 游览步道**

游览步道是游客参观游览的主要线路，包括步行小径、登山石阶等。游览步道将各景区、景点、景物等相互串联而形成完整的景观游览体系，具有引导游人至最佳观赏点和观赏面的功能。

#### （二）水上交通服务

在有大水面或长距离水系的景区，需开设水路游览线，配备设施有游船、橡皮艇、竹筏等。水上游览项目要注意提供相应的安全保证。游客上下船的码头是景区内旅游者的重要集散地，位置要选择在河道开阔、水路平缓的地方。

#### （三）空中交通服务

空中交通服务解决了在高低落差景点之间游览的困难，以高空滑索、缆车为主要载客形式，一般设在有大量人流上下的地方。滑索、缆车等对自然地形的坡度有一定的要求，同时对架空高度也有一定的限制。空中交通服务除了给旅游者带来不一样的景观视觉体验，也为游客节约了大量时间和体力，有效地缓解了景区路面交通压力。

### 二、旅游景区交通服务特点

#### （一）游览性

旅游者的出行以游览为目的，因此景区交通在布局上，要将景区的各景点联系起来，以便旅游者在旅行过程中游览多个景点，领略沿途风光。

#### （二）季节性

由于受气候、地理位置和节假日等因素影响，景区的交通情况也有淡旺季之分。旅游旺季、节假日期间，旅游交通客运量急剧增加，大量游客涌向景点，造成了景区的交通拥挤；到了淡季，景区的交通运送量明显下降，如果遇到恶劣天气，景区的交通流量就更少了。

### （三）营利性

受景区交通运营成本影响，大多数景区内的交通服务项目需要另行收费，而且费用不低。尽管如此，大多数旅游者还是愿意选择乘坐便捷的景区交通工具，以节省体力和时间。景区的交通项目受到游客欢迎，也给景区带来了可观的经济收入。

## 三、旅游景区交通服务要求

### （一）安全

旅游安全是旅游者最基本的要求，也是最重要的要求。安全是一切旅游活动的前提，没有安全就没有旅游。当安全受到威胁时，旅游者会考虑改变或放弃某些交通方式。因此，景区在旅游交通规划、开发、建设和运营过程中，必须严格执行各项规章制度，以确保旅游者的人身、财产安全。

### （二）快捷

在旅游活动中，旅游者通常认为要"快旅慢游"，即旅途要快、游览要慢。旅游者无论乘坐什么交通工具都希望能以最快速度到达目的地，争取更多的时间开展游览活动。如果花费太长时间在旅途上，容易引起旅游者身体和心理的疲劳。在经济和地理条件允许的情况下，旅游者总是尽可能选择快捷的交通方式。

### （三）准时

旅游交通带有严密的连贯性，每个旅游者都希望交通服务能按计划准时进行，不要因为不准时而浪费旅游时间并打乱整个旅游行程。准时运行是景区交通部门最基本的工作规范和行业要求，景区交通工具能准时起程、准时到达、准时返程，也是旅游者最基本的心理需求之一。

### （四）舒适

外出旅游是一种享受性消费，旅游者追求的是精神上的快乐享受。旅途"舒适方便"正是迎合了这种需求。景区交通不仅要将旅游者送达目的地，而且要让旅游者在旅途中感到舒适和快乐。因此景区交通在设施、服务质量、服务项目等方面要比一般社会交通工具更讲究舒适性。

## 四、旅游景区交通管理策略

景区交通最突出的问题是旅游高峰时期造成的交通堵塞。而由于地理环境限制，景区内的道路等级不高，难以进行道路的硬件设施的改善。因此，必须通过一些交通管理的办法，对交通进行调节分流，解决旅游交通困难。

## （一）采取单向交通分流调节交通

旅游景区在修建道路时，会围绕各个景点建立道路，形成环状的道路网络。在旅游高峰期来临时，可以利用景区道路网络能力，采取单向交通管理的办法，将对向的车辆进行分流，提高景区道路通行能力。虽然单向行驶会让车辆绕较远的路程，但能有效减少停车次数，避免对向行驶车辆发生冲突，降低交通拥挤导致事故发生的可能性。

## （二）采取禁行管理调节交通

在旅游交通的高峰期间，可禁止过境车辆进入景区，将其引导到景区外围道路上行驶，可减轻景区道路的交通负荷，减少其他车辆对旅游车辆的干扰，提高行车安全性。

## （三）优先发展景区公共交通

旅游者来到景区游览，基本都愿意使用公共交通工具，因此大力发展景区公共交通，提升景区旅游设施，是解决旅游交通问题的重要方法之一。旅游景区可考虑禁止外部车辆进入景区，在景区内部统一采用环保型专用观光车，模拟城市公交运作，在各大小景点设置车辆停靠站，规定游客凭车票在站点上下车。

### 案例

### 太白山景区修建新索道

太白山是秦岭山脉的主峰，海拔 3771.2 米，是我国青藏高原以东第一高峰。山下百花开放，山中丛林莽莽，山顶冰川广布，高海拔的特征不仅为太白山带来了丰富多样的动植物谱系和"一日历四季"的气候差异，还为其赢得"古长安八景"之一"太白积雪六月天"的美誉。长久以来，登顶欣赏美景是很多游客最大的心愿，然而由于海拔高、耗时长，游客体力有限，很多游客只能"望顶兴叹"。

为满足游客需求，太白山景区引进高新技术建设了新索道。这条名为"天下索道"的新索道，采用了目前世界最先进的索道系统，是单线循环脱挂抱索器8人吊厢式索道。下站设在红桦坪景区，上站设在海拔3511米的天圆地方，索道全长2936米，上、下站高差1209米，垂直落差为全国第一。

据景区负责人介绍，以往游客登太白山需两天时间才能登顶，"天下索道"开通后只需几十分钟便可到达拔仙台。"天下索道"与景区另两条索道"红河谷神仙岭索道"及"拂云阁索道"一起构成了"三索联运"的太白山空中客运体系。

资料来源：太白山国家森林公园官网 http://www.tbpark.com/html/2015/scenic_0731/314.html。

### 案例分析

太白山景区根据旅游者的需求，改善了景区的交通服务设施，反映了景区"以客人为中心"的服务意识。景区的索道服务，减轻了游客爬山的艰辛与枯燥，提高了旅游质量，也促进了太白山旅游业的健康发展。

### 角色练习

学生模拟表演旅游景区交通疏导服务。

1. 情境：

十一"黄金周"期间，到 A 景区参观游览的游客络绎不绝。一眼望去，人山人海。景区内的绿色公共交通明显运力不足，有些等车的游客已经开始不耐烦了。你作为旅游景区交通部门的服务员，应如何对他们进行疏导？

2. 要求：

（1）学生分角色扮演客人和服务员，2~5 人一组。

（2）扮演服务员的学生耐心地对等车的"游客"进行疏导。

（3）扮演客人的学生要能提出典型问题。

（4）表演结束后学生进行自评和互评。

### 视野拓展

#### 旅游景区智能交通系统

智能交通系统实质上是将智能交通的技术引入景区内部的交通管理中，利用计算机技术、通信技术、地理信息系统、车辆定位系统等先进技术将景区内的游客、观光车、道路更加协调地结合在一起，建立一个实时、准确、高效的管理体系。

智能交通系统能够科学地对景区内的观光车实行及时调度，能很大程度缓解交通压力。它的应用可以提升景区管理的效率，降低景区公交运营的成本，提高游客的满意度，提高景区智能化水平，与国际接轨。此外，智能交通系统通过智能化的科学管理，使得在途的车辆都能在最短的距离内实行调度，这样既可以降低能源消耗，又能减少污染，使环境污染状况得到明显改善。

资料来源：自编。

### 任务评价

根据上述相关知识和资料，个人和小组共同完成任务评价（见表4-4）。

表4-4 任务评价表

| 评价项目 | 具体要求 | 评价 | | | |
|---|---|---|---|---|---|
| | | 好 | 一般 | 差 | 建议 |
| 旅游景区交通服务 | 1.旅游景区交通服务类型 | | | | |
| | 2.旅游景区交通服务特点 | | | | |
| | 3.旅游景区交通服务要求 | | | | |
| | 4.旅游景区交通管理策略 | | | | |

续表

| 评价项目 | 具体要求 | 评价 | | | |
|---|---|---|---|---|---|
| | | 好 | 一般 | 差 | 建议 |
| 学生自我评价 | 1. 准时并有所准备地参加团队工作 | | | | |
| | 2. 乐于助人并主动帮助其他成员 | | | | |
| | 3. 遵守团队的协议 | | | | |
| | 4. 全力以赴参与团队工作并发挥了积极作用 | | | | |
| 小组活动评价 | 1. 团队合作良好，能礼貌待人 | | | | |
| | 2. 工作中彼此信任，互相帮助 | | | | |
| | 3. 对团队工作都有所贡献 | | | | |
| | 4. 对团队的工作成果满意 | | | | |
| 总计 | | 个 | 个 | 个 | 总评 |

在旅游景区交通服务的学习中，我的收获是：

在旅游景区交通服务的学习中，我的不足是：

改进方法及措施：

## 项目关键词

餐饮服务　住宿服务　购物服务　交通服务

## 课后练习

1. 你所在地有哪些特色餐饮、风味小吃可以推荐给游客？试对此特色项目进行推介，请写出推介要点。

2. 分小组进行当地（本省）旅游景区住宿服务情况调查，并制作成PPT在全班交流。
调查参考提纲：
（1）当地都有哪些旅游景区？其基本情况如何？
（2）哪些景区有住宿服务？其设置住宿服务的原因是什么？其住宿服务有哪些设施？
（3）该景区住宿服务包括哪些内容？

3. 小组调研：当地有无特色旅游商品？有哪些特色旅游商品？请选取一样作为当地特产进行PPT推销展示。如果没有，请在中国的特色旅游商品中选取一样做推销展示。

4. 请分小组对当地旅游景区进行调研，写出该景区的旅游交通特点，并制作PPT在全班交流。

调研参考提纲：

（1）该景区内有哪些交通形式？它们都有哪些特点？

（2）该景区最受游客欢迎的景区交通形式是什么？

（3）在五一、十一"黄金周"等旅游旺季，景区的交通服务必然要经受极大的考验。请你给该景区出出主意，怎样才能缓解"黄金周"等旅游旺季的景区交通压力？

# 项目五　旅游景区休闲游乐服务

## 项目概览

随着旅游产业从观光向休闲度假的升级和人们旅游需求的不断变化，在"食、住、行、游、购、娱"的旅游六要素中，"娱"越来越受到旅游者的追捧，出现了以休闲游乐为主题的旅游景区，旅游景区的休闲游乐项目服务，也日益成为旅游景区服务的重要内容。本项目通过旅游景区休闲游乐的设施与项目、指导游客正确使用景区游乐设施、乡村休闲旅游景区三个任务的设置，让学生对景区休闲游乐服务有所认识，并熟悉掌握其服务流程、规范，了解注意事项；同时，让学生了解乡村休闲旅游的定义和特点及其发展趋势和基本类型，了解乡村休闲旅游景区的服务内容。

## 任务导读

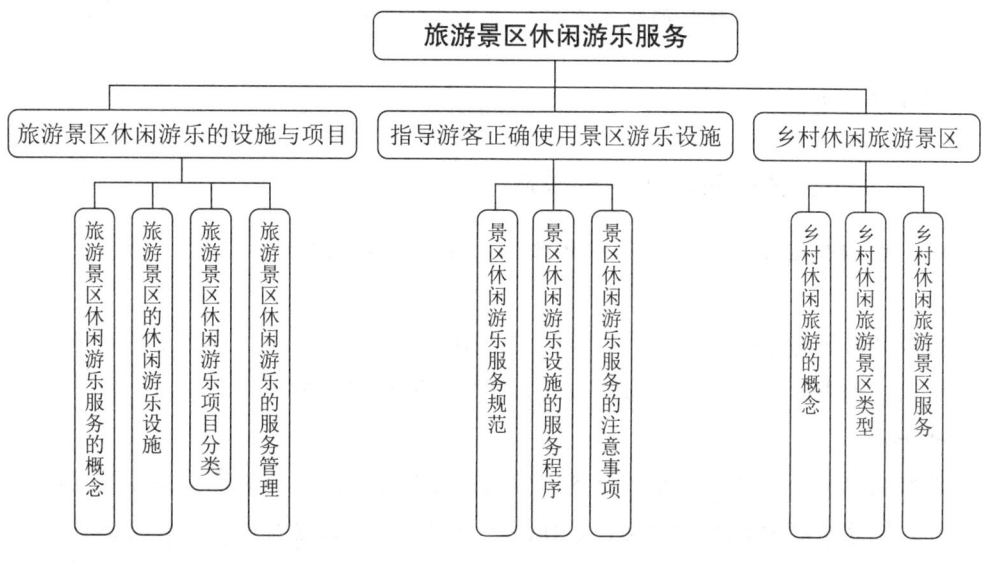

## 学习目标

1. 熟悉景区内休闲游乐的设施与项目。

· 147 ·

2. 了解景区内休闲游乐的注意事项。
3. 能指导游客正确使用景区内游乐设施。
4. 了解乡村休闲旅游景区的服务内容。

# 任务一　旅游景区休闲游乐的设施与项目

### 任务描述

本任务要求学生熟悉景区内休闲游乐的设施与项目，主要通过课前预习、实地考察、课上学习、课后复习等途径，以多媒体、录像、案例分析、实地考察等方法完成本任务。

### 情境导入

北京环球度假区于2021年9月20日盛大开园，北京环球影城主题公园、两家度假酒店、北京环球城市大道面向公众正式开放，小明对此充满了期待。他愉快地和同学们谈起自己去香港迪士尼乐园游玩的经历。同学们也你一言我一语打开了话匣子，纷纷说起自己游玩过的大型游乐主题景区：广州市长隆旅游度假区、桂林市乐满地度假世界、上海欢乐谷……没有去过大型游乐主题景区的同学，也讲起在不同的景区里玩各种游乐设施与项目的体验。有的同学还回忆起童年时父母带自己去动物园看完动物，一定要看一场动物表演，坐一下旋转木马的美好时光……

请问，旅游景区一般都有哪些休闲游乐设施与项目呢？

### 相关知识

## 一、旅游景区休闲游乐服务的概念

### （一）旅游景区休闲游乐服务的定义、作用和特点

**1. 定义**

旅游景区休闲游乐服务是指借助景区的休闲游乐设施和项目，为满足游客休闲和游乐的旅游需求所提供的各项服务，通常表现为非物质形态的体验。

**2. 作用**

旅游景区休闲游乐服务是旅游景区服务的重要内容，随着旅游产业从观光向休闲度假的升级和人们旅游需求的不断变化，它在游客体验中的分量越来越重。良好的休闲游乐服务，新颖的休闲游乐项目及轻松的环境氛围，会使游客在旅游的过程中得到愉快的经历和独特的体验，使游客在旅游环境中停留更长时间，精力更加充沛，并获得身心的愉悦。

旅游景区休闲游乐服务是景区中最需要注重创意的服务内容，以风景名胜区为代表的

传统景区，开发较早，虽然旅游资源独特、品牌知名度高，但其休闲游乐服务大多出现了产品老化、吸引力不足、游览时间短、游客消费水平低等一系列问题。传统观光型景区的休闲游乐服务升级迫在眉睫。

**3. 特点**

（1）休闲性。景区的休闲游乐服务，能给游客营造一种轻松愉快的旅游氛围与自由自在的独特体验，让从烦琐生活、紧张工作中脱身来游玩的旅游者彻底放松身心。

（2）挑战性。现代社会竞争越来越激烈，竞争能力的培养成为人们共同关注的话题。景区的休闲游乐服务也必须具备一定的挑战性，方能获得人们的青睐。

（3）刺激性。随着年轻旅游族群的快速增长，一般的休闲娱乐服务已经不能提起他们的兴趣，惊心动魄、富有挑战极限的景区游乐项目应运而生，如蹦极、激流勇进、海盗船等。

（4）新奇性。不论是观光游览，还是休闲娱乐，旅游者求新、求奇的旅游心理都是一样的，所以，景区的休闲游乐服务也是日新月异，比如 4D 动感电影、动漫奇幻世界、高空悬空玻璃栈桥等。

（5）交往性。景区的休闲游乐服务项目，比如休闲采摘、拓展训练等，大多都具备家庭、社交、团队功能，所以往往体现出重视人际交往的特点。

**（二）休闲游乐型主题度假景区**

有些旅游景区，以提供休闲游乐设施与服务为主题，形成了旅游景区中的一个独特的大类——休闲游乐型主题度假景区。在旅游景区类型"五分法"中，娱乐景区、节庆景区、游憩景区都属于这一大类。

广州长隆景区视频

以风景名胜区为代表的传统景区，因其开发较早，集中了各地最核心的自然和人文景观，有很高的知名度和美誉度，以其得天独厚的旅游资源奠定了观光旅游的基础，形成了以观光游览为导向的游憩结构及旅游要素配置。在传统景区，观光游览服务是第一位的，休闲娱乐服务更多表现为观光游览之余或间隙的休憩服务，而这些休憩服务说到底还是为了让游客得以休息喘息后，更好地观光游览。这就是传统景区中以观光游览为导向的游憩结构。

而休闲游乐型主题度假景区，打破了传统景区中以观光游览为导向的游憩结构，而是形成了以休闲游乐为导向的游憩结构。比如桂林乐满地度假世界，地处桂林市兴安县灵湖景区，距桂林市区 63 千米。乐满地度假世界建成前，景区内除了灵渠这一旅游资源较为知名、旅游价值较高外，其他自然旅游资源乏善可陈。如果当初景区的规划开发，沿袭传统景区以观光游览为导向的游憩结构配置旅游要素的思路，很难获得市场青睐。别的不说，如在景区内要规划配置一个五星级宾馆，就不切合实际。而现在，以休闲游乐为导向的乐满地度假世界，有大型游乐主题公园、高尔夫球场、五星级度假酒店，成为休闲游乐型主题度假景区的成功典范，一举被评定为国家首批 5A 级旅游景区之一。

## 二、旅游景区的休闲游乐设施

### （一）旅游景区设施的概念和分类

旅游景区设施是指构成旅游景区固定资产的各种物质设施，它是提供旅游服务、进行服务活动的生产资料，是旅游景区从事经营活动及为游客提供服务或者提供其他旅游产品的物质基础。旅游景区的设施设备，根据不同的用途，可分为三大类：基础设施、服务设施和休闲游乐设施。

### （二）旅游景区休闲游乐设施

旅游景区内休闲游乐设施按与服务设施的关系可分为两类：一类是附属服务设施；另一类是独立于服务设施、分散于景区内的设施。

附属服务设施主要是一些适合室内活动的歌舞厅、会议厅、健身房、保龄球馆、茶室、棋牌室、游泳池等。

独立于服务设施、分散于景区内的设施种类较多。山岳型设施有观光索道、滑道、山顶观光塔、狩猎场等；水体型设施有天然游泳池、戏水池、溜索、竹筏、漂流设施、蹦极设施、垂钓池等；海滨湖滨型设施有海水浴场、沙滩排球场、游艇、水面跳伞设施、水族馆等；人文型设施有美术馆、展览馆、纪念馆、观景亭廊和凳椅坐具等。游乐场和主题公园的这类设施最密集，如过山车、摩天轮、旋转木马、海盗船等。

## 三、旅游景区休闲游乐项目分类

### （一）按其产生时间和主题划分

从游乐活动产生的时间和主题来看，景区游乐可分为传统游乐活动和现代游乐活动两大类。樱花节、水灯节、那达慕等传统的节庆活动都有上百年的历史，冰雪节、服装节、啤酒节等现代新兴的游乐节庆活动也层出不穷。

### （二）按照场地划分

**1. 舞台类**

这种游乐活动因景区规模和类型而呈现出不同的特色，随着游客多元化需求的不断变化，该类游乐活动也呈现出多样化的发展趋势。像《印象·刘三姐》《印象·丽江》等大型的实景演出不断涌现，带给游客视觉上的震撼。

**2. 广场类**

这是景区最早采用的游乐形式，是景区为了丰富游客的旅游经历而策划的中小规模的、由游客参与的游乐活动，活动内容比较丰富，如民族舞蹈、游戏等。

**3. 村寨类**

为了保持民族特色文化的真实性，许多民族聚集地相继建立了以民族村寨为特色的景区。游客在景区内可以体验到许多民族的民间游艺活动，获得精神的愉悦和快感。该类景区的民族游乐活动不仅使游客体验到了原汁原味的民族风情，更重要的是传承了特色的民族文化。

**4. 街头类**

该类游乐活动纷繁复杂，主要源于过去或新兴的街头游乐项目。传统项目如套圈取宝、卖唱、评书、杂技等；新兴项目如街舞、素描等，其参与者多为民间艺人和文艺爱好者。

**5. 流动类**

这类游乐活动没有具体的表演地点，而且多为短暂的表演，如马戏团、吉卜赛大篷车歌舞等。

**6. 特有类**

该类游乐活动多是景区为了适应现代人变化的游乐需求而不断推出的新型游乐活动。目前，这类游乐活动更新速率很快，如蹦极、滑翔、滑沙、滑草等。

（三）按照活动的规模划分

**1. 小型常规游乐**

小型常规游乐是指景区长期提供的游乐设施及活动，其规模较小，游客每次的游乐时间不长，使用员工较少。此类游乐项目在游乐园和主题公园中比较常见，其特色较弱、复制难度低，所以对中远距离游客的吸引力较小，主要吸引当地和周边居民。小型常规游乐可以分为三大类。

（1）表演演示类。表演演示类包括茶道、川剧变脸、唐乐舞、祭天乐阵、楚国编钟乐器演奏、纳西古乐演奏、对歌求偶、绣球招亲、赛马、斗牛、斗鸡、斗蟋蟀、动物算题等。

（2）参与健身类。参与健身类包括过山车、摩天轮、激流勇进、海盗船、滑翔、射击、赛车、热气球、钓虾、钓鱼、骑马、潜水、滑水、滑草、游泳、温泉疗养、观光果园、观光茶园、狩猎、攀岩、迷宫、保龄球、高尔夫球、桑拿、手工艺品制作等。

（3）游戏游艺类。游戏游艺类包括真人 CS 对抗、卡拉 OK、猜谜、赛跑、踩气球、街头舞蹈、秧歌、竹竿舞等。

在三大类别中，参与健身类和游戏游艺类在景区中较常见，其中，游戏游艺类是一种过渡形式，如一些比较简单的、对人数要求不多的舞蹈，往往在演示过程中邀请游客模仿参与，因而是一种很能活跃气氛的大众性活动。

**2. 大型主题游乐**

大型主题游乐是指景区经过精心筹划组织、动用大量员工和设备推出的大型游乐活动，是景区中小型常规游乐基础上的点睛之作，一般在推出前会进行高频率的广告宣传，用心营造特定氛围，掀起游客入园的新高潮。按照活动方式，可以将大型主题游乐划分为三类。

（1）舞台豪华类。舞台豪华类游乐一般采用最先进的舞台灯光技术，用声控模型、鸽子、氢气球等占据多维空间，并以施放银色烟火、喷泉等配合舞台演出。舞台服饰多为锦衣华服，色彩绚烂，节目丰富多彩，融歌舞、服装表演、小品、杂技、相声等为一体，游乐性极强。例如，杭州宋城集团推出的大型歌舞剧《宋城千古情》，演出内容丰富，形式多样，规模宏大。

（2）分散荟萃类。分散荟萃类游乐多为以一定的节庆为契机，围绕一定主题，在景区多个地点同时推出众多小型表演或参与类游乐活动，从而形成一个大型的主题游乐活动。例如，上海世博会推出的不同国家的"国家馆日"主题游乐活动等。

（3）花会队列类。花会队列类游乐一般与节庆结合，是一种行进式队列舞蹈表演、人物表演，大多在景区广场或景区道路上进行，有的以民俗为主题，有的以神话传说为主题，演出服饰夸张怪诞，锣鼓喧天，游乐性强。例如，深圳世界之窗汇聚了文化彩车、扑克方阵、皇家马队等充满异国文化风情的游行队伍。

景区大型主题游乐的三种类型，运用大量的声、光、电、视频等高科技手段，并在一定程度上相互交叉，使景区的活动更为丰富、精彩。

### 四、旅游景区休闲游乐的服务管理

景区休闲游乐项目众多，更新周期快，工作环节和程序较复杂。因此，景区应加强休闲游乐服务的管理，既为游客提供良好的体验，又要特别重视游客的安全。

#### （一）组织结构专门化

为推动休闲游乐活动的发展，景区可以成立专门的委员会，该组织要在休闲游乐活动的产品管理、营销管理等方面给予全面的指导和协调，可把休闲游乐活动有关信息提供给旅行经销商，使其做到有的放矢地设计不同的线路。

#### （二）旅游服务人性化

景区为保证休闲游乐项目的正常运行，其旅游服务要个性化，应制定一套完备的规章制度，作为全体休闲游乐服务人员的行为规范和依据，因为不同的休闲游乐项目具有不同的运作模式和规律，所以不同的项目具有不同的服务程序和要求。

#### （三）服务管理制度化

应该制定严格的休闲游乐服务管理制度，内容包括以下几个方面。

**1. 设施、设备保持良好状态**

保证各种休闲游乐设施、设备的定期维护和保养，并且必须在每天上岗前认真检查所有的设施、设备，使其处于良好的使用状态，以保障游客的人身安全。

**2. 提供清洁、卫生的休闲游乐环境**

服务人员应保持休闲游乐项目所在地的清洁、卫生，每天上岗时、下岗前要进行认真打扫，为游客提供一个清洁、卫生的体验环境。

**3. 注重服务人员的素质培养**

服务人员应具备良好的职业道德、文明素质、娴熟的技能和良好的心理素质，为游客提供热情、周到的服务，满足游客的需求，为游客提供美好的体验。

**4. 做好游乐项目的服务工作**

服务人员应耐心、细致地为游客提供相应的配套服务和帮助。对于某些激烈、刺激的游乐项目，应事先告知游客注意活动的危险性，并提醒他们注意安全。

总之，景区应保证为游客提供舒适和安全的设施设备、清洁卫生的游乐环境、热情周到的服务，使游客有宾至如归的感觉，对景区的服务感到满意。

### （四）幕后工作规范化

景区休闲游乐活动的幕后工作是其得以顺利开展的重要保障。休闲游乐活动带给景区的不仅是经济、环境等方面的改变，同时也带来许多隐患，而这些隐患往往被人们所忽视，这在一定程度上威胁到休闲游乐活动乃至整个景区的可持续发展。因此，保障休闲游乐秩序、维护景区环境、保证休闲游乐安全、善后处理及时是景区幕后工作的主要内容。

## 案例

## 北京环球度假区

北京环球度假区于2021年9月20日盛大开园。

环球主题公园及度假区是康卡斯特NBC环球的下属业务板块，为世界各地的游客提供沉浸式、主题化的娱乐体验。环球主题公园以沉浸式体验著称，基于电影和电视打造出惊险刺激、技术领先的景点。各年龄段的游客都可以与喜爱的人物形象一同冒险，在娱乐中畅享知名品牌。

北京环球度假区是一个广受期待的主题公园旅游目的地，以全新精选景区为主打，网罗全世界环球主题公园人气最高的娱乐设施和景点，融入大量中国元素和精心打造的独特体验。

度假区分为七大主题景区。

1. 哈利·波特的魔法世界

从强大的魔法咒语到魔法生物，从邪恶的黑魔头到勇敢的巫师，2021年，哈利·波特的魔法世界在北京环球影城隆重开幕。

这个魔法世界，引领人们将平凡的世界抛诸脑后。前往霍格沃茨城堡，探寻魔法秘境，在霍格莫德巫师村参观魔法商店，或是品尝一下著名的黄油啤酒！还有更多精彩纷呈的游乐设施与层出不穷的神奇冒险，将一步步带领游客进入一个惊险刺激又妙趣横生的魔法世界。

2. 变形金刚基地

这座极具赛博坦风格的基地，由变形金刚变身而成，要知道这在全世界也是绝无仅有的！如果你已经准备好成为一位特工，那就接受擎天柱的招募，加入北京巢穴部队，与汽车人一起并肩作战，对抗霸天虎，保护地球吧！

3. 功夫熊猫盖世之地

功夫熊猫的世界意境深远，亦包罗万象。这是一个世外桃源般的古老之地，是一个融合了自然与匠心之美的传说之境，更是一个能让人放下杂念、感悟自然的敬畏之地。在平先生面馆感受浓郁鲜香，在与神龙大侠神游的旅程中体验功夫的魅力，和平山谷是一个能带给大家奇迹的地方！在这里，人们会沉浸到英雄节的热闹氛围之中，在功夫熊猫的世界探寻属于每一个人的功夫之道！

4. 好莱坞

来到好莱坞，在闪耀的灯光中，走在星光熠熠的街道上，开启一段激动人心的好莱坞之旅吧！漫步于高大的棕榈树之间，徜徉在好莱坞经典的场景之中，游客将感受浮华之城的无穷魅力！如同一个千载难逢的好机会，让人跳出平淡的日常生活，踏入银幕的光影之中，过足"星瘾"！

5. 未来水世界

在未来水世界，游客将观看一场环球影城首屈一指的水上爆破特技表演。从水上摩托艇极速俯冲的惊险特技，到触目惊心的飞机坠毁现场，游客将零距离感受由扣人心弦的生死搏斗带来的逼真体验。

6. 小黄人乐园

照明娱乐的小黄人乐园，是一个充满欢乐的缤纷世界。这些调皮的小黄人在街区、港口和市中心走街串巷，无拘无束地满世界撒欢！另外，在超级萌乐岛，萌转过山车和超萌漩漩涡正等待挑战者的到来！

7. 侏罗纪世界努布拉岛

6500万年前的侏罗纪时代终于再度重现，步入那扇标志性的侏罗纪世界之门，便能看到当年约翰·哈蒙德关于侏罗纪时代的所有设想。充满未知的热带雨林，壮观的瀑布与神秘的潟湖，还有那些被"唤醒"重现的史前恐龙，侏罗纪世界努布拉岛是一片充满奇迹的地方。

资料来源：北京环球度假区官网 https://www.universalbeijingresort.com/zh_CN。

### 角色练习

1. 选取一项休闲游乐项目设施或项目，扮演景区游乐服务人员向游客介绍该景区内的休闲游乐设施与项目，要求能清楚说明设施或项目的内容以及相关注意事项。

2. 三个人结伴到某景区游玩，景区景色宜人，走了大约1小时后，三个人感到有点累，周边找不到休息设施，于是只能来到景区内的一个小茶室休息。请你以游客的身份，从休闲游乐设施方面给该景区提点建议。

### 视野拓展

**印象·刘三姐**

《印象·刘三姐》集漓江山水风情、广西少数民族文化及中国精英艺术家创作之大成，是全世界第一部全新概念的山水实景演出。

方圆两公里的漓江水域，12座背景山峰，广袤无际的天穹，构成迄今世界上最大的山水剧场——《印象·刘三姐》演出剧场。

这场演出以自然造化为实景舞台，放眼望去，漓江的水，桂林的山，化为中心的舞台，利用目前国内最大规模的环境艺术灯光工程及独特的烟雾效果工程，创造出如诗如梦的视觉效果，给人宽广的视野和超然的感受。在《印象·刘三姐》中，山峰的隐现、水镜的倒影、烟雨的点缀、竹林的轻吟、月光的披洒随时都会参与演出，成为美妙的插曲。晴天的漓江，清风倒影特别迷人；可烟雨漓江，赐给人们的却是另外一种美的享受。

锦绣漓江——刘三姐歌圩景区几乎全部被绿色覆盖，里面种植有茶树、凤尾竹等，加上所植草皮，绿化率达到了90%以上。其中，《印象·刘三姐》的灯光、音响系统均采用隐蔽式设计，与环境融为一体；水上舞台全部采用竹排搭建，不演出时可以全部折散、隐蔽，对漓江水体及河床不造成影响。观众席依地势而建，呈梯田造型，与环境相协调，同时也考虑到了行洪的安全。另外，6.67公顷的建设用地上，鼓楼、风雨桥及贵宾观众席等建筑散发着浓郁的民族特色，据建设单位介绍，整个工程不用一颗铁钉，令人叹为观止。

用张艺谋本人的话说："它是一场秀。"它秀的是桂林山水，秀的是民俗风情，秀出了那种天人合一的境界。它启用了目前国内最大规模的环境艺术灯光工程，独特的烟雾效果工程及隐藏式的音响展现出了"红色、绿色、蓝色、金色、银色"五大主题色彩系列，将刘三姐的山歌、民族风情、漓江渔火、山水胜地等元素创新组合，不着痕迹地融入山水，还原于自然，给人以强烈的视觉及听觉冲击，达到了如诗如梦的效果。

世界旅游组织推荐说：今天不管我们从世界上任何角落来到桂林，不管交通费用有多贵，看一场《印象·刘三姐》都是值得的！

资料来源：印象刘三姐官方微博 https://weibo.com/u/3483789733。

☞ 点评

《印象·刘三姐》最吸引人的地方就是其保持着深厚的、本土的民间文化，具有民间的气息。置身其中，你所感受到的是当地人的温情，看到的是漓江山水和当地民族最纯朴的面貌。正是它的真实和朴素以及不乏生命力，使得整个景区具备了能够真正抚慰和感动心灵的东西。只有这样的休闲游乐活动才能真正吸引游人，从而提升一个景区的人文精神和形象。

### 任务评价

根据上述相关知识和资料，个人和小组共同完成任务评价（见表5-1）。

表5-1 任务评价表

| 评价项目 | 具体要求 | 评价 | | | |
|---|---|---|---|---|---|
| | | 好 | 一般 | 差 | 建议 |
| 旅游景区休闲游乐的设施与项目 | 1. 旅游景区休闲游乐服务的概念 | | | | |
| | 2. 旅游景区的休闲游乐设施 | | | | |
| | 3. 旅游景区休闲游乐项目分类 | | | | |
| | 4. 旅游景区休闲游乐的服务管理 | | | | |

续表

| 评价项目 | 具体要求 | 评价 | | | |
|---|---|---|---|---|---|
| | | 好 | 一般 | 差 | 建议 |
| 学生自我评价 | 1. 准时并有所准备地参加团队工作 | | | | |
| | 2. 乐于助人并主动帮助其他成员 | | | | |
| | 3. 遵守团队的协议 | | | | |
| | 4. 全力以赴参与团队工作并发挥了积极作用 | | | | |
| 小组活动评价 | 1. 团队合作良好，能礼貌待人 | | | | |
| | 2. 工作中彼此信任，互相帮助 | | | | |
| | 3. 对团队工作都有所贡献 | | | | |
| | 4. 对团队的工作成果满意 | | | | |
| 总计 | | 个 | 个 | 个 | 总评 |

在旅游景区休闲游乐的设施与项目的学习中，我的收获是：

在旅游景区休闲游乐的设施与项目的学习中，我的不足是：

改进方法及措施：

## 任务二　指导游客正确使用景区游乐设施

**任务描述**

本任务要求学生了解景区休闲游乐服务的流程、规范和注意事项，通过课前预习、课上学习、情境模拟、课后复习等途径，以多媒体、录像、角色扮演、小组讨论、案例分析等方法，掌握指导游客正确使用景区内游乐设施的基本服务能力。

**情境导入**

小明到某游乐主题景区实习的第一天，就遇到了一个大事件：一位游客在参加完某项游乐活动后，在赴下一游乐点的途中突然觉得小腹坠痛，于是赶紧打电话给景区游客中心。游客中心立刻派服务人员将该游客送往医院，诊断结果让人大吃一惊：该游客的肾脏已经出现功能衰竭情况，需要立刻动手术将肾脏摘除。事后，该游客对景区进行投诉，认为自己是在游乐过程中发生这样的意外，景区应当承担全部责任。而景区方认为，该游乐项目的《游客须知》中，已经明确告知，患有高血压、心脏病、脑血管病、神经紊乱、哮喘病的病人，有过癫痫史、骨折史的病人及吸毒者、孕妇、酒醉人士不得入内。游客不遵守此项规定，责任应由游客自负。

小明在班级微信群里直播了这个事件的进展，也引发了班级同学的热烈讨论，大家议论纷纷。那么，景区休闲游乐服务应该注意些什么呢？

### 相关知识

## 一、景区休闲游乐服务规范

### （一）对服务人员的要求

（1）服务人员应遵守旅游职业道德和岗位规范，礼貌待人，维护游客的合法权益。

（2）服务人员应掌握本岗位所需的专业知识，按国家相关规定持证后方可上岗。

（3）特殊岗位的服务人员应达到相关国家标准、行业标准和地方标准的要求。

（4）服务人员发现事故隐患或者不安全因素，应当立即向相关安全管理人员和单位有关负责人报告。

（5）服务人员应熟练掌握本岗位有关应急安全处理方法。

（6）服务人员应身体健康，无职业禁忌证，应持有效的健康体检证明方可上岗服务。

（7）营业期间，服务人员应着统一的工作制服，佩戴工作标志。

（8）服务人员应会讲流利的普通话，吐字清晰。

（9）接待海外游客的服务人员应能用相应的外语为海外游客服务。

（10）服务人员应主动、具体、仔细地介绍服务内容和服务价格，并主动为老、弱、病、残、孕和抱婴者提供特殊服务。

（11）提倡微笑服务，使用礼貌用语。

（12）服务人员应尊重游客的宗教信仰与风俗习惯，满足不同民族游客的合理要求。

（13）对游客提出的问题暂时不能回答或暂时无法解决时，应记录并事后跟进。

（14）设施、设备服务人员应时刻观察游客的动态，指导游客安全游乐。

（15）各出入口服务人员应具有接待和疏导游客的能力，在高峰期间，协助门岗工作，确保出入口通畅无阻。

（16）发现游客遗失物品，应及时上交给有关部门，以方便归还失主。

（17）当发生突发事件时，应立即报告，并按职责采取有效措施，减少损失。

### （二）服务规范要求

**1. 通用要求**

旅游游乐场所应对所提供的各项游乐活动或服务制定相应的、合理的服务流程，包括服务内容、与服务内容相对应的管理和服务流程。

**2. 信息公告**

（1）在服务的初始阶段和中间过程中，应利用信息设备，如电子显示屏等向游客及时通报场所内设施及服务项目当前的状况。

（2）服务过程中提供的所有游乐项目和服务项目，应明码标价，并向游客出示价目表，其价格应符合相关部门的规定。

（3）公共广播语言应采用标准普通话播音，按地域不同宜增加当地方言播音。

（4）接待海外游客场所中的所有标志信息以中、英文两种及以上文字表示，公共广播语言以中、英文两种及以上语言广播。

**3. 信息收集、统计与归档**

（1）旅游游乐场所的内部管理应用信息系统应能够实时对场所进出的游客数量、经营收入、从业人数等业务情况进行收集和统计。

（2）应采用统计技术对采集到的数据进行统计分析。

（3）应对所有统计信息和记录建立统计台账和核算制度，并按相关规定按时报送各级管理部门。

（4）信息统计数据文档保存期为5年。

**4. 服务质量控制**

（1）景区企业应制定质量管理目标，并建立监督检查制度。

（2）景区企业宜设立质量管理部门或质量管理岗位。

（3）景区企业应公布24小时服务电话，受理游客的投诉和咨询。

（4）景区企业应有专职人员负责服务质量的监督和考核。社会有效投诉率应不超过3‰。

（5）应定期向游客发放并回收"征求意见表"。

（6）应有计划、有目的、有选择地回访游客。

（7）应针对游客提出的合理化建议制定有效的整改措施，改进服务工作，提高服务质量。

（8）鼓励景区企业积极获取相关的质量管理体系和环境管理体系等的认证。

## 二、景区休闲游乐设施的服务程序

休闲游乐服务质量要保持稳定，需要制定规章制度对服务流程加以固化和约束，增强服务人员工作的规范性。鉴于休闲游乐项目的多样性，不同的项目对应着各自的服务程序，不能一一赘述。在这里选择机械类项目作为对象，详细介绍其服务程序。

**（一）营业前的准备**

（1）服务人员应提前到岗，换好工作服，佩戴好服务标牌，考勤签到并做好服务准备工作。

（2）每日运营前的例行安全检查要认真负责，建立安全检查记录制度，没有安全检查人员签字的设施设备不能营业，营业前试机运行不少于两次，确认一切正常后，才能开机营业。

#### （二）营业中的服务

（1）门岗当值人员应熟悉本游乐场规定的各种票券的使用方法，到营业时间后，应迅速、准确验收票券，主动、正确地引导游客按顺序进场。

（2）引导游客正确乘坐游艺机，严禁超员，不偏载，游客务必系好安全带。

（3）在游乐活动开始前，向游客详细介绍游乐规则、游艺机操纵方法及有关注意事项。谢绝不符合游艺机乘坐条件的游客参与游艺活动。对于不遵守安全规定的游客，服务人员要耐心说明违反规定的后果。如问题解决不了，应及时上报上级部门。

（4）帮助游客做好安全措施，确认安全无误后再启动游乐设施。开机前先鸣铃提示，确认无任何问题后方可开机。

（5）在游艺机运行过程中，操作人员严禁擅自离岗。

（6）在游乐过程中，维持游乐、游艺秩序，劝阻游客远离安全栅栏，上下游艺机秩序井然。密切注意游客动态，及时制止个别游客的不安全行为。

（7）如遇游客发生安全意外事故，应按规定程序采取救援措施，认真负责地做好善后处理。

（8）设备运行结束后，服务人员应主动为游客解开安全装备，引导游客退场。

（9）服务人员要随时掌握游乐动态，准确回答游客问询。

#### （三）营业后的检查

在游乐服务结束后，服务人员要整理、清扫、检查游乐项目的承载物、附属设备及游乐场地，确保游乐环境的整齐有序、清洁干净，消除安全隐患。

### 三、景区休闲游乐服务的注意事项

在景区（点）内休闲游乐服务过程中，服务人员要将游客安全放在首位，在工作中始终保持高度认真负责的态度，保障游客的人身和财产安全，做好各项游乐项目的配套服务，不断增强服务意识。

#### （一）保障游客的人身安全

**1. 常规安全服务措施**

（1）对一些机械类设施要定期保养，并且在每天接待游客之前还应该进行测量和检查。

（2）接待的服务人员要不厌其烦地向客人解释正确的使用方法，为游客进行安全装置检查及进行必要的运动保护（比如潜水），对游客出现的一些不规范操作要及时地劝阻。

（3）加强对设备、设施的定期维护和保养，使其处于良好的使用状态，保障游客安全。

（4）某些游乐活动入门处要以"警告"方式对注意事项予以公布。要加强对游客的人身和财物的安全保障，制定具体的保护措施。例如设立游客物品寄存处或保险箱，并且制定安全巡逻制度。

### 2. 警示

为了保障游客参与项目过程中的人身安全，所有游乐参与项目都规定了一系列"准入"标准，如高空坠落项目的《游客须知》中规定："本项目具有一定的刺激性，患有高血压、心脏病、脑血管病、神经紊乱、哮喘病等病症人士，有过癫痫史、骨折史人士及吸毒者、孕妇、酒醉人士，谢绝入场。15岁以下的未成年人、60岁以上的老人以及体重90公斤以上的人士，谢绝参与。"

漂流类项目《游客须知》中规定："身高1.1米以下的儿童，50岁以上的游客，患有心脏病、神经紊乱、哮喘病、癫痫病等病症的人士及孕妇、酒醉人士，谢绝乘坐。"除了这些病症以外，有些项目还会提醒游客，有脊椎炎、颈椎病、头晕症、习惯性流鼻血症、恐高症患者及任何带病者、带石膏者及孕妇禁止乘坐，还有"请勿在服食药物和饮酒的情况下乘坐，请勿携带随身物品，请将长发盘起"等提醒内容。

### 3. 安全服务技能与规范

很多游客往往会忽视景区的这些善意提醒，从而会给景区服务人员造成麻烦，更会对游客自身造成不可弥补的伤害。在这种情况下，景区在做出警示后很难真正做到对每个游客的身体状况都了如指掌，很难分辨哪些游客符合游玩条件，哪些游客不符合游玩条件。这就决定了游客自己具有绝对的主动权。如果游客有意要隐瞒实情，景区方是很难做出准确判断的。但是，一旦游客隐瞒实情并在游玩项目中或游玩后发生了事故，景区是很难逃避责任的，即使经过仲裁或法院判决景区不承担任何责任，也会大大损害景区的形象。所以，怎样在制度之外加强服务人员的服务技巧，是很有必要探讨的话题。

在休闲游乐项目中的接待服务人员，首先要注重素质培养。应具备良好的职业道德、文明素质、娴熟的技能技术和良好的心理素质。由于部分项目某些岗位工作时间较长，工作内容较为单一，服务人员容易产生厌倦与烦躁感，有时还要接受来自游客的指责，忍受一些委屈，这就要求员工要具备很强的心理承受能力。良好的服务态度会使游客产生亲切感、宾至如归感；娴熟的服务技能会给游客带来精神和物质享受；敏捷快速的服务效率可以节约游客的时间；众多的服务项目可以满足游客的多方面需求；设备、设施的良好运转能保证游客的舒适和安全；清洁卫生的环境可使游客心情愉快。这些都从不同角度构成了优质服务的内容。

当游客在游玩游乐项目后出现不适状态时，景区应当立刻采取措施。服务人员应当配合医务人员、安保人员及管理者及时进行救护工作。

首先，游客如果发生问题，或由本人，或由最先发现的服务人员告知游客服务中心，立即派医护人员和专车将游客送往医院进行检查。

其次，马上通知景区相关部门领导。

再次，想方设法立刻联系游客的家人，在第一时间将游客病情告知他们。

最后，做好突发事件后的紧急预案，防止意外事件出现后景区的管理与服务陷入混乱和无序状态。

### （二）加强游客的秩序管理

游客最集中的地方主要在休闲游乐场所的出入口和项目设施的排队处。出入口和排队的通道设置需要巧妙设计，既要有利于规范游客的排队秩序和行为，又要使人员不发生拥挤和踩踏。在出入口和排队处要设置明显的引导标志，安排足够的工作人员进行引导，维护秩序。当游客数量过多时，要对参与活动或进入的游客进行人数限制。

### （三）确保环境的清洁卫生

景区内的休闲游乐场所在设计时就要充分考虑卫生清洁的要求，配备足够的环卫设施。营业场所的环境应干净整齐，客用设备及用具必须定期清洗消毒，供游客休息的座椅要卫生清洁，无破损现象，为游客提供清洁、舒适的体验环境。

### （四）做好项目的配套服务

景区的一些游乐项目除了需要基本的服务，还需要一些配套服务。为了保证这些项目的顺利运转，景区一定要在提前准备好配套用具的基础上，要求服务人员能够耐心、细致地为游客提供咨询和帮助，使得游客能够合理地使用该类器具，以达到休闲游乐的目的。例如欣赏四维电影时使用必备的专用眼镜，从事保龄球运动时要配备专用的鞋袜等。

### （五）强化员工的服务意识

游客购买景区内的休闲游乐产品，是希望获得生理和心理上的享受。在景区的游乐服务中，一些工作具有枯燥、单一的特点，工作时间一般也较长，容易导致工作人员出现烦躁的情绪。同时，游客的多样化也决定了休闲游乐服务非常复杂。因此，服务人员一定要不断强化服务意识，才能更好地提供服务。

## 案例

夏季的某海滨浴场，人头攒动，游客纷纷在此游泳、戏水、运动休闲，家长带着孩子们在海水中尽情玩耍。

浴场救生员小王密切注视着浴场边缘区域的游客，以防发生不测。广播里反复播放着提醒游客注意安全，不要向安全区域外的海域游去。尽管设有"严禁区外游泳""请注意您孩子的安全"等警示牌，然而还是有很多大胆者向安全区域外的深海处游去。

游客甲带着儿子一起在浅水区游泳，他5岁的儿子特别喜欢戏水，抱着游泳圈扑腾不止。游客甲对儿子说："儿子，爸爸要去那边游泳，你在这里玩啊。"经过一番说服，小孩勉强答应了。站在沙滩上的救生员小王注意到了，便立刻向浅水区走去，接近那个小孩子。游客甲此时已经到深海中畅游去了。等他回来时，看到儿子身边站着一个身穿制服的浴场员工，孩子惊魂未定，游客甲赶忙问发生了什么事情。

小王说："对不起，这位游客，您需要照顾好您的孩子。刚刚在您离开的时候，小孩子把游泳圈拿了下来，海浪涌来，他没有站稳，喝了几口海水，受了点惊吓。不过不要紧，没别的大碍。"

游客甲赶忙一面抚慰儿子，一面感谢小王："太谢谢您了，多亏有您！"

小王礼貌地表示，这是他应该做的。"海里的游客很多，情况复杂，一不留神就可能出现意外。水中快乐诚可贵，身边孩子更无价啊！"小王说。

资料来源：自编。

☞ **案例分析**

本案例反映的是，如何处理景区内亲水类游乐项目服务接待中容易出现的问题，以及因游客不遵守项目有关规定而导致的意外情况。

亲水类游乐项目安全问题具有典型性和特殊性。水域是容易发生安全问题的地方，而一旦发生安全问题，其救援措施也因为水域的特殊性而相对滞后。

造成亲水游乐项目安全问题的表现主要如下：一是因为游客自身安全意识淡薄，忽视了景区给予的安全警告，游客无视严禁区外游泳的禁令，固执己见；二是由于景区安全标志不明显，造成游客游离于安全区域外；三是儿童在亲水类项目中的安全问题，一般是由于家长疏忽或儿童顽皮造成安全隐患。

要为游客提供最可靠的安全保障，景区须建立一支高效的安全保障队伍。此外，要有通达的景区广播服务，不仅免费帮助客人寻人，还应定时广播告知各项安全注意事项，及时警告、提醒那些在水中违规游泳的游客。最后，还需要在全景区范围内安装先进的摄像监控设备，以便随时防范、发现安全事故。

景区需要制定完善、周密的各项安全工作制度、管理规定与应急处理程序，救生人员要在规定时间在沙滩上定点监控，保安人员要24小时在景区值班巡逻，医务人员要24小时守候值班，随时随地预防、处理安全事故；景区内各主要通道都要设立游泳注意事项标牌、风浪警示牌、海水水质情况预报表，高音喇叭要播放"请游客朋友注意水上安全"等警示用语，及时有效地提醒客人不忘安全防范。

案例中救生员小王的服务态度和服务技巧值得亲水类项目服务人员学习。首先，他能时刻留心观察游客的动向，尤其是特殊人群的动向。游客甲单独带孩子来游泳，如果只身离开，年幼的孩子就会存在安全隐患。小王观察到了这一点，才会给予更多的关注。其次，他能率先一步预测到事态的发展，当游客甲向深水区游去时，小王能主动靠近孩子，以防不测发生时来不及救援。最后，小王与游客甲交流的方式也很恰当，当意外发生或可能有意外发生时，不能斥责游客，而应该是善意地提醒和劝导。

**角色练习**

1. 作为儿童游乐项目的服务员，请总结一下儿童游乐项目的注意事项，并以2~3人为一组进行角色模拟练习。

2. 劝阻特殊游客参与游乐活动情境模拟："服务人员"去劝阻一位患有心脏病的"游客"参加刺激类游乐项目，进行自评和互评。

## 视野拓展

### 戏水项目水滑梯岗位服务程序及规范

（1）服务员提前10分钟上岗，打扫地面、滑梯口的卫生，清洁沙滩椅，保持水滑梯的清洁，做到每周不少于两次检查水滑梯有无破损，并及时去除水锈及污物。

（2）检查水温、室温，要保持水温在26℃~28℃，室温要保持在28℃~30℃。

（3）备好救生圈等用具。

（4）指导客人按顺序排队，间隔15秒放一人滑下。

（5）提醒客人不要戴眼镜（除水镜外）滑下，不要头朝下或两人以上一起滑下。

（6）随时注意观察游客的动向，一旦出现游客呛水、抽筋等危急情况要及时协助救生员进行救助。

（7）客人有疑难时，主动帮助客人解决。客人如对规定不理解，要耐心说明违反规定的后果；如有解决不了的问题，应及时上报主管或领班。

（8）场间休息时，将波波球（一种漂浮在水面上的塑料球）捡回池中。

（9）游客离开时，服务员应主动与游客告别。

（10）营业结束时，应再次清理卫生并检查和保养设备，为次日的营业做好准备。

资料来源：王昆欣. 旅游景区服务与管理［M］. 北京：旅游教育出版社，2004.

## 任务评价

根据上述相关知识和资料，个人和小组共同完成任务评价（见表5-2）。

表5-2　任务评价表

| 评价项目 | 具体要求 | 评价 | | | |
|---|---|---|---|---|---|
| | | 好 | 一般 | 差 | 建议 |
| 指导游客正确使用景区游乐设施 | 1. 景区休闲游乐服务规范 | | | | |
| | 2. 景区休闲游乐设施的服务程序 | | | | |
| | 3. 景区休闲游乐服务的注意事项 | | | | |
| 学生自我评价 | 1. 准时并有所准备地参加团队工作 | | | | |
| | 2. 乐于助人并主动帮助其他成员 | | | | |
| | 3. 遵守团队的协议 | | | | |
| | 4. 全力以赴参与团队工作并发挥了积极作用 | | | | |
| 小组活动评价 | 1. 团队合作良好，能礼貌待人 | | | | |
| | 2. 工作中彼此信任，互相帮助 | | | | |
| | 3. 对团队工作都有所贡献 | | | | |
| | 4. 对团队的工作成果满意 | | | | |
| 总计 | | 个 | 个 | 个 | 总评 |

续表

| 在指导游客正确使用景区游乐设施的学习中，我的收获是： |
|---|
| 在指导游客正确使用景区游乐设施的学习中，我的不足是： |
| 改进方法及措施： |

# 任务三　乡村休闲旅游景区

**任务描述**

本任务要求学生了解乡村休闲旅游的定义和特点及其基本类型和发展趋势，了解乡村休闲旅游景区的服务内容。

**情境导入**

小明有三天的休假时间，小明的父母说："正好，听说城郊新开了一个五彩田园景区，是当地的一个科技种养示范产业园，有现代农业科技展示、养生药膳、农耕DIY等项目。我们可以在那里放松一下，还可以摘瓜菜、水果，自己加工农产品，体验一下农耕生活。据说那里的耕读山庄住宿环境很不错呢。"

**相关知识**

## 一、乡村休闲旅游的概念

乡村休闲旅游是当今旅游发展方向之一，具有强大的生机和广阔的前景。早在19世纪30年代欧洲已开始了农业旅游；意大利在1865年就成立了"农业与旅游全国协会"，专门介绍城市居民到农村去体验农业野趣，与农民同吃、同劳作，或者在农民家中住宿。

中国休闲农业旅游发展始于20世纪80年代，经过近40年的发展，休闲农业旅游从单一的农业旅游形式发展成为集休闲、观光、度假、体验、科普等为一体的现代农业产业新形态和旅游消费新业态。中国休闲农业旅游发展过程经历了萌芽、起步、快速发展和创意及精致化发展4个阶段。

乡村休闲旅游，是中国旅游发展新热点，是最具潜力与活力的旅游板块之一。数据显示，2018年全国休闲农业和乡村旅游接待人次超30亿，2019年全国休闲农业接待游客32亿人次，营业收入超过8500亿元，直接带动吸纳就业人数1200万人，带动受益农户

800多万户，成为"绿水青山就是金山银山"的重要实现途径和生动写照。

2020年，农业农村部编制印发了《全国乡村产业发展规划（2020—2025年）》，提出到2025年乡村休闲旅游业年接待游客超过40亿人次的目标。

### （一）乡村休闲旅游的定义

乡村休闲旅游是旅游业和农业相结合的第三产业，它兼有旅游业和农业两个产业的双重特性，又是一个具有复合特性的服务型产业。乡村休闲旅游是以乡村地区的农业资源为基础，以乡村生态旅游为主题，利用田园景观农业生产经营活动和乡村特有的人文景观为场景，吸引游客前来观赏、休闲、习作、购物、度假，以为游客创造美好回忆为核心需求，提供满足旅游者食、住、行、购、娱、游等感官和情感需求的"剧情"，使旅游者参与传统和新型农业技术实践活动的乡村休闲体验旅游形式。它包括休闲农业和乡村旅游两个重要组成部分。其本质是农、文、旅融合，即"农业＋文创＋旅游"的发展模式，也就是乡村振兴需秉持的"农业是根、文化是魂、旅游是路"的理念。

对农业而言，乡村休闲旅游增加了农业的观光旅游价值，为社会提供了一种新的旅游形态，丰富了农业结构；对观光旅游业而言，乡村休闲旅游扩大了观光旅游空间，丰富了观光旅游内容。

乡村休闲旅游景区具有科技示范功能、生产功能、教育功能、参与功能、娱乐功能、康养功能、采购功能等。游客可在景区内参观，放松心情；也可在景区居住，沉浸式体验各种活动。乡村休闲旅游消费主体是城市居民，可根据城市居民的阶层、爱好、年龄，界定需求，规划、建设与上述需求相对应的设施。

### （二）乡村休闲旅游的特点

#### 1. 人为性强

人为性体现在乡村休闲旅游景区的规划性和计划性上，特别是创新理念在景区建设上的应用。通过规划，对一个合适的农业地区加以改造、提高、浓缩，将当地各种优势条件利用起来，采用科技手段和现代装备，将之建设成观赏性、参与性、教育性、娱乐性、享受性、休闲性很强的乡村休闲旅游景区。景区建成后的运转、发展、盈利等，都按规划、设计的目标进行。

#### 2. 科技水平高，有一定规模

科技水平表现在种植、养殖、加工等各个农业领域。如节水灌溉、施肥测土配方、温室室温和湿度自动控制、禽畜饲料计算机配方等，由于良好的生产手段和环境激发了劳动者的热情，从而大大提高了工作效率、产量和质量。另外，科技水平还体现在居住、洗浴、休闲娱乐等方面。旅游者不仅可以学习现代农业知识，也通过亲身体验获得了享受。

乡村休闲旅游景区必须具备一定规模，才便于引进先进的科学技术，才便于规范化、标准化，观光旅游内容才能丰富，才能吸引、容纳大量的游客，才能高效运转。景区观光旅游设施集中，才便于游客花较少时间享受更多乐趣，获取更多知识。

### 3. 法规完善

乡村休闲旅游景区的建设、管理，都是按照国家有关法律法规进行。农产品生产和加工过程以及服务有规范，产品才有标准。以完善的法规保证游客的人身安全，确保游客身体健康和精神愉快。

### 4. 展示性、趣味性强

乡村休闲旅游景区采用多种手段，在种养殖等农业生产中，展示农耕文化、民俗文化和饮食文化，展示科学技术、景观艺术和农业产品。展示项目既融入人文、科技，也再现原生态文化和传统生产模式。可让游客在游览过程中接触知识、享受乐趣。景区的内容和设施，还将随着科学技术的发展进步、市民观念意识的发展变化而定期更新，使游客因总能有新的感受而流连忘返。这是传统农业所不及的。

### 5. 观光旅游和农业交融性强

观光旅游和农业相互交融，共同促进。乡村休闲旅游路线、居住环境、餐饮项目的规划，是以农业、农村文化为基础；而农业建设项目的规划设计，必须考虑观光旅游的要求。观光旅游项目运行过程中会对农业提出新的要求，促进农业的提升与发展；不同文化背景的游客会丰富乡村休闲旅游景区的内容；农业、农村和农民的新变化，又会吸引更多的游客。

### 6. 可持续发展

乡村休闲旅游是高度规范化、科学化管理的行业。一方面，在农业发展上，必须重视农业生态环境的整治，提高农业生态系统的环境质量；另一方面，在旅游活动中，也要充分体现对生态系统的保护，加强对游客行为、游客数量的控制力。综上所述，乡村休闲旅游是可持续发展的产业。

## 二、乡村休闲旅游景区类型

乡村休闲旅游近年来迅猛发展、增长强劲，成为各地经济增长的亮点。随着乡村休闲旅游的逐渐转型、提质升级，其经营管理模式愈来愈发挥着独特而显著的作用。乡村休闲旅游以什么模式发展最有效，可以根据各地情况因地制宜。现今市场上比较活跃的乡村旅游模式，主要有以下几种。

### （一）城市依托型

采用这种开发模式的地区一般靠近大城市，拥有客源优势和交通优势，因此以发展周末度假客源为主，也称城郊型，是典型的乡村旅游地发展模式。此种地区适宜开发成集疗养、娱乐、运动健身等产品功能为一体的层次及消费较高的乡村度假村，这类度假村对基础设施等辅助服务质量要求较高。

### （二）成熟景区依托型

成熟景区巨大的地核吸引力为区域旅游在资源和市场方面带来发展契机，周边的乡村地区借助这一优势，以成熟景区为依托，发展成为一个新的乡村休闲旅游景区。

### （三）历史文化依托型

古村古镇旅游是当前国内旅游开发的一个热点，也是乡村旅游体系中一个比较独特的类型，以其深厚的文化底蕴、淳朴的民风和古香古色的建筑遗迹等特点受到游客的喜爱。

### （四）交通依托型

顾名思义，采用这种开发模式的乡村休闲旅游景区一般分布在高速公路、国道等交通主干线附近，主要客源也是交通干线附近的居民。随着经济的发展以及私家车的增多，高度工作生活压力下的城市白领阶层对于便利快捷的乡村休闲旅游的需求愈发高涨，这类景区也成为人们暂离城市、寻觅清净、远游探奇的绝佳目的地。

### （五）产业经济依托型

由产业融合衍生出来的旅游新业态为乡村休闲旅游的产业经济依托型发展模式提供了契机。经营者将乡村旅游业与农、林、渔业充分结合，依托产业经济发展，通过开发农业休闲、渔业休闲、林业休闲、果业休闲产品，主打乡村美味品尝、渔村垂钓等旅游产品项目，发展乡村休闲旅游，这样既满足了游客的旅游基本需求，还可以让游客接触到相关产业的一些知识，这样有教育意义的活动客观上会吸引大量的青少年客源。

### （六）民俗依托型

挖掘、提炼民俗文化，打造、展示自身文化IP，建设独具区域特色的乡村旅游景区。

### （七）创意主导型

民间艺术具有非常独特的区域性，正逐渐成为乡村文化创意旅游的一个重要内容。传统艺术创新，不仅丰富了游客的乡村旅游体验，也塑造了旅游目的地的品牌形象。

### （八）科技依托型

当代科技在人们的生活工作中体现出越来越重要的作用。在现代科技引导下，展现现代农业风貌，建设集教育、体验、观光、展示为一体的现代乡村休闲旅游景区，将成为我国乡村休闲旅游未来发展的重要方向。

## 三、乡村休闲旅游景区服务

乡村休闲旅游景区服务应兼顾旅游业和农业两个产业的双重特性。因此，必须一方面提供具备农业特点的旅游服务内容，另一方面在农业的基础上丰富农业的结构，为社会提供新的旅游形态和旅游服务。这就是我们今天所要了解的乡村休闲旅游景区服务，它可以从以下几个方面细分。

### （一）旅游服务

乡村休闲旅游景区应围绕旅游功能规划布局，以满足游客需求为目标，对农业基础设施、旅游服务设施、住宿设施、餐饮设施和旅游景观标识等设施进行改造建设，达到农业生产环境布局美观、具有观赏价值的良好效果，构建完善的旅游服务体系。在对外交通方面，考虑周边国道、省道以及与城市的连通性，形成贯通周边区域的自驾路线。在对内交通方面，结合现有道路，根据景区内农业生产和休闲旅游功能需要，对区域内部道路网进行改造升级，增设游览步道，结合主要景观节点设立生态停车场。

**1. 农业休闲旅游服务**

（1）种植体验：

①可根据主题特色开展多种形式的植物播种、育苗、栽培、管理等体验性活动。

②种植体验活动应有专人负责技术指导和安全保障。

（2）养殖体验：

①可根据主题特色开展多种形式的动物繁殖、饲养与保护等体验性活动。

②养殖对象应选择温驯、低危险性和低攻击性的畜禽或水产动物，并通过动物检验检疫。

③活动开始前应有专人负责讲解操作过程和注意事项，并根据不同类型的活动情况，给游客提供安全、舒适、齐全的防护用具，并指导游客正确穿戴好。

④应有安全员负责体验活动全程的安全保障工作。

⑤体验活动结束后应有免费的清洁或消毒服务。

（3）加工体验：

①可结合当地农副土特产品、手工艺品的生产加工活动，举办简单易操作，危险性低，具有互动性、参与性、趣味性、知识性的加工体验性活动。

②应有专人负责技术指导和安全保障工作，各种工具器械和防护用具应安全、齐全、有效。

（4）收获品尝体验：

可开展具有当地特色的农、林、牧、渔产品的收获和品尝等体验性活动，各种供食用的产品应符合国家食品安全的有关规定。

（5）青少年科普研学服务：

①科普教育服务活动应具有互动性、参与性、趣味性、知识性，兼顾知识传播与休闲娱乐双重功能，从视觉、听觉、味觉等多角度打动和感染科普对象。

②可建立生态环保、农业劳动实践等科普教育基地，为青少年和城市居民等游客群体提供科学观察、科学实验、教学实践等科普教育服务。

③宜在传统农耕文化的基础上，增加自动化、机械化、智能化的高科技现代农业、生态农业内容，通过举办春秋季科普游、亲子科普活动、农业科技游等多种活动形式培养游客浓厚的学习兴趣。

**2. 接待服务**

（1）接待人员应着装整齐，举止文明，态度温和友善，表情亲切自然，应能够使用普通话服务。根据地域特色及当地客源的实际情况，可提供当地方言的咨询服务。

（2）接待人员应积极为游客提供乡村休闲旅游景区以及周边旅游景区的信息咨询服务。

（3）景观设施宜符合《休闲农庄建设规范》（NY/T 2366—2013）的规定。

（4）游客接待处位置合理，规模适度，提供信息、咨询、讲解、休息等设施。

**3. 观光游览服务**

（1）宜提供自行车或使用清洁能源的交通工具等。

（2）旅游车船和非公路旅游观光车应符合国家相关标准的规定。

（3）宜根据不同的主题景观，举办赏花、游园等观光活动，或根据当地季节性景观开发如荷花节、桃花节等观光旅游节日。

**4. 交通服务**

（1）各类导向信息应明确、清晰。

（2）宜配备专人为游客提供停车指引服务。

（3）道路设施建设应因地制宜、生态自然、安全便利，与整体景观建设相协调。有与景区游客承载能力相适应的生态停车场。具有独立的生产（消防）通道、应急通道、观光游览道路等。附近设有加油（加气）站和充电站。

（4）引导标识应符合相关规定，提炼地方文化元素，设计景区宣传牌、景区介绍牌以及服务指示牌。外部主干线、支线公路通往休闲旅游区域的道路状况良好且有醒目指示牌。

（5）景区内部主路、支路及游步道宽度宜符合《休闲农庄建设规范》（NY/T 2366—2013）的规定。

**5. 其他服务**

（1）供电应符合规定。照明宜采用分线路、分区域控制。户外照明宜与农业病虫害防治相结合。

（2）公厕数量适度，布局合理，宜达到《旅游厕所质量要求与评定》（GB/T 18973—2022）的规定。

（3）配备满足需要的垃圾箱，垃圾分类收集，处理及时，日产日清，集中处理。生活垃圾综合处理宜符合《生活垃圾综合处理与资源利用技术要求》的规定。

**（二）餐饮服务**

餐饮设施建设应符合《饮食建筑设计标准》（JGJ 64—2017）的规定。应与休闲农业旅游景区整体环境相协调。

应结合当地饮食文化，提供当地特色菜肴及小吃。

餐饮工作人员和服务人员持有卫生部门核发的《健康证》，工装整洁，具备基本服务技能。有健全的食品卫生管理制度，配有食品卫生管理人员。

可为游客提供场地、设备和当地农副土特产品和其他食材，由游客自主调制、烹饪菜肴和食物。

不得提供或销售过期、变质以及其他不符合食品安全规定的食品材料、饮品和调料。

**（三）住宿服务**

住宿设施符合《旅馆建筑设计规范》（JGJ 62—2014）的规定。旅游民宿应符合《旅游民宿基本要求与评价》（LB/T 065—2019）的规定，森林人家应符合各地《森林人家等级划分与评定》的规定，农家乐应符合各地《农家乐质量等级的划分与评定》的有关规定。

入住登记、安全等制度健全，服务项目明确，价格合理。服务人员工装整洁，态度热情，具备基本服务技能。

### （四）购物服务

购物场所布局合理，环境整洁，管理有序。能提供旅行日常用品、旅游纪念品、土特产品的销售服务。旅游商品种类丰富，明码标价，有本地区特色，无假冒伪劣产品。

### （五）民俗文化体验服务

设置农耕文化展览室，陈列有当地特色的传统农耕器械和生产生活用具，可通过多种方式结合展示各种器械的操作过程，营造真实的传统生产生活场景。

结合当地传统的农耕文化、民俗节庆文化和主题特色，开展如壮族三月三歌圩、彝族火把节、瑶族盘王节等具有当地特色的民俗文化体验活动。

围绕"乡、野、奇、特、俗、老、优"做文章，满足"吃、住、行、游、购、娱"的旅游需求，"一村一景""一村一韵"，培育休闲旅游精品。比如，对惯用的"景点+演出"模式加以改造，在"景点+乡村文化演出"上下功夫，可以与当地文化艺术馆和民间演出团体合作，把当地的地方戏、文化传说、风土人情搬上舞台，与游客形成互动，传播社会正能量。

## 📖 案例

### 山东省苍山兰陵国家农业公园——中国首个国家农业公园

兰陵国家农业公园是国家AAAA级旅游景区，被评为2014年全国十佳休闲农庄之一。公园总面积62万亩，其中核心区2万亩，示范区10万亩，辐射区50万亩。整个项目分为十多个功能区：农耕文化区、科技成果展示区、现代农业示范区、花卉苗木展示区、现代种苗培育推广区、农耕采摘体验区、水产养殖示范区、微滴灌溉示范区、民风民俗体验区、休闲养生度假区、商贸服务区等。

兰陵国家农业公园空间格局规划为"一带、双轴、五区"，具有现代农业示范、现代种苗培育推广、农耕采摘体验、民风民俗体验、休闲养生度假等多项功能。其中中国知青园是全国唯一的综合性知青文化体验园。目前，公园项目核心区已建成集现代农业示范推广、科技培训和生态观光旅游等于一体的2万亩综合性现代化农业示范区。

兰陵国家农业公园有1000多种新特优蔬菜品种，300多项高精尖农业科技及产品，以及各种富有创意的生态种植模式，初步展现出这种充满创意的新型休闲观光农业的魅力。国家农业公园既不同于一般概念的城市公园，又区别于一般的农家乐、乡村游览点和农村民俗观赏园。它是中国乡村休闲和农业观光的升级版，属于农业旅游的高端形态，是一个更能体现和谐发展模式、简约生活理念、返璞归真追求的现代农业园林景观与规模化乡村旅游的综合体。

资料来源：整理自兰陵农业公园公众号。

### 角色练习

请思考，本地可以开展哪些乡村休闲旅游？如何开展？作为当地乡村休闲旅游景区的员工，你认为自己可以胜任哪个岗位呢？请以小组为单位，选取乡村休闲旅游景区的一项服务，如接待服务、购物服务、民俗体验服务等，进行设计并在班级进行展示。

### 视野拓展

## 乡村休闲旅游实例

韩国发展农业休闲旅游的经典形式为"周末农场"和"观光农园"。以江原道旌善郡大酱村为例：首先，经营者抓住游客猎奇的心理特点，别出心裁地开创了"和尚与大提琴家共同经营"的模式；然后，经营者利用当地原生材料，以韩国传统手艺制作方式，制造养生食品——大酱，这不但符合现代人的养生追求，还能让游客品尝到美味健康的大酱拌饭、亲临原初生活状态下的大酱村。这种经营模式既节省了成本，又使民俗文化特色得到了传承。经营者还为游客提供绿茶冥想、赤脚漫步等体验活动，并特别策划了以3000个大酱缸为背景的大提琴演奏会，邀请游客参与，体现地方特色，迎合了修身养性的市场需求，成功地吸引了大量客源。

肯尼亚、乌干达、坦桑尼亚等非洲国家的农业、养殖业、野生动物园的观光旅游基本属于原生态、传统型农业旅游，农业虽然是这些国家的主要经济支柱，但发展仍很落后，仍停留在小农经济阶段，基本是靠天吃饭，粮食产量只能满足内需，农业现代化水平较低。在肯尼亚，只有15%的土地能得到雨水灌溉和充足施肥，7%~8%的土地属一级。2005年谷物产量每公顷仅1322.3千克（我国则达5105千克）。但肯尼亚适于种植咖啡和茶叶，咖啡产量较高，而且质量好，并创造了独有的咖啡生产、加工、营销模式。肯尼亚从1903年才开始种植茶树，但经过努力，如今已跻身于世界主要产茶国之列，产量仅次于印度、中国和斯里兰卡，产品主要销往英国进行加工，其浓烈、香艳的红茶在世界市场享有很高的声誉。

1990年肯尼亚召开关于生态旅游的区域性工作会议，1993年在肯尼亚诞生了全非洲第一个生态旅游协会（ESOK），1997年肯尼亚又主办了关于生态旅游的国际研讨会。现在，肯尼亚旅游业产值占全国GDP的63%。几国政府组织旅行社统一经营肯尼亚、乌干达、坦桑尼亚的农业旅游活动，游客能够预订各种参观路线，可观光、参与野营、打猎、与农民交谈等。这种原生态、传统型农业观光旅游的景点是分散的，没有人工修饰，旅游者要花费较多的时间才能看到较多的东西，才能得到整体概念。游客在当地的咖啡园、茶叶园、香蕉园游览时，看到的都是传统耕作、种植和养殖方式。野象、斑马、鹿等野生动物自由自在地生活在广阔的原野。正是由于这些国家的农业受现代化的影响较少，基本保持原生态，所以其对发达国家游客吸引力很大，每年都有大量外国游客到这里度假旅游。

在国内，山西皇城相府养生农业园是乡村休闲旅游景区的典型代表。该景区总占地面积约16.85公顷，由观光采摘果园、空中花园、科技农业展示区（包括连栋温室区、日光温室区、观赏树木区、露天蔬菜展示区）及景观绿化区组成。为了满足供暖需求，景区在连栋温室区建有锅炉房。经营者规划、利用了当地的优势资源、自然环境和地理条件，加以人工修饰，引入现代科技和设施。在观光采摘果园种植品质好、味道美的桃、梨、杏、葡萄、樱桃等各种果品；在空中花园种植花卉，将各种花卉组成各式各样的图案，"四季花不同，月月有变化"；在科技农业展示区的连栋温室内设置芳香养生园、热带风情园、奇特果蔬园和珍奇花卉园。

在这个景区里，游客花较短的时间就可以得到自己需要的各种享受：采摘品尝蔬菜、水果，观赏奇花异草，休闲养神等。舒适、方便的食宿环境，大大缓解了游客精神和身体的疲劳。

在广西南宁，"美丽南方"休闲农业示范区是乡村休闲旅游景区的典范。美丽南方总规划面积约为2.3万亩，其中核心区4450亩，拓展区6200亩，辐射区1.3万亩。美丽南方是著名作家陆地先生创作的小说《美丽的南方》故事背景所在地，自然风光优美，四季花果飘香，历史留痕多，拥有深厚的文化底蕴和浓厚的乡土气息。目前建成优质蔬菜种植、龟鳖养殖加工生产、葡萄种植及葡萄酒生产、青瓦房民俗风情古村落体验等生态农业、休闲农业、创意农业项目48个。美丽南方先后挖掘和建设了农耕文化馆、知青文化馆、土改文化馆、环保教育基地、美丽南方博物馆等文化展示点。近年来，美丽南方获得全国休闲农业与乡村旅游示范点、中国最美休闲乡村、全国生态文化村、中国体育旅游精品景区、广西五星级休闲农业与乡村旅游示范区、广西现代特色农业核心示范区等荣誉称号。

在美丽南方景区内，游客不但能亲身体验诸如家庭农场耕种、草莓葡萄采摘、亿仓花海等富有广西特点的休闲农业项目，还能享受具有广西地方特色的餐饮住宿服务，同时景区优美的环境能让游客切身了解现代农业科技，一年四季景区举办的各种节庆活动多种多样，令游客流连忘返。

资料来源：自编。

☞ **点评**

乡村风景宜人，空气清新，民风淳朴，节奏舒缓，适合人居。乡村是安详稳定、恬淡自足的象征，有着更多诗意与温情，有久违的乡音、乡土、乡情以及古朴的生活、恒久的价值和传统。乡村生活的这种闲适性，正是当下休闲旅游市场所追求的，它具有无穷的吸引力，已成为中国未来最稀缺的旅游资源。

如今，乡村旅游已超越农家乐形式，向观光、休闲、度假复合型转变，个性化休闲时代到来，乡村旅游产品进入创意化、精致化发展新阶段。那么乡村旅游到底该怎么做呢？这是需要我们思考和创新的。

### 任务评价

根据上述相关知识和资料，个人和小组共同完成任务评价（见表5-3）。

表5-3 任务评价表

| 评价项目 | 具体要求 | 评价 | | | |
|---|---|---|---|---|---|
| | | 好 | 一般 | 差 | 建议 |
| 引导学生认识乡村休闲旅游景区 | 1. 乡村休闲旅游的概念 | | | | |
| | 2. 乡村休闲旅游景区类型 | | | | |
| | 3. 乡村休闲旅游景区服务 | | | | |
| 学生自我评价 | 1. 准时并有所准备地参加团队工作 | | | | |
| | 2. 乐于助人并主动帮助其他成员 | | | | |
| | 3. 遵守团队的协议 | | | | |
| | 4. 全力以赴参与团队工作并发挥了积极作用 | | | | |
| 小组活动评价 | 1. 团队合作良好，能礼貌待人 | | | | |
| | 2. 工作中彼此信任，互相帮助 | | | | |
| | 3. 对团队工作都有所贡献 | | | | |
| | 4. 对团队的工作成果满意 | | | | |
| 总计 | | 个 | 个 | 个 | 总评 |
| 在乡村休闲旅游景区的学习中，我的收获是： | | | | | |
| 在乡村休闲旅游景区的学习中，我的不足是： | | | | | |
| 改进方法及措施： | | | | | |

### 项目关键词

景区休闲游乐服务　休闲游乐设施　游乐服务项目　休闲游乐服务规范
游乐设施的服务程序　休闲游乐的注意事项　乡村休闲旅游

### 课后练习

1. 填空题

（1）旅游景区设施是指构成旅游景区固定资产的各种物质设施。旅游景区的设施设备，根据不同的用途，可分为三大类：_____、_____ 和 _____。

（2）从产生的时间和主题来看，景区游乐服务可分为_____和_____两大类。

（3）_____是景区最早采用的游乐形式，是景区为了丰富游客的旅游经历而策划的中小规模的、由游客参与的游乐活动，活动内容比较丰富，如民族舞蹈、游戏等。

（4）按照活动方式，可以将大型主题游乐划分为三类，分别是_____、_____和_____。

2. 名词解释

休闲游乐服务　休闲游乐设施　小型常规游乐　大型主题游乐

3. 简答题

（1）旅游景区休闲游乐服务的特点有哪些？

（2）旅游景区休闲游乐的服务管理要做好哪些方面的工作？

（3）旅游景区休闲游乐服务中有哪些注意事项？

（4）简述景区内游乐设施的服务程序。

（5）简述乡村休闲旅游景区的类型。

4. 实践操作

（1）实地考察一个景区，找出并介绍该景区内有哪些休闲游乐的设施与项目。

（2）实地考察一个景区，调研并分析该景区内的休闲游乐项目的注意事项。

（3）实地考察一个景区，观察并记录该景区是如何指导游客正确使用景区内某项游乐设施的。

# 项目六　旅游景区安全管理与文明引导

**项目概览**

旅游景区的安全管理关系到游客的生命财产安全，关系到旅游景区乃至所在地区、国家的旅游形象，是旅游景区管理的重中之重，其相关的知识属于旅游景区管理学科范畴。由于安全问题事关每一位景区工作人员，景区服务岗位往往是安全事故与突发事件的第一现场，一线的景区服务人员往往直接面对安全事故与突发事件，所以，包含应急处置的旅游景区安全管理方面的有关知识，也是旅游景区服务的应有内容。本项目通过旅游景区安全管理、旅游景区应急处置两个学习任务，让学生掌握安全管理基本知识和相关规范，树立安全防范意识，为以后在景区服务工作中贯彻安全意识和协助做好安全管理工作打下基础。另外，近年来，文明旅游已成为社会共识，提升文明意识，引导和促进文明旅游行为，对于营造安全有序的旅游环境有重要的意义，故本项目专设了任务三旅游景区文明引导，要求学生熟悉并掌握旅游景区文明引导工作的内容规范。

**任务导读**

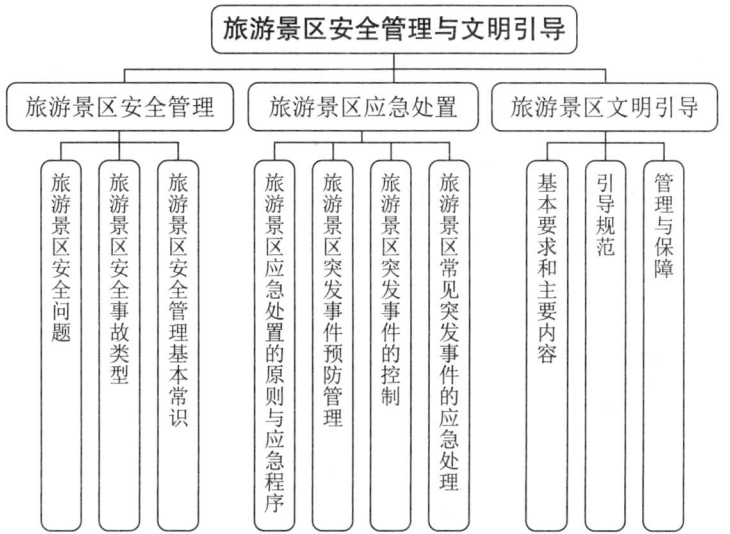

### 学习目标

1. 了解旅游景区安全管理与应急处置的相关知识。
2. 掌握处理旅游景区安全与常见突发事件的原则与程序。
3. 能积极预防和妥善处理常见的景区安全问题和突发事件。
4. 认识旅游景区服务引导工作的重大意义,熟悉和掌握有关工作要领。

# 任务一 旅游景区安全管理

### 任务描述

本任务要求学生了解旅游景区安全问题的范围、主要表现、成因和特征,掌握景区安全事故的类型和景区安全管理的基本常识。

### 情境导入

小明终于毕业了。他成功应聘为某景区的讲解员。正式上岗前,景区对新员工进行了培训。培训的结业典礼上,小明要代表新员工发表演讲。他早就想好的题目是:《我的岗位与景区安全》。新员工小张表示了疑惑:景区安全那么重大的管理问题,是景区领导关心的事情,我们这些一线的服务员,对景区安全能起到作用吗?

### 相关知识

旅游安全是旅游者最基本的需求,是旅游者极度重视的要素,也是旅游业发展的保障,被称为旅游业发展的生命线。

"没有安全就没有旅游",旅游者出行安全不仅影响到一个景区的运营,还关系到整个地区乃至国家的安全信誉,影响到潜在旅游者出游动机的形成或取消。所以,景区发展的重要工作就是要做好安全管理,把事故防患于未然,将损失控制到最低程度。

安全管理关系到人命,责任大于天!

## 一、旅游景区安全问题

### (一)旅游景区的安全范围

与旅游景区活动直接有关的安全范围:交通安全、治安安全、消防安全、食品卫生安全、建筑物安全、设备安全、地质安全、生物安全等。

### (二)我国旅游景区安全问题的主要表现形态

目前我国旅游景区安全问题主要表现在以下几个方面。

**1. 管理者安全管理意识差,导致安全事故发生**

如某景区设施设备一流,喜欢招聘在校生做旅游服务志愿者或兼职导游,但因管理者安全意识差,在景区内野猴经常出没的地方没有设置明显安全告示,这一疏忽曾导致出现学生志愿者被猴子咬伤的事故,受伤的学生志愿者到景区医疗点治疗,但医疗点又没有相应药品。

**2. 旅游设施设备安全**

如设施设备老化、质量不合格等问题易造成严重的安全事故;再如有的景区如同城市广场一样,建设起了高档的大理石路面,但由于路面不防滑,雨天时常有游客摔跤。

**3. 由于景区交通、旅游线路设计与旅游活动组织不合理导致安全事故**

如 2020 年 10 月 1 日山西省太原市迎泽区台骀山景区冰灯雪雕馆发生火灾事故,就是与活动组织和游览线路设计有直接关系。

**4. 由于自然灾害与野生动物带来的安全隐患和引发的安全事故**

该类安全事故首先是自然风景区由于受到天气的突然变化影响,加之景区缺乏天气预报系统,导致自然灾害突发事件,比如暴雨、洪水、泥石流、山体塌方等;其次是野生动物、有害植物给游客带来的危险,比如具有攻击性的动物、有害植物,均容易给景区带来安全隐患,如果管理措施不当或者不及时,极易引发事故。

**5. 由于环境和食品安全卫生等问题导致食品安全事故**

旅游卫生与旅游健康问题主要表现为旅途劳累、异地性旅游等导致的"水土不服",以及食品卫生问题等可能引发的疾病或食物中毒;旅游卫生服务环境、设施差表现为缺少医疗点、常备药、厕所、垃圾箱等。

**(三) 景区旅游安全问题产生的主要内在原因**

**1. 旅游安全管理机构不健全,协调性差**

根据国家有关政策和法规,除文化和旅游部外,监管旅游业正常运作的还有其他主管机构。例如,旅游景区的主管机构有各地旅游主管部门、建设委员会、林业部门、环保局、消防队等。这些部门形成了旅游安全管理的外围机构群体,这些机构或部门从专业化角度对旅游安全加以管控,能比较有效地抑制安全问题的发生。

**2. 相关法律法规建设严重滞后,执行不力**

一方面,旅游政策、法规相对于经营实践出现滞后性;另一方面,一些颇受旅游者欢迎但对安全要求较高的特殊旅游项目未能纳入安全管理范畴,至今尚无相关法规,或者有法规但执行不力。

**3. 管理人员素质不高,专业知识与技能水平低**

管理人员业务素质不高,缺乏科学的理论指导;同时,还存在部分管理人员缺乏敬业精神的问题以及缺少景区安全管理专业知识的问题。

**4. 利益的驱动**

安全管理需要投入人、财、物,有些景区不愿过多投入;有些景区唯利是图,对安全问题置若罔闻。

### (四) 旅游景区安全问题的特征

**1. 广泛性**

旅游活动涉及诸多方面,各种旅游安全问题广泛存在于旅游活动的各个环节中。景区安全涉及的人员众多,除旅游者外,还与当地居民、旅游从业者、旅游管理部门以及包括公安部门、医院等在内的旅游地各种机构相联系,影响广泛。

**2. 突发性**

发生在旅游系统中的各种安全问题,往往不期而至,常常在意想不到、毫无防备的状况下突然发生,爆发前基本没有明显征兆,令人猝不及防。例如2021年10月14日,北京环球影城的霸天虎过山车,在半道突发故障停了下来,所幸没有造成人员伤害。因此,旅游管理部门、旅游企业、旅游从业人员在平时要有处理各种突发事件的准备,在旅游安全事故突发时能做出有效反应,在事故产生灾难性后果之前要采取各种有效的防护、救助、疏散和控制事态的措施。

**3. 复杂性**

旅游活动是一种开放性活动,旅游者的旅游目的五花八门,旅游企业的服务对象很复杂,旅游安全的影响因素广泛而复杂,包括自然、政治、经济、社会环境等方面。旅游安全工作除防火、防食物中毒外,还要防盗、防暴力、防各种自然及人为灾害等,表现出极强的复杂性。

**4. 破坏性**

旅游安全事故造成的危害和损失是巨大的,不仅使旅游者蒙受经济损失,遭受生命威胁,还可能造成社会秩序紊乱,对公众心理产生不良影响。不论是什么性质和规模的旅游安全事故,都会不同程度地给旅游系统及关联产业造成损失,如人员伤亡、经济损失、环境破坏、形象受损、竞争力下降等。

**5. 扩散性**

扩散性是针对旅游安全事故的影响过程和范围而言的。随着旅游经济的发展和交通、通信技术的发展,旅游地事故影响的范围不断扩大,同时影响旅游的关联产业。

## 二、旅游景区安全事故类型

旅游景区安全事故可以划分为自然灾害、事故灾难、公共卫生事件和社会安全事件。

### (一) 自然灾害

自然灾害是自然界物质运动过程中一种或数种具有破坏性的自然力,通过非正常方式的释放而引发的具有危害性的事件。

**1. 自然灾害的类型**

自然灾害难控制,危害性大,对旅游业的影响较严重。自然灾害根据产生灾害的自然要素不同分为地质地貌灾害、气象气候灾害、水资源灾害等。地质地貌灾害包括地震、火山、泥石流、滑坡、崩塌等;气象气候灾害包括台风、暴雨、暴风雪、酷暑、严寒等;水资源灾害包括河流、湖泊、海水等污染，以及海啸、水灾、旱灾、热带风暴等。

### 2. 生物危害

生物危害主要在于生物对旅游者带来的伤害与威胁。例如野生动物园大象踩死游客；有毒昆虫、有害植物容易导致旅游者的皮肤疾病或身体伤害，澳大利亚就经常出现毒蜘蛛和毒蛇咬人的事件。

### 3. 自然因素和现象

自然因素和现象包括缺氧和高山反应、极端气温、生物钟节律失调等。

## （二）事故灾难

事故灾难是由于人的行为失控或不恰当地改造自然，导致发生违反人们意志、迫使活动暂时或永久停止，并且造成人员伤亡、经济损失或环境污染的意外事件。旅游系统中的事故灾难主要是交通事故、火灾与爆炸、游乐设施事故等。

### 1. 交通事故

在旅游过程中，旅游交通事故是造成伤亡人数最多、影响最大的事故之一，包括民航、铁路、水运、公路等交通运输事故。随着私家车的普及，自驾游增多，更增加了旅游交通事故的风险。

### 2. 火灾、爆炸

旅游地的火灾、爆炸事故主要发生于旅游地的街道、酒店、宾馆等地，一些古建筑、山区、森林也易发生火灾。火灾与爆炸往往会造成严重的后续反应，如基础设施破坏、财产损失等，甚至造成整个旅游系统的紊乱。

### 3. 游乐设施事故

《游乐园（场）服务质量》（GB/T 16767—2010）对游乐园（场）的设施管理、安全管理、服务质量等提出了明确要求。常见的游乐设施是指游乐园（场）中采用沿轨道运动、回转运动、吊挂回转、场地上运动、室内定置式运动等方式，承载游客游乐的现代机械设施组合，如滑行车、观光缆车、转马、空中转椅、碰碰车、光电打靶等。

由于游乐设施的特殊性，一些大型综合、惊险的设施可能存在危及人身安全的隐患，如不加强管理，就可能造成严重的伤害事故。伤害事故类型中影响后果最严重的是严重机械伤害，如高处坠落、跌伤、飞甩、夹挤或碾压等，一般机械伤害事故（卷绕、绞缠、碰撞、擦伤、剐蹭等）和其他类型事故（触电或因失火造成的窒息烧伤等）也会造成严重后果。

## （三）公共卫生事件

公共卫生事件是指对公众健康和生命安全造成或者可能造成巨大危害的突发性事件。

### 1. 食物中毒

食品安全问题主要表现为食物中毒。导致食物中毒的主要原因包括：食品生产经营者疏于食品卫生管理，对食品加工、运输、储藏、销售等环节的卫生安全不重视；滥用食品添加剂或者是将非食品原料加工成食品销售；误食亚硝酸盐、河豚、毒蘑菇和被鼠药污染的食物等。

### 2. 传染病

传染性疾病在旅游者中间发作，会对旅游者的健康造成危害，影响旅游活动的开展。在与旅游活动有关的传染病中，最具威胁的多为热带地区环境中所特有的疾病，如疟疾、登革热等。

### 3. 疾病

旅途劳累、受伤、旅游异地性导致的水土不服和食品卫生问题等可能诱发旅游者的疾病。

## （四）社会安全事件

旅游社会安全事件是指由于社会环境系统的不协调而导致旅游系统、人员受损的事件。

### 1. 人群事故

旅游地人员较多，较易聚集在一起，一旦客流量超出景区内硬件环境支持的能力和管理调度指挥的承受能力，就有可能引发人群事故。踩踏事故是人员密集地可能发生的最严重的人群事故之一，其后果严重，会造成大规模的人员伤亡、财产损失。

### 2. 设施损坏

游人的增加可使原本能正常运行的设备、运营场所不能正常工作，甚至会对原有的场所、秩序、设备造成破坏。同时，也使得任何微小的不安全因素甚至原本不存在安全隐患的因素的危险性增大，引发事故。例如，人员过多或人员局部密集，可能导致建筑物超载，进而可能破坏建筑结构，造成事故。

### 3. 治安犯罪

由于治安犯罪给旅游者造成创伤的严重性及其影响的社会性，使得治安犯罪成为旅游安全中最引人注目的表现形态之一，并在很大程度上威胁旅游者的生命、财产安全。旅游活动中存在的治安犯罪现象及数量众多，其中尤以侵犯公私财产类的偷窃和欺诈为多。

## 三、旅游景区安全管理基本常识

### （一）基本方针

景区安全管理要贯彻"安全第一，预防为主"的基本方针。

（1）"安全第一"，就是说，在景区运营中，无论是景区管理部门，还是旅游从业人员，都必须始终把安全工作放在头等重要的地位。

（2）"预防为主"，是指在景区管理中，景区管理部门及从业人员，要会同有关行政管理部门和社会各方面，采取积极的安全防范措施，从源头上清除安全隐患。

### （二）旅游景区安全管理工作的职责

旅游景区经营单位是旅游安全工作的基层单位。其安全管理工作的职责是：

（1）设立安全管理机构，配备安全管理人员。

（2）建立安全规章制度，并组织实施。

（3）建立安全管理制度，将安全管理的责任落实到每个部门、每个岗位、每个职工。

（4）接受当地旅游行政管理部门对旅游安全管理工作的行业管理和检查、监督。

（5）安全教育、职工培训制度化、经常化，培养职工的安全意识，普及安全常识，提高安全技能；新招聘的职工，必须经过安全培训，合格后才能上岗。

（6）新开业的旅游景区企事业单位，在开业前必须向当地旅游行政管理部门申请对安全设施设备、安全管理机构、安全规章制度的检查验收，检查验收不合格者，不得开业。

（7）坚持日常的安全检查工作，重点检查安全规章制度的落实情况和安全管理漏洞，及时消除安全隐患。

（8）对用于接待旅游者的汽车、游船和其他设施，要定期进行维修和保养，使其始终处于良好的安全状况；在运营前进行全面的检查，严禁带故障运行。

（9）对旅游者的行李要有完备的交接手续，明确责任，防止损坏或丢失。

（10）在安排旅游团队的游览活动时，要认真考虑可能影响安全的诸项因素，制订周密的行程计划，并注意避免使司机处于疲劳状态。

（11）负责为旅游者投保。

（12）直接参与处理旅游安全事故，包括事故处理、善后处理及赔偿事项等。

（13）景区内开展登山、赛车、狩猎、探险等特殊旅游项目时，要事先制定周密的安全保护预案和急救措施，重要项目和团队要按规定由有关部门审批。

**（三）旅游景区安全管理的对象与危险因素的识别**

所谓安全管理的对象就是指各种潜在的危险因素，只要把危险因素管住，使之不能转化为事故，就不会造成人员伤亡或财产损失。对旅游景区而言，要预防潜在危险的发生，必须从源头进行控制，不放过每一个细节，及时进行分析预测，并做好各项预防措施。

**1. 旅游景区安全管理的对象**

一般而言，旅游景区的安全管理对象主要包括游客、景区工作人员、其他相关人员及设施设备、自然环境等。主要安全管理应注意以下几个方面。

（1）正确引导和约束景区内游客的游览行为，防止其不安全行为导致事故发生。

例如游客不顾各种安全警示，跨越安全栏、随意攀爬，接近危险水源；例如在游览过程中，游客不遵守相关的安全规定，如不在指定的吸烟区域吸烟，或在禁火的景区乱丢烟头等。

（2）要求旅游设施设备操作人员严格按照规范操作，防止违章作业导致事故。

例如因操作不当导致漂流船翻沉、客运索道停止运行、游艺机械造成人员受伤等事故。

（3）要求景区员工按照既定的标准和流程操作，避免在服务提供过程中产生不安全行为。

例如在为游客提供餐饮、购物等服务过程中，造成客人烫伤、食物中毒等事故。

（4）搞好景区范围内的治安保卫工作，防止偷盗、抢劫等犯罪行为的发生，避免造成游客的人身伤害或财物损失；及时查禁"黄、赌、毒"等社会不良现象，依法打击强买强卖、敲诈勒索、殴打辱骂游客等各类违法犯罪活动等。

（5）景区内如有建设项目或维修施工，应做好安全防护工作，防止施工过程中的不安全行为对游客造成伤害。

（6）做好景区内的道路交通设施、各种车辆及停车场的安全管理工作，特别是在旅游旺季、高峰期。

（7）做好景区内各种游乐场所、游览道路、游客休息停留场所及其周边环境的安全管理工作，避免或减少可能对人员造成的伤害。

（8）做好员工工作或生活场所的安全管理与教育，如不得私拉电线、私用电炉，注意交通安全等。

（9）做好如台风、洪水及山体塌方或泥石流等自然灾害的预报或防范措施，尽可能减少景区或游客的生命财产损失。

（10）做好特种旅游项目的安全管理，如攀岩、冲浪、骑马、蹦极、速降等项目。

（11）注意其他可能产生危险的因素与环境。

**2. 旅游安全管理危险因素的识别**

在明确了各种安全管理对象之后，关键就在于对危险因素的识别。识别危险因素是安全管理的首要任务，如果不知道有什么危险，就无法有针对性地采取防范措施，没有防范，事故就难免要发生。景区应对已判定或已识别的危险因素及时采取应对措施，必要时竖立标志提醒游客注意；对于相对复杂的安全管理设备、设施，应制订内容详细的安全操作规程或安全提示手册。

**（四）旅游景区安全事故的处理程序**

（1）陪同人员应当立即上报主管部门，主管部门应当及时报告归口管理部门。

（2）会同事故发生地的有关单位严格保护现场，维持现场秩序，疏导群众。

（3）协同有关部门进行抢救、侦查。

（4）有关单位负责人应及时赶赴现场处理。

（5）对特别重大事故，应当严格按照国务院《特别重大事故调查程序暂行规定》进行处理。

（6）写出事故发生报告。

（7）做好理赔、处罚、调解、诉讼等善后事宜。

**（五）旅游景区安全管理的主要相关法规**

国家关于旅游景点景区安全管理的法规主要有：

（1）《旅游安全管理办法》（国家旅游局2016年9月7日发布）。

（2）《国家级旅游度假区管理办法》（文化和旅游部2019年12月20日发布）。

（3）《重大旅游安全事故报告制度试行办法》（国家旅游局1993年4月15日发布）。

（4）《重大旅游安全事故处理程序试行办法》（国家旅游局1993年4月15日发布）。

（5）《旅行社办理旅游意外保险暂行规定》（国家旅游局1997年5月13日发布）。

（6）《漂流旅游安全管理暂行办法》（国家旅游局1998年4月7日发布）。

（7）《游乐园（场）服务质量》（GB/T16767—2010）（国家质量监督检验检疫总局2011年1月14日发布）。

## 案例

### 热气球事故频发 工作人员高空坠落

2020年10月2日,湖南株洲悠移庄园热气球飞行营地发生坠落事故,造成1人死亡。逝者是假期来营地兼职的大学生,当日,他只参与了一个半小时培训就上岗了。

据悠移庄园微信公众号信息显示,该庄园是湖南首个热气球飞行营地。当日,一个热气球的吊篮还在地面上,这名大学生和其他兼职的学生一起压着吊篮,其他人松手了,而他没有松手。吊篮重量减轻后徐徐上升,他被带上空中,当吊篮离地面10多米高时,他因体力不支松开了双手,坠落身亡。

2020年11月30日,云南腾冲火山地质公园热气球发生故障,一名工作人员从高空当场掉落身亡。据悉,在收热气球的过程中,因为起风,这个热气球又重新被风吹起来,吊篮里面没有人,但一位地勤工作人员没有及时放开手,被风带到空中,然后发生了坠落。据了解,火山地质公园的热气球是腾冲特色旅游项目,在热气球上可以俯瞰腾冲火山地貌,还可以从空中看到火山口,因此吸引了大批游客游玩。

资料来源:综合整理自央视新闻客户端 https://m.news.cctv.com/2020/12/01/ARTI25LhSmH7SABNQAWgBbTZ201201.shtml。

### 案例分析

国际航空联合会曾将热气球列为最安全的飞行器,为何却频频发生事故?

随着低空领域逐渐开放,热气球飞行从一个专业体育项目,逐渐转型为商业活动、旅游观光项目。热气球的定义也从航空器扩展到了游乐工具。热气球本身并不危险,大部分事故都是由于人为操作、管理不当造成的。现在整个行业都处于上升过渡期,自2020年起国内的热气球观光旅游发展迅速,然而相关行业规范却没有及时跟上,这是事故频发的主要原因。如果有规范的运行标准,类似的事故完全可以避免。

### 角色练习

1. 景区安全员要给来自各岗位的新员工做一次"景区管理与安全"的培训讲座,邀请你作为助教,需要你用案例说明游客管理、设施管理、环境管理、营销管理、服务质量管理与安全问题的密切关系。可选择其中三个管理问题举例说明。要求有案例、有简单分析,不需要做理论阐述。

2. 分小组进行交流和点评,每小组推荐一人在全班进行交流展示。

### 视野拓展

### 景区安全标志系统

景区安全标志系统包括通用安全标志和消防安全标志两个子系统。通用安全标志是由安全色、几何图形或文字、图形符号构成的,用以表达特定的安全信息,其作用是为了引起人们对不安全因素的注意，预防事故的发生。消防安全标志是由安全色、边框、图像为主要特征的图形符号或文字构成的标志，用以表达与消防有关的安全信息。

根据国家标准《安全标志及其使用导则》（GB 2894—2008），通用安全标志分为禁止标志、警告标志、指令标志和提示标志四种。常见标志见图 6-1 至图 6-4。

图 6-1　禁止标志

图 6-2　警告标志

必须穿救生衣　　必须穿防护服　　必须系安全带

必须戴防护眼镜　　必须戴护耳器　　必须戴安全帽

必须洗手　　必须戴防毒面具　　必须戴防尘口罩

图 6-3　指令标志

紧急出口　　紧急出口　　避险处

  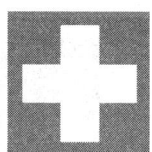

应急避难场所　　可动火区　　急救点

应急电话　　紧急医疗站　　应用方向辅助标志

图 6-4　提示标志

景区要按照《消防安全标志 第1部分：标志》（GB 13495.1—2015）和《消防安全标志设置要求》（GB 15630—1995）设置景区消防安全标志。常见的标志见图6-5。

图6-5 消防安全标志

**图 6-5（续） 消防安全标志**

资料来源：国家标准《安全标志及其使用导则》（GB 2894—2008）、《消防安全标志 第 1 部分：标志》（GB 13495.1—2015）和《消防安全标志设置要求》（GB 15630—1995）。

### 任务评价

根据上述相关知识和资料，个人和小组共同完成任务评价（见表 6-1）。

表 6-1 任务评价表

| 评价项目 | 具体要求 | 评价 | | | |
| --- | --- | --- | --- | --- | --- |
| | | 好 | 一般 | 差 | 建议 |
| 旅游景区安全管理 | 1. 旅游景区安全问题 | | | | |
| | 2. 旅游景区安全事故类型 | | | | |
| | 3. 旅游景区安全管理基本常识 | | | | |
| 学生自我评价 | 1. 准时并有所准备地参加团队工作 | | | | |
| | 2. 乐于助人并主动帮助其他成员 | | | | |
| | 3. 遵守团队的协议 | | | | |
| | 4. 全力以赴参与团队工作并发挥了积极作用 | | | | |

续表

| 评价项目 | 具体要求 | 评价 | | | |
|---|---|---|---|---|---|
| | | 好 | 一般 | 差 | 建议 |
| 小组活动评价 | 1. 团队合作良好，能礼貌待人 | | | | |
| | 2. 工作中彼此信任，互相帮助 | | | | |
| | 3. 对团队工作都有所贡献 | | | | |
| | 4. 对团队的工作成果满意 | | | | |
| 总计 | | 个 | 个 | 个 | 总评 |

在旅游景区安全管理的学习中，我的收获是：

在旅游景区安全管理的学习中，我的不足是：

改进方法及措施：

## 任务二　旅游景区应急处置

### 任务描述

本任务要求掌握旅游景区突发事件和应急处置的概念，了解突发事件的预防与控制相关规定，掌握景区应急处置的原则与程序，熟悉景区常见突发事件的处置方法。

### 情境导入

小明应聘到某景区做讲解员后，第一次接待的团队是一个老年团，他应该注意哪些事项？应采取些什么措施来防范突发事件呢？

### 相关知识

旅游景区突发事件，是指在景区所辖区域内，突然发生的对游客、员工和其他相关人员的人身财产安全和景区资源造成或者可能造成严重危害，需要景区采取应急处置措施予以应对的火灾、自然灾害、公共卫生、意外伤亡、社会治安及公关危机事件等。

如何处理旅游景区突发事件，不仅是景区安全管理质量和日常管理水平的体现，也是景区服务人员素质与服务质量的体现。

旅游景区突发事件应急管理应当贯彻预防为主、预防与应急处置相结合的原则，把应急管理贯穿于景区管理的全过程。

## 一、旅游景区应急处置的原则与应急程序

### （一）应急处置原则

**1. 救治第一原则**

不管是什么类型的突发事件，首先要保护人的生命安全。应将注意力和应急处置力量集中于对伤亡人员的救助。

**2. 立即汇报原则**

发生突发事件，应第一时间向景区有关部门汇报。汇报应简明扼要，并第一时间请示应急处置措施，且获得明确授权。

**3. 把握主要矛盾原则**

任何突发事件都有一个牵动全局的主要矛盾，也就是突发事件之所以会发生的根本原因，它是处置整个事件的"总闸门"。把握主要矛盾，并采取适当的措施予以解决和转化，是解决突发事件的根本之所在。

**4. 控制扩散原则**

就是要在第一时间控制事态的发展。

**5. 统一指挥原则**

突发事件事发突然，人们难免会慌乱；这时候，统一指挥是遏制事态的必要前提。

**6. 科学合法原则**

面对突发事件，千万不能蛮干，而是要尊重科学规律，同时要遵守法律。

### （二）应急程序

（1）旅游景区应建立突发事件信息收集系统，通过相关制度和程序的实施，要求各部门和所有人员及时、客观、真实地报告突发事件信息，严防迟报、谎报、瞒报、漏报和传播虚假信息等现象的发生。

（2）先遇到或发现突发事件的员工应及时向旅游景区相关部门及上级领导报告。报告内容主要包括：事件发生的时间、地点、涉及人员、简要经过和事件发生可能的原因；对人身、财产、景区资源、周边社区可能的影响；需采取的行动和已采取的行动等。

（3）部门负责人或值班人员在接到突发事件报告后，如获悉有人员伤亡、设备设施严重损坏、明显存在安全威胁等情形，应立即向突发事件应急指挥部汇报。

（4）突发事件应急指挥部总指挥或副总指挥在接到突发事件报告后，应尽快赶赴现场，或通过其他的渠道尽快全面了解事件情况；召集景区应急指挥部的相关人员调查、制订解决方案；汇总分析各种信息，对可能造成的影响进行评估，决定是否上报上一级突发

事件应急机构及公安、消防、卫生等部门。

（5）旅游景区发生造成或者可能造成严重社会危害的突发事件，应按照规定的程序，向上级主管单位、相关政府部门及机构报告。

## 二、旅游景区突发事件预防管理

### （一）建立应急预案体系

旅游景区应建立健全突发事件应急预案体系，主要包括：

（1）制订应急预案并不断修订。

（2）对突发事件具体细分等级，并制订相应的应急管理程序与制度。

（3）建立应急指挥体系、应急支持机构和监控中心。

### （二）健全应急预案体系，实施顺畅有效

旅游景区各级领导应贯彻执行突发事件应急管理的各项法律、法规和要求，保障景区的运营安全和游客、员工的人身、财产安全；保证景区应急预案体系健全，实施顺畅有效。

### （三）物资准备

（1）旅游景区应为本景区的各种交通工具和相关场所配备报警装置和必要的应急救援设备、设施，并注明其使用方法，标明安全撤离的通道、路线，保证安全通道、出口的畅通。

（2）旅游景区应当以自查和配合上级主管单位、相关政府部门及机构检查相结合的方式，定期检测、维护其报警装置和应急救援设备、设施，使其处于良好状态，确保正常使用。

（3）旅游景区在规划、开发或改建时，应在功能规划上充分考虑预防、处置突发事件的需要，统筹安排应对突发事件所必需的设备和基础设施建设，合理确定应急避难场所。应急避难场所应设置明显标志，前往应急避难场所的道路保持通畅，景区工作人员熟悉前往应急避难场所的路径。

（4）旅游景区应在消防、电源线路设置、电器设备使用、特种设备使用、危险物品管理、建筑施工等方面严格执行安全生产的相关法律、法规，加强日常维护、保养，保证安全运行。

（5）旅游景区应在重点要害部位、设施和设备上设置便于识别的安全警示标志。

## 三、旅游景区突发事件的控制

### （一）全面调查，收集信息

#### 1. 成立事故处理工作小组

突发事件发生后，应立即组织有关人员，成立专门处理事故的工作小组。小组成员应包括旅游区的有关负责人、公关人员及有关职能部门的人员，以保证小组的权威性、高效

性。发生事故后，小组成员应立即奔赴现场。

**2. 保护现场，寻求帮助**

事故调查人员赶到现场后，应该想尽一切办法保护现场，以便迅速、准确地查清事故原委。同时应根据现场情况与公安、消防、卫生等部门取得联系，采取紧急措施救人、救物。

**3. 深入细致地了解情况**

深入细致地了解事故发生的时间、地点、原因，了解人员伤亡程度和伤亡人数，了解事态发展及控制情况等。

**4. 整理分析，形成报告**

在全面搜集有关信息的基础上将材料进行分类整理，组织有关人员进行分析，认真查找事故的真正原因，形成事故分析报告，并上交有关部门。

### （二）分析信息，确定对策

在全面了解事件的有关情况后，将所获取的信息进行整理，针对不同的信息进行分析，针对不同的情况确定相应的对策。

### （三）分工协作，实施措施

（1）各负责人要统一思想、统一认识，全力减少事件造成的损失，尽量避免企业的社会形象遭到损害。

（2）负责处理事故的人员，要根据各自分工处理事项的特点，选择适当的方式、方法以及恰当的公关传播媒介。

（3）所有人员要在有效分工的基础上密切配合，互相理解和支持，共同排除实施措施中的障碍。

（4）将实施过程中的细节做详细记录，写出报告，便于向企业各负责人、主管部门、新闻单位及有业务往来的企业通报。

### （四）查漏补缺，进行完善

措施实施后，并不能说明事故的善后处理工作已经结束，各有关领导还要检测一下对策实施的效果如何，舆论还有哪些反映，通过信息反馈查漏补缺，采取相应的措施，进一步完善。

## 四、旅游景区常见突发事件的应急处理

### （一）交通事故的应急处理程序

（1）事发现场的目击人员应立即上报景区管理部门，景区管理部门及时报告主管部门和所在地的各相关职能部门（如交通、公安、医疗卫生部门），以及当地人民政府。

（2）会同事故发生地的有关单位严格保护现场。

（3）协同有关单位、部门进行抢救、勘察、车辆施救等现场工作。

（4）景区管理部门负责人应及时赶赴现场协调处理事故，配合有关单位、部门开展调

查取证、保险理赔、行政处罚、民事调解等工作，看望受伤游客，安抚未受伤游客的情绪，并转送其去住宿处休息。

（5）写出事故报告。

（6）妥善处理善后事宜。

### （二）景区自然灾害事故的应急处理程序

（1）启动环境监测响应处理机制。事故发生后，景区应立即向上级主管部门报告，同时向当地旅游行政部门通报情况，在旅游部门的指示下，通过媒体发布旅游预警，或有计划地控制游客的接待数量。

（2）积极配合有关部门的抢险救助，开展紧急救援行动，组织专业救援队伍深入事发地抢救遇害遇险游客，将受伤游客紧急转送到医院进行治疗抢救。

（3）救援队对难以靠近的事发地的遇险游客，应通过高音喇叭或喊话告知其安全自救的正确方法和避险的紧急措施，并使其克服恐惧焦躁的情绪。

（4）将受阻滞留的旅游团迅速转移、安置到安全的区域，安抚旅游团成员的情绪。

（5）开展环境整治工作，请求有关部门或扑灭山火或治理水患，划定隔离带、警戒区，适时封闭景区，停止接待，转移当地居民和服务员工。

（6）邀请专家到现场展开调查，配合林业部门，捕杀给游客造成危害的凶猛动物或昆虫。

（7）紧急增设、加固防护设施，并将紧急处理情况通报给有关部门，获得认可。

（8）开展灾后重建工作，恢复建设原有旅游设施，工程结束后适时对外解除旅游禁令。

### （三）景区火灾事故的应急处理程序

（1）组织灭火。向报警中心报警，稳定游客情绪，指挥游客撤离现场，迅速查明起火的准确位置和发生火灾的主要原因，采取有效的灭火措施，并积极组织抢救伤病员。

灭火器的使用视频

（2）保护火灾现场。

（3）组织力量调查起火原因，做出技术鉴定。

（4）善后措施。

### （四）景区治安事故的应急处理程序

（1）保护旅游者人身和财产安全。在场的导游应挺身而出，保护旅游者的安全，迅速将旅游者转移到安全地点，并配合公安人员和在场群众缉拿罪犯，挽回旅游者的损失。

（2）组织抢救。如有旅游者受伤，应立即组织抢救。

（3）保护事故现场，立即报案。如遇到盗窃、行凶事故，则应保护好事故现场，以利于公安人员破案。

（4）安抚旅游者的情绪。一旦事故发生，旅游者往往会有恐慌不安的情绪，导游应努力安抚旅游者，使旅游活动顺利进行。

（5）做好善后工作，根据事故性质，准备好必要的证明文件、材料，处理好理赔伤残、死亡等善后事宜。

### （五）游客病危、死亡事故的处理程序

**1. 游客病危**

当发现游客突然患病，应立即报告旅游景区负责人或值班经理，在领导安排下组织抢救。在抢救病危旅客的过程中，必须有患者家属、领队或亲朋好友在场。

**2. 游客死亡**

一经发现游客在旅游景区内死亡，应立即报告当地公安部门，并通知死者所属旅游团负责人或死者单位、家属。如属正常死亡，善后处理工作由接待单位负责。没有接待单位的，由公安机关会同有关部门共同处理。经公安部门同意后，景区工作人员清点死者遗物并妥善保管，交由公安部门或死者单位、家属处理；清点死者遗物必须要有随行人员或家属及景区工作人员在场。死者如果有遗愿，应将遗嘱拍照或复制，原件交于死者家属或所属单位。所有遗物要列出清单，清点人一一签字，签字后办理公证手续，或由死者家属自行清点遗物。如属非正常死亡，应保护好现场，由公安机关取证处理。尸体在处理前应妥善保存，景区应协助公安部门或死者单位、家属处理有关事宜。

遗体处理，一般以当地火化为宜。火化前，要由领队、死者家属或代表填写《火化申请书》，交旅游景区保存。如家属要求将尸体运回原籍，尸体要做防腐处理，由殡仪馆装殓，并发给《装殓证明书》。运回原籍应有相关证明。

**3. 其他注意事项**

善后处理结束后，应由接待单位写出"死亡善后处理情况报告"，送交主管领导单位、公安局等相关部门。报告内容包括死亡原因、抢救措施、诊断结果、善后处理情况等。

对在华死亡的外国人要严格按照《中华人民共和国外交部关于外国人在华死亡后的处理程序》处理。

☞ **案例**

### 案例一：悬在空中的摩天轮

某个夏日晚上，南昌市红谷滩新区赣江市民公园的"南昌之星"摩天轮在运行时突然停止，现场随即一片漆黑，只有一阵阵尖叫声从摩天轮上传来。这种情况持续了两三分钟，之后摩天轮才缓慢转动，并出现了一些微弱的灯光。在售票口，一名外地游客正在询问售票员是否还继续售票，售票员说："具体还不知道是什么情况，可能是停电了，暂时停止售票。"摩天轮停止之后，从摩天轮上走下来的游客全都一副惊慌失措的表情。一名游客表示，在摩天轮停止的那一瞬间的确"整个人都傻掉了"。在摩天轮上的游客不知道地面是什么情况，也没有任何管理人员广播通知到底是怎么回事；之后，摩天轮又突然转起来；直至摩天轮停止转动，整个过程中始终没有一个工作人员对此进行解释。游客对此

表示非常不满。"我们是交了钱来玩的,结果一出事没有一个人管我们,难道拿我们的生命开玩笑吗?这种地方以后再也不来了!"一些游客气愤地说。

资料来源:自编。

## 案例二:七旬游客突发心脏病

某日,年近七旬的上海游客陈先生与家人一起随旅行社来崂山风景区旅游。当到达严华寺附近时,因旅途劳累,加上天气炎热、走得太急,陈先生突发心脏病,晕倒在景区内的山路上。由于老人身上未带急救药品,其家人顿时不知所措,随团导游急忙到崂山风景区棋盘山管理处求助。管理处立即组织救护人员带上急救药品和担架赶到了事发现场。救护人员让大家给老人让开通风透气的通道,接着将速效救心丸放进了病人口中,并用手掐病人的人中穴。几分钟后,病人终于苏醒过来。之后,工作人员用担架把病人抬下了山,并安排车辆将病人送往医院,为病人接受进一步治疗赢得了宝贵的时间。病人家属对景区工作人员十分感激,事后向棋盘山管理处送去了锦旗。

资料来源:自编。

### 案例分析

从上述案例中我们可以看到,同样是景区遭遇突发事件,但景区管理人员采取了不同的处理方式,产生的效果因而大相径庭。

案例一中,是景区突然停电导致游乐设备运转失常。对于突发的停电事件,应该解决的问题是尽快找到停电的原因,及时恢复供电。同时作为景区管理人员,还应该及时采取以下措施。

措施一:一旦遇到突然停电,景区工作人员必须保持沉着冷静,及时与维修等部门取得联系,争取时间,找出问题根源,尽快恢复电力。若非正常停电,应及时报警。

措施二:景区工作人员应该迅速与游客取得联系,尽可能用各种方式提醒游客保持冷静。

措施三:景区管理者应迅速启动应急照明系统,并通过广播,提醒游客"不要惊慌,不要乱跑、乱挤",尽量稳定游客情绪,以免引起踩踏事故,增加不必要的伤亡。同时,景区管理人员还应该及时疏散游客,并注意防火、防盗。

措施四:事后景区一方面要耐心向游客解释,有必要的话可以为游客提供减免等优惠服务以平复游客的不满情绪,将影响降到最低。另一方面景区应该立即组织人员对设备进行彻底的检查,将隐患清除。

而案例一中的景区工作人员显然没有做到以上几点,甚至连最基本的与游客取得联系、稳定游客情绪都没有做到,这使悬在半空中的游客惊恐万分。虽然此次事件没有造成人员伤亡,但是出于对游客负责的态度,景区的管理人员也应该在事后向游客进行解释、道歉,甚至赔偿精神损失。

案例二中,老年人在游玩时突然发病,这是景区突发事件中比较棘手的一类,同时,这对景区管理人员的现场管理能力也是一个严峻的考验。案例中的景区管理人员对该事件处理得十分及时。在事件发生后,该景区管理处的管理人员及救护人员及时赶到现场,对病人进行初步抢救,稳定了病人的病情,为进一步医治争取了宝贵时间。我们可以看到,如此高效、及时的现场管理不仅保住了游客的生命，更为景区赢得了良好的声誉。

**角色练习**

2~5人一组，模拟一种旅游景区常见突发事件情境，分角色进行应急处理，并做出自评和互评。

**任务评价**

根据上述相关知识和资料，个人和小组共同完成任务评价（见表6-2）。

表6-2 任务评价表

| 评价项目 | 具体要求 | 评价 | | | |
|---|---|---|---|---|---|
| | | 好 | 一般 | 差 | 建议 |
| 旅游景区应急处置 | 1. 旅游景区应急处置的原则与应急程序 | | | | |
| | 2. 旅游景区突发事件预防管理 | | | | |
| | 3. 旅游景区突发事件的控制 | | | | |
| | 4. 旅游景区常见突发事件的应急处理 | | | | |
| 学生自我评价 | 1. 准时并有所准备地参加团队工作 | | | | |
| | 2. 乐于助人并主动帮助其他成员 | | | | |
| | 3. 遵守团队的协议 | | | | |
| | 4. 全力以赴参与团队工作并发挥了积极作用 | | | | |
| 小组活动评价 | 1. 团队合作良好，能礼貌待人 | | | | |
| | 2. 工作中彼此信任，互相帮助 | | | | |
| | 3. 对团队工作都有所贡献 | | | | |
| | 4. 对团队的工作成果满意 | | | | |
| 总计 | | 个 | 个 | 个 | 总评 |
| 在旅游景区应急处置的学习中，我的收获是： | | | | | |
| 在旅游景区应急处置的学习中，我的不足是： | | | | | |
| 改进方法及措施： | | | | | |

# 任务三　旅游景区文明引导

**任务描述**

本任务要求学生领会旅游景区作为弘扬社会主义核心价值观和传播展示中华文明重要窗口的作用，了解什么是旅游景区文明引领工作，熟悉和掌握旅游景区文明引领工作的基本要求、主要内容和引导规范。

**情境导入**

小明和同学们利用暑假以志愿者身份到当地一个5A级旅游景区进行社会实践，景区领导让他们先做景区文明督导员。小明和同学们有点纳闷，这既不是讲解员，也不是售票员，也不是保安保洁人员，文明督导员属于景区哪种岗位？都有什么岗位职责和日常工作内容呢？

**相关知识**

## 一、基本要求和主要内容

### （一）基本要求

为培育和践行社会主义核心价值观，指导旅游景区及从业人员落细落实文明旅游工作，提升旅游者文明意识，引导和促进文明旅游行为，共同营造文明和谐、安全有序的旅游环境，2022年10月，文化和旅游部发布《旅游景区文明引导工作指南》（以下简称《文明指南》），强化旅游景区作为弘扬社会主义核心价值观和传播展示中华文明重要窗口的作用，有利于营造旅游景区文明旅游的氛围。

**1."5个坚持"的总体要求**

旅游景区文明引导工作坚持价值引领，坚持科学规范，坚持突出重点，坚持全面覆盖、坚持分类引导。

**2."5个方面"的引导内容**

旅游景区文明引导工作包括提示引导来访旅游者：遵守法规、尊重风俗；低碳节约、绿色旅游；防范风险、安全旅游；包容礼让、文明旅游；等等。《文明指南》对每一个方面的引导内容都有详细界定什么应该做、什么不可以做。

**3."7个环节"的具体做法**

《文明指南》按照入园、游览、交通、观演、餐饮、购物、如厕7个环节，对旅游景区文明引导工作的具体操作进行了规范和指导。

**4."3个必不可少"的制度建设**

旅游景区要将文明服务和引导作为必不可少的业务流程写入规章、作为必不可少的业务知识融入培训、作为必不可少的规定动作计入考核,全面纳入管理制度和岗位标准,实现文明旅游工作与业务工作有机结合相互促进,增强文明旅游工作制度保障。这样一来,加上旅游景区监管部门加强对旅游景区文明旅游引导工作的管理和监督,并通过一些硬性标准,旅游景区文明引导工作就成为旅游景区服务从业人员必须日常规范执行的规定动作,《文明指南》也势必成为旅游景区服务从业人员的实务操作"宝典"。

## (二)主要内容

**1. 遵守法规、尊重风俗**

提示引导来访旅游者:遵守生态环境保护规定,不践踏绿地花丛,不攀折花木果实,不破坏山石景观,不追捉、乱喂动物,不非法购买野生动植物及其制品。遵守文物古迹保护规定,不涂刻、攀爬,不随意触摸文物,遵守拍照摄像规定。尊重当地风俗习惯以及宗教信仰等。

**2. 低碳节约、绿色旅游**

提示引导来访旅游者:爱护自然、人文环境,珍视旅游资源。保持公共卫生,不乱扔垃圾,落实垃圾分类要求,及时处理废弃物,避免和减少使用不可降解塑料袋、一次性塑料制品。注意节约水电,践行"光盘行动",减少餐饮浪费,拒绝食用野味。采取绿色出行方式,优先选择公共交通工具。

**3. 防范风险、安全旅游**

提示引导来访旅游者:增强安全意识,不盲目追求刺激,不前往没有正式开发开放、缺乏安全保障或生态环境脆弱的区域。学习安全知识,提升应对地质、气象等灾害的应急避险能力,注意用火用电、特种设备使用等安全。遵守交通法规,自驾旅游时不超速行驶、不疲劳驾驶、不占用应急车道、不车窗抛物、不乱停乱放。

**4. 包容礼让、文明旅游**

提示引导来访旅游者:注意礼仪规范,遵序守时,仪容整洁,言行得体,展现良好形象。维护公共秩序,依序排队、不拥挤和争抢,不在公共场合大声喧哗、违规吸烟。尊重他人权益,尊重服务人员劳动,礼让老、弱、病、残、孕等特殊群体。

## 二、引导规范

### (一)文明入园引导

(1)在景区入口、游客服务中心、交通换乘中心等游客集散地的显著位置,采用多种方式提醒旅游者文明旅游。景区宣传册、宣传单、宣传广告上印有文明游览提示信息。

(2)设置1米间隔线、隔离栏杆、遮阳棚等设施,通过广播提示、分设团队和散客通道等方式,引导旅游者保持安全间距、文明有序入园。

（3）使用电子门禁系统的景区安排工作人员指导旅游者有序入园，防止被门禁设施夹伤。设立绿色通道或服务程序，帮助特殊群体顺利入园。

（4）景区入口显著位置公布最大承载量，制定和实施客流量控制方案。

### （二）文明游览引导

（1）景区讲解词中有文明旅游内容。讲解服务过程中有文明旅游提示和安全风险告知。

（2）游客服务中心、重要参观点设立志愿服务站，提供文明引导服务。

（3）根据客流量情况，实时发出客流预警并实施疏散调控方案，引导旅游者错峰错区游览，避免扎堆聚集。

（4）便捷投诉渠道和处理流程，广泛征集旅游者对景区管理服务的意见建议，从源头上减少不文明行为发生。

### （三）文明交通引导

（1）景区停车场布局合理、标识清晰、收费明示，并提供相应的引导、管理和服务。

（2）引导旅游者乘坐摆渡车、索道等交通工具时依序候车、有序乘车，提醒旅游者不抢座、不占位，礼让特殊群体优先上车和入座。充分利用交通工具内广播、电视、公益广告、招贴画等载体进行文明旅游宣传。

（3）提醒自驾车旅游者遵守交通规则，配合景区管理，避免发生意外。

（4）引导旅游者在人行道等安全区域行走，遵守景区内道路交通标识。

### （四）文明观演引导

（1）组织旅游者安全、有序、文明观看演出。

（2）提醒旅游者按时入场、有序出入，遵守拍照摄像规定。参与互动时，言语行为文明、得体。

（3）提醒旅游者散场后将饮料包装等废弃物品带离场馆。

（4）在夜游场所和演出场地设置清晰、醒目的文明引导标识，并保证夜间识别度。

### （五）文明餐饮引导

（1）开展"文明餐桌"活动，推广自助餐饮，落实分餐制和公筷制。

（2）提醒旅游者礼仪用餐有序就餐，避免高声喧哗干扰他人。

（3）引导旅游者适量点餐，并提供环保餐盒打包服务。

（4）引导旅游者在自助餐时遵守秩序，依次排队取餐，秉持"多次少取"原则，避免浪费。提醒旅游者不将自助餐区域的食物、饮料等带离就餐区。

（5）提醒旅游者遵守相关规定，不在公共交通工具或博物馆、展览馆、音乐厅等场所违规饮食。

### （六）文明购物引导

（1）营造环境整洁、秩序良好、货真价实、价格透明的购物环境。

（2）提醒旅游者理性消费，理性维权，遵守契约。

（3）提醒旅游者遵守购物场所规定，不拥挤加塞、不哄抢喧哗，试吃食品、试用商品应征得同意。

（4）设立消费者维权服务站或公布举报电话等，及时处理消费纠纷。

（七）文明如厕引导

（1）建设布局合理、数量满足需要、标识醒目清晰的公共厕所。厕所设专人服务，保持整洁卫生无异味。

（2）提醒旅游者维护卫生设施清洁，适度取用公共卫生用品，不在卫生间吸烟、不随意丢弃废弃物、不随意占用残障人士专用设施。

（3）在高峰期引导旅游者依序排队使用卫生间，并礼让老人、未成年人和残障人士。

（4）适时提醒卫生间位置，提醒家长引导未成年人使用卫生间、不随地便溺。

## 三、管理与保障

### （一）不文明行为处置

（1）建立文明督导员队伍，常态化开展巡查检查，及时劝止处置不文明行为。

（2）提高旅游者不文明行为监测信息化水平，最大化消除监管盲区，增强不文明行为识别、响应、处置能力。

（3）落实《旅游不文明行为记录管理暂行办法》，将违反法律法规或违背公序良俗，受到刑事处罚、行政处罚，或被司法机关、仲裁机构判决或裁决承担民事责任，或造成严重社会不良影响的行为，纳入"旅游不文明行为记录"。

（4）采取适当方式，对旅游不文明行为依法依规予以曝光。

### （二）保障措施

**1. 加强组织领导**

旅游景区要强化责任意识，加强工作统筹，创新方法手段，不断扩大服务引导范围，做实服务引导内容，提升服务引导能力和治理水平，把文明引导融入日常、抓在经常，积极构建景区示范引领、旅游者全面参与、社会广泛支持的文明旅游工作格局。

**2. 加强制度建设**

进一步深化对文明旅游工作特点和规律的认识，将文明服务和引导作为必不可少的业务流程写入规章、作为必不可少的业务知识融入培训、作为必不可少的规定动作计入考核，全面纳入管理制度和岗位标准，实现文明旅游工作与业务工作有机结合相互促进，增强文明旅游工作制度保障。

**3. 加强共建共享**

促进社会协同，吸引并支持周边社区、学校、社会团体等力量广泛参与景区文明引导行动，与旅行社、导游等相关方密切联系、同向发力。加强媒体合作，鼓励支持各类媒体在景区文明行为促进方面发挥积极作用。建立激励机制，鼓励旅游者积极参与景区文明引导，对员工文明服务和旅游者文明行为予以表扬或奖励。

> **案例**

### 久久为功 文明旅游深入人心

文明旅游一直是文化和旅游系统着力推动的重点工作，通过加强宣传教育、建立文明旅游法规体系、完善旅游不文明行为记录制度、加强旅游志愿者队伍建设等，游客文明举止自觉意识不断提升，全社会形成了良好的文明旅游氛围。文化和旅游主管部门多年连续开展的中国出境游客文明素质调研显示，中国出境游客总体形象持续稳步提升。

**弘扬文明旅游风尚**

"十三五"期间，文化和旅游系统通过多种方式，加强文明旅游宣传引导，大力弘扬文明旅游新风尚。

文化和旅游主管部门打造的文明旅游主题活动品牌"文明旅游 为中国加分"自从2015年12月启动以来，每年针对不同季节、不同对象、不同行为开展主题宣传，已成为常年持续开展、具有广泛影响力的文明旅游活动品牌。

在2018年"文明旅游百城联动"活动基础上，2019年，文化和旅游部启动"文明旅游为中国加分——百城千景在行动"，活动范围拓展延伸至100座旅游城市、1000家A级旅游景区，组织了内容丰富的宣传教育和文明引导活动，形成"旅游部门＋行业协会＋企业＋媒体＋志愿者＋旅游者"六位一体的文明旅游宣传模式，将文明旅游行动落到实处、深入到基层一线。

各地文化和旅游部门、企业不断创新方式、加强宣传引导，持续营造文明旅游氛围。

福建省文化和旅游厅相关负责人表示，近年来，福建大力推动出境安全、文明旅游宣传引导工作，联合省外事办等14个部门建立了"福建公民出境旅游安全工作小范围协调机制"，并建立了省市县三级文明旅游宣传引导机制。

海南持续开展文明旅游系列活动，包括"文明旅游 为海南加分"主题活动、文明旅游志愿活动进景区、文明旅游随手拍活动等。如今，在海南各大景区，文明宣传标语、文明引导员随处可见，文明旅游风尚深入人心。

山东烟台市旅游行业积极倡导分餐制、落实"光盘行动"，营造文明用餐氛围。烟台孚利泰国际大酒店推出"小份菜""分餐制"，按照客人数量将菜品分装在小碗内，既有助于做好卫生防控，也方便客人食用、进一步减少了浪费。

"今年中秋国庆假期，有5000多名游客参与我们的'垃圾银行'活动，随着活动影响力越来越大，景区的环境越来越好。"宁夏贺兰山国家森林公园营销部经理苏静怡介绍，游客在游览过程中将垃圾送到指定收集点，可换取积分、奖品、门票，这种鼓励和引导方式效果显著。

**加强志愿者队伍建设**

旅游志愿者队伍建设是文明旅游工作的重要内容。近年来，文化和旅游系统不断推进旅游志愿服务制度体系建设、完善旅游志愿者管理激励制度，持续开展志愿服务公益行动，在营造文明旅游氛围、提升游客体验等方面发挥了重要作用。

2020年6月，文化和旅游部、中央文明办联合印发《2020年文化和旅游志愿服务工作方案》，动员公共文化机构、企事业单位、旅游景区、社会团体等各方力量开展文化和旅游志愿服务，努力营造全社会向上向善、互帮互助的良好风尚。

2016年以来，宁夏回族自治区文化和旅游主管部门拿出专门经费对全区4A级以上景区进行补助，推动建设文明旅游志愿服务驿站、服务岗，指导每家景区建立40人左右的文明旅游志愿者服务队；同时，指导各市成立文明旅游志愿服务组织，开展文明旅游志愿服务进景区、进饭店、进旅行社"三进"活动，表彰、选树一批文明旅游先进单位和个人，不断健全工作机制、完善激励机制，打造宁夏旅游志愿服务品牌。

今年国庆中秋假期，武汉各大景区几乎都有志愿者的身影。他们手持文明旅游宣传牌，宣传轻声、控烟、垃圾分类等文明风尚，及时劝阻不文明行为，倡导安全出行，积极协助景区引导游客错峰出行、有序入园。

据了解，其中不少志愿者来自武汉旅游志愿服务队。武汉旅游志愿服务队主要由武汉市优秀旅游工作者、旅游爱好者等旅游行业一线从业人员组成，目前队伍已超过1500人。自2015年9月组建以来，武汉旅游志愿服务队常年活跃在武汉各大文旅活动现场、景区和交通站点等，起到了很好的引领和宣传作用，成为武汉旅游的亮丽品牌。

在泉城济南，有一支由200多名专业导游组成的"泉城导游义工"团队，为游客提供志愿讲解服务、宣传文明理念。这支志愿队伍成立5年来，已累计开展较大规模的志愿服务活动135次。泉城导游义工团队负责人表示，希望把"以公益导游服务引导文明旅游"推广到全国，带动更多导游参与进来，希望以行业先行带动社会同行。

在各方力量积极参与推动下，文明旅游工作持续深入开展，并产生积极成效。无论是旅游主管部门工作人员、企业员工还是游客，文明意识都大大提升，文明旅游的正能量广泛传播。

资料来源：久久为功 文明旅游深入人心［N］.中国旅游报，2020-11-03（01），有改写。

### ☞ 案例分析

根据案例提供的材料，结合教材相关知识，请你收集整理本地旅游景区文明引导工作的特色案例，并与同学做分享学习。

### 角色练习

扮演本任务"情境导入"中小明和同学们的志愿者角色，结合本任务所学习到的专业知识，请你和同学们尝试描述一下旅游景区文明督导员的岗位职责，并参考相关案例材料，模拟一场旅游景区文明引导工作的情景。

## 视野拓展

### 中国公民出境旅游文明行为指南

为提高公民文明素质，塑造中国公民良好国际形象，中央文明办、国家旅游局2006年10月联合颁布了《中国公民出境旅游文明行为指南》。外交部领事司谨提醒每位公民出境旅游时要努力践行《指南》，克服旅游陋习，倡导文明旅游行为。该指南内容如下：

中国公民，出境旅游；注重礼仪，保持尊严。
讲究卫生，爱护环境；衣着得体，请勿喧哗。
尊老爱幼，助人为乐；女士优先，礼貌谦让。
出行办事，遵守时间；排队有序，不越黄线。
文明住宿，不损用品；安静用餐，请勿浪费。
健康娱乐，有益身心；赌博色情，坚决拒绝。
参观游览，遵守规定；习俗禁忌，切勿冒犯。
遇有疑难，咨询领馆；文明出行，一路平安。

### 中国公民国内旅游文明行为公约

（中央文明办 国家旅游局2006年10月2日公布）

营造文明、和谐的旅游环境，关系到每位游客的切身利益。做文明游客是我们大家的义务，请遵守以下公约：

1. 维护环境卫生。不随地吐痰和口香糖，不乱扔废弃物，不在禁烟场所吸烟。
2. 遵守公共秩序。不喧哗吵闹，排队遵守秩序，不并行挡道，不在公众场所高声交谈。
3. 保护生态环境。不踩踏绿地，不摘折花木和果实，不追捉、投打、乱喂动物。
4. 保护文物古迹。不在文物古迹上涂刻，不攀爬触摸文物，拍照摄像遵守规定。
5. 爱惜公共设施。不污损客房用品，不损坏公用设施，不贪占小便宜，节约用水用电，用餐不浪费。
6. 尊重别人权利。不强行和外宾合影，不对着别人打喷嚏，不长期占用公共设施，尊重服务人员的劳动，尊重各民族宗教习俗。
7. 讲究以礼待人。衣着整洁得体，不在公共场所袒胸赤膊；礼让老幼病残，礼让女士；不讲粗话。
8. 提倡健康娱乐。抵制封建迷信活动，拒绝黄、赌、毒。

资料来源：中华人民共和国文化和旅游部网站 https://www.mct.gov.cn/。

### 角色练习

旅游景区文明引导工作的7个引导规范是什么？分7个小组，每个小组选择其中的1

个进行模拟。

## 任务评价

根据上述相关知识和资料，个人和小组共同完成任务评价（见表6-3）。

| 评价项目 | 具体要求 | 评价 | | | |
| --- | --- | --- | --- | --- | --- |
| | | 好 | 一般 | 差 | 建议 |
| 旅游景区文明引导 | 1.基本要求和主要内容 | | | | |
| | 2.引导规范 | | | | |
| | 3.管理与保障 | | | | |
| 学生自我评价 | 1.准时并有所准备地参加团队工作 | | | | |
| | 2.乐于助人并主动帮助其他成员 | | | | |
| | 3.遵守团队的协议 | | | | |
| | 4.全力以赴参与工作并发挥了积极作用 | | | | |
| 小组活动评价 | 1.团队合作良好，都能礼貌待人 | | | | |
| | 2.工作中彼此信任、互相帮助 | | | | |
| | 3.对团队工作都有所贡献 | | | | |
| | 4.对团队的工作成果满意 | | | | |
| 总计 | | 个 | 个 | 个 | 总评 |
| 在旅游景区文明引导的学习中，我的收获是： | | | | | |
| 在旅游景区文明引导的学习中，我的不足是： | | | | | |
| 改进方法及措施： | | | | | |

## 项目关键词

旅游景区安全管理　突发事件　应急处置　文明引导

 课后练习

1.分小组收集旅游景区安全事故和突发事件案例，阐述处理和预防的措施，并在班级进行交流。

2.简述旅游景区文明引导相关内容。

3.说说旅游景区文明引导工作和践行社会主义核心价值观之间的关系。

# 参考文献

[1] 陈川. 旅游景区服务与管理 [M]. 北京：中央广播电视大学出版社，2014.

[2] 范高明. 旅游景区服务与管理 [M]. 厦门：厦门大学出版社，2012.

[3] 国家旅游局人事劳动教育司. 全国旅游中等职业教育教材旅游应用文 [M]. 3 版. 北京：旅游教育出版社，2004.

[4] 何宁璇. 旅游城市的旅游交通组织与效果分析的研究 [G]. 转型与重构——中国城市规划年会，2011.

[5] 姜若愚. 旅游景区服务与管理 [M] 3 版. 大连：东北财经大学出版社，2011.

[6] 廖建华. 旅游景区服务与管理实务 [M]. 大连：大连版社，2012.

[7] 聂建波. 旅游心理与行为 [M]. 长沙：湖南大学出版社，2010.

[8] 彭淑清. 景区服务与管理 [M]. 北京：电子工业出版社，2010.

[9] 上海市中等职业教育课程教材改革办公室. 上海市中等职业学校旅游服务与管理专业教学标准 [M]. 上海：华东师范大学出版社，2008.

[10] 沈绍岭. 旅游景区细微管理 [M]. 北京：中国旅游出版社，2009.

[11] 万剑敏. 旅游景区服务与管理 [M]. 北京：高等教育出版社，2012.

[12] 王昆欣，牟丹. 旅游景区服务与管理 [M]. 北京：旅游教育出版社，2018.

[13] 王昆欣. 旅游景区服务与管理案例 [M]. 北京：旅游教育出版社，2008.

[14] 王瑜. 旅游景区管理实训教程 [M]. 北京：机械工业出版社，2009.

[15] 王瑜. 旅游景区服务与管理 [M] 5 版. 大连：东北财经大学出版社，2021.

[16] 徐静. 旅游景区服务与管理 [M]. 天津：南开大学出版社，2013.

[17] 张天柱. 现代观光旅游农业园区规划与案例分析 [M]. 北京：中国轻工业出版社，2018.

[18] 周晓梅. 旅游景区服务与管理 [M]. 天津：天津大学出版社，2011.